조변호사의 검찰수사관 시절 에피소드
별별 범죄 이야기

별별 범죄 이야기

초판 1쇄 인쇄	2021년 11월 02일
초판 1쇄 발행	2021년 11월 10일

신고번호	제313-2010-376호
등록번호	105-91-58839

지은이	조범석

발행처	보민출판사
발행인	김국환
편집	정은희
디자인	김민정

주소	서울시 강서구 마곡서로 152, 두산타워 A동 1108호
전화	070-8615-7449
사이트	www.bominbook.com

ISBN	979-11-92071-02-2	03800

- 가격은 뒤표지에 있으며, 파본은 구입하신 서점에서 교환해드립니다.
- 이 책은 저작권법에 의하여 보호를 받는 저작물이므로 무단 전재와 복사를 금합니다.

조변호사의 검찰수사관 시절 에피소드

별별 범죄 이야기

조범석 지음

13여 년간 검찰수사관으로 재직하면서 겪은
보통 사람들의 이야기와 삶의 애환을 한데 엮었다

| 프롤로그 |

1895년 3월 25일, 고종은 『재판소구성법』이라는 법률을 제정하는데 이 법률은 근대적 의미에서 우리나라 최초의 법률이자, 사법권이 행정권으로부터 독립된 효시이기도 하다. 그리고 이 법률의 조문 속에는 '검사'라는 단어가 처음 등장한다. 당시에도 검사는 범죄수사와 형사소추를 담당하였으나, 재판소구성법상으로는 판사보다 서열이 낮은 재판소의 직원이었다. 이렇게 시작된 대한민국 검찰은 내·외부적으로 많은 평지풍파를 겪으면서 현대사를 관통해왔다. 안타깝게도 검찰은 항상 공명정대하고, 어떠한 외부의 압력에도 불구하고 진실만을 추구하며, 정의와 인권을 수호하고, 외부의 유혹에 굴하지 않는 청렴함을 갖추었다는 칭찬만 들었던 것은 아니다. 오히려 종종 검찰은 가진 자의 편에만 서 있다는 비난, 권력의 시녀가 되어 그들만의 세상을 공고히 하는 도구로 쓰인다는 비판을 받기도 했다.

하지만 그런 쓴소리를 감내하기엔 검찰도 억울한 부분이 참 많다. 1만 명이 넘는 거대한 조직에서 권력에 빌붙어 아첨하고, 사리사욕에 눈이 멀어 진실을 외면하는 사람은 극소수에 불과하다. 대부분의 검찰 구성원들은 묵묵히 자기에게 주어진 일을 해내느라 정신없이 바쁘고, 얼마 되지 않는 당직 수당에 어이없어 하며, 대기업 다니는 사람들이나 사업해서 성공한 사람들의 수입이 어느 정도인지 들으면서 부러워하는 공무원일 뿐이다. 보통 사람들 눈에는 검찰이라 하면 왠지 무섭게 들리고, 거기서 일하는 사람들은 다 대단해 보일지 모르나, 사실 사람 사는 곳은 어디나 별수 없이 다 똑같다. 나도, 내 옆에서 일하는 사람도 내 집 마련 걱정, 자식 걱정, 노후 걱정 같은 흔한 고민을 하며 힘든 하루를 버텨내는 똑같은 동료인 것이다. 다만 검찰이 하는 업무의 특성상 나쁜 사람을 수도 없이 상대하다 보니 육체적·정신적으로 피폐해질 가능성이 높고, 검찰 직원들 중에는 일하면서 누적된 스트레스를 다스리는 데에 어려움을 겪는 사람이 어느 정도 있다는 게 특징이라면 특징이다.

책의 첫머리부터 검찰에 대해 살짝 부정적인 이야기를 꺼내게 되었는데, 이 책은 검찰이 받고 있는 오해들에 대한 해명을 하려고 집필한 것이 아니다. 13여 년간 검찰수사관으로 재직하면서 겪은 보통 사람들의 이야기, 그 속에 담겨 있는 삶의 애환을 글로 묶어놓은 것이다. 중수부니, 특수부니 하는 부서들의 굵직굵직한 수사 결과처럼 며칠간 인터넷 기사에 오르내릴 만큼 거창한 이야기들은 없지만, 우리 이웃들이 흔하게 겪었거나 겪을 수도 있는 일들에 대한 이야기를 담담하게 풀어내려고 노력했다. 수사관이기 이전에 한 인간으로서 기막힌 사연의 피해자를 보면서 슬퍼하고, 천인공노할 범죄를 저지른 짐승만도 못한 인간을 보며 분노했던 심정도 가감 없이 담아보았다. 거기에 더해, 독자들이 이 책을 읽으며 범죄에 대한 경각심을 갖고, 행여나 실수로라도 범죄피해자가 되지 않기를 바라는 마음에 이 책을 썼다.

- 2021년 늦가을, **조범석**

| 들어가며 |

　제1부의 제목이『범죄자 이야기』인데, 오해하는 독자가 있을까 염려하여 미리 밝혀둔다. 이 책의 실질적인 첫 글인『피의자 / 피고소인 / 피고인 / 피고』에서도 언급하겠지만, '피의자'는 '범죄 혐의가 있어 수사 진행 중인 사람'으로 아직 유죄의 확정판결을 받은 자는 아니다. 검사가 범죄 혐의가 있다고 판단하여 기소한 사건에서도, 이 '피의자'는 '피고인' 신분이 되어 여전히 '무죄추정'을 받고 유죄판결이 확정되기 전까지는 범죄자로 부를 수 있는 것은 아니다. 그렇기 때문에, 피의자 중 상당수가 피고인이 되고, 또 피고인 중 대부분이 유죄가 확정되면 범죄자가 되는 것이지만, 그렇다고 해서 피의자가 곧 범죄자라고 할 수는 없는 것이다.

　그럼에도 불구하고, 제1부의 제목을『범죄자 이야기』라고 정한 이유는 이 책 제1부의 에피소드에 등장하는 인물들은, 검찰조사를 거쳐 기소되고 유죄의 확정판결까지 받은 경우가 대부분이기 때문이다. 그래서, 제1부 각 장(章)의 제목에 쓴 '피의자'라는 표현은 '범죄자'로 이해해도 무방할 것으로 보인다.

나는 검찰수사관으로서 13년 동안 대부분의 시간을 검사실이나 수사·조사과 같은 수사부서에서 보냈다. 형사소송법상 참여수사관으로 검사를 보좌하여 조사하거나 사법경찰관 신분으로 독자적으로 조사 및 수사 업무를 하였다. 이 책의 범죄자나 범죄, 그리고 범죄피해자 이야기에 등장하는 에피소드들은 대부분 내가 검찰수사관으로 근무하면서 직접 다뤘던 사건들에 기초한 것이다. 참고로 이 책에서 소개된 에피소드 속 인물, 사실관계 등은 실제 인물이 특정되어 뜻하지 않은 피해가 발생하는 것을 방지하고 독자의 쉬운 이해를 돕기 위해 다소 각색한 것임을 미리 밝혀둔다.

| 목차 |

프롤로그 • 4
들어가며 • 7

제1부. 범죄자 이야기

- 피의자 • 피고소인 • 피고인 • 피고 • 14
- 자백하는 피의자 • 18
- 외국인 피의자 • 25

검찰스토리 1 호칭에 대한 단상(斷想) • 34

- 소년 피의자 • 39
- 노인 피의자 • 44
- 여성 피의자 • 48

검찰스토리 2 거짓말을 밝혀준다?! - 심리생리검사 • 53

- 화이트칼라 피의자 • 59
- 구속의 기로에 선 사람들 • 64

검찰스토리 3 술, 폭탄주 • 71

제2부. 범죄 이야기

성범죄 이야기 1 성범죄란? • 78

성범죄 이야기 2 성폭력 범죄 (1) • 84
― 강간 • 84
― 강제추행 • 86
― 유사강간 • 88

성범죄 이야기 3 성폭력 범죄 (2) • 90

― 공중밀집장소 추행죄 • 90
― 성적 목적 공공장소 침입죄 • 94
― 카메라 등 이용 촬영죄 • 96

성범죄 이야기 4 성풍속 범죄 • 100

― 공연음란죄 • 100
― 성매매 범죄 • 103
― 간통죄 • 106

검찰스토리 4 검찰청 밖에서 만난 사람들 (1) 유치장 감찰 • 109

- 사랑이라는 이름의 폭력 - 이별폭행·이별범죄 이야기 • 113
- 가깝고도 먼 범죄 - 사기죄 • 119
- 보이스피싱 사기 • 122

검찰스토리 5 검찰청 밖에서 만난 사람들 (2) 변사체 검시 • 128

- 진실을 말해도 명예훼손? • 132
- 진실은 반드시 승리한다?! • 135
- 다수에게 까발려져야? • 139
- 명예훼손과 모욕 사이 • 142
- 사이버 모욕죄, 사이버 명예훼손죄가 없다고요? • 146

검찰스토리 6 검찰청 밖에서 만난 사람들 (3) 압수·수색 • 149

- 무고한 자를 무고하는 이유? • 154
- 공정사회 • 160
- 승부조작 • 167

검찰스토리 7 미국 수사기관에 전화 건 사연 • 171

- 내 것을 처분해도 범죄? • 174
- '준'이 들어간 범죄들 • 179
- '방해'가 들어간 범죄들 • 183

검찰스토리 8 카를로스를 미소 짓게 한 대화는? • 187

- 실수로 범죄를 저지른 사람들 • 190
- 아동학대, 정서적 학대의 기준은? • 194

검찰스토리 9 참고인 여비 때문에 생긴 일 • 202

제3부. 범죄피해자 이야기

- 분노하는 범죄피해자들 • 208
- 다양한 범죄피해자들 • 214

검찰스토리 10 사람들에게 돈 주겠다고 하소연한 이유 • 217

- 범죄피해자가 되지 않는 법 • 222
― 범죄피해자가 될 만한 환경 만들지 않기 • 223
― 참고 양보하기 • 225
― 과도한 욕심 내지 않기 • 227
― 끊임없이 의심하기 • 228
― 의심되면 즉각 멈추기 • 230
― 서면작성을 생활화하기 • 231
― 명의를 함부로 빌려주지 않기 • 234
― SNS(Social Network Service)는 적정하게 사용하기 • 235

- 검찰에서도 조정을 해요? - 형사조정 이야기 • 238

검찰스토리 11 엉뚱한 이유로 감동받은 피의자 • 242

- 범죄피해자의 몇 가지 권리들 • 246
― 범죄피해자 직접 지원 • 247
― 스마일센터 • 248
― 스마일 공익신탁 • 248

검찰스토리 12 봉투 주던 고소인 • 250

검찰스토리 13 검사장 오찬 행사장에서 생긴 일 • 253

검찰스토리 14 검찰 당직실 풍경 • 256

에필로그 • 260

검사실에서 노인 피의자들을 수사하면서 종종 사람의 나이에 비례해서 이성이나 도덕성도 높아지면 얼마나 좋을까 하는 생각을 한다. 한편으로는 대개 기록검토 및 조사까지 10시간이 채 안 되는 시간을 투자해서, 수십 년 이상의 세월을 겪은 사람의 인생에 대해 예단하는 것은 아닌가 하는 걱정이 들기도 했다. 그러나 다시 수사기관 종사자는 그 사람의 인생을 통관하는 것이 아니고 기록에 드러난 특정 시점, 특정 행위에 집중해서 법에 위반됨이 없는지를 판단하는 것이 본연의 임무라는 생각에 이르면, 그런 걱정은 어느새 누그러지게 된다.

| 제1부 |

범죄자 이야기

피의자 / 피고소인 / 피고인 / 피고

한 인터넷 커뮤니티에서 '대전 사람들이 귀가 밝은 이유?'라는 제목의 유머글을 본 적이 있다. 대전의 어느 버스 노선에 '서대전육교 → 서대전역네거리 → 서대전네거리 → 서대전네거리역'으로 이어지는 구간이 있다고 한다. 정말 주의를 기울여 듣지 않으면 엉뚱한 정거장에 내려 이동해야 하는 불편함을 감수해야 할 것만 같다. 이와 비슷하게, 수사기관이나 법원과 친하지 않고 그들이 사용하는 용어에 익숙하지 않은 사람들이 많이 헷갈리는 용어가 있다. 바로 피의자, 피고소인, 피고인, 피고와 같은 말들이다.

먼저, 피의자는 '범죄 혐의를 받는 사람'을 뜻한다. 재판이 아니라 수사의 대상이 되는 사람이다. 피의자와 비슷한 개념으로 용의자가 있는데, 언론에는 이 용의자라는 말이 피의자보다도 더 자주 등장하는 것 같다. 용의자는 '일단 범죄 혐의가 있다고 의심되지만 수사기관에서 정식으로 조사를 받지 않은 상태에 있는 사람'을 의미한다. 이후에 수사를 거쳐 입건이라는 절차를 거치면 비로소 용의자에서 피의자로 신분이 전환되는 것이다.

피의자는 말 그대로 '범죄 혐의가 있다는 것'을 뜻할 뿐이지만, 어떤 사람들은 이 용어에 의문을 제기하면서 예민하게 반응하기도 한다. 호칭 자체로 자기를 죄 있는 사람으로 몰아가고 있다고 여기는 것이다. 그래서 조사 도중에 피의자라고 부르면, "아니, 내가 왜 피의자예요? 나는 사기친(횡령한, 명예훼손한, 훔친… 등등) 적 없는데."라는 식으로 거칠게 항의하는 경우도 있다. 반면에, 고소인은 검사나 검찰수사관이 고소인과 피의자를 대질조사하면서 "피의자는 이쪽에 앉으세요.", "피의자에게 진술거부권과 변호인의 조력을 받을 권리가 있다는 것을 고지해드리겠습니다.", "피의자는 왜 그렇게 생각하십니까?" 등등 조사 전후로 또는 조사 도중 피의자라는 호칭을 사용하면, 이미 검사나 검찰수사관이 자기편이라는 착각을 하고 더 의기양양한 태도로 조사에 임하기도 한다.

다음으로 피고소인은 문자 그대로 '고소를 당한 사람'을 의미한다. 피고소인은 객관적으로 고소당했다는 내용을 함축하고 있기 때문에, 불리는 사람 입장에서는 피고소인이 '범죄 혐의가 있음'을 의미하는 피의자보다는 덜 불쾌하게 느껴질 수가 있다. 그래서, 나도 형식적으로 고소당하기는 하였지만 혐의를 인정하기 어려워 보이거나 고소인이 다소 억지를 부리는 것으로 판단되는 사건을 조사할 때에는, 피의자라는 용어보다 피고소인이라는 호칭을 더 자주 사용했던 것 같다.

피고소인에서 '소' 한 글자가 빠진 피고인은 전혀 다른 개념의 용어가 된다. 검사가 조사 등 수사결과를 토대로 피의자에게 범죄 혐의가 있다고 판단하면 법원에 재판을 구하는 절차로 이전하게 되는데, 이것을 '기소(起訴)' 또는 '공소제기(公訴提起)'라고 한다. 기소되면 해당 사건은 수사기관인 검찰청에서 법원으로 이전하게 되고, 피의자는 피고인으로 신분이 전환된다. 그때부터는 형사소송에서 검사와 대립되는 당사자가 되어 검사의 공격을 방어하는 지위에 놓이게 되는 것이다.

한편, 피고는 '민사소송에서 소송을 제기한 원고에 대립하는 당사자'를 의미한다. 피고에는 당사자 간에 민사적인 분쟁을 다투는 민사소송에서 하나의 당사자를 뜻할 뿐 부정적인 의미는 전혀 내포되어 있지 않다. 그럼에도 불구하고, 앞서 본 피의자와 같이 이 용어도 나쁜 사람의 의미인 것으로 오해하고 아무 죄 없는 자신이 피고로 불리는 이유를 모르겠다면서 억울하다고 하소연하는 사람들이 꽤 있다. 간혹 '피소'라는 말도 쓰이는데, 이는 조금 애매하다. 한자로는 '被訴'라고 쓰지만, 이것이 고소를 당했다는 것인지 소송을 제기당했다는 것인지는 분명하지 않다. 또, 소송이라면 형사소송인지, 민사소송인지, 아니면 둘 다를 의미하는 것인지도 확실하지 않다. 언론에서 피소라는 용어를 사용하는 예를 보면, 고소를 당한 것도 피소라고 하고 민·형사를 불문하고 소송을 제기당하는 것도 피소라는 용어를 쓰고 있다. 즉 혼용하고 있는 것이다. 앞서 본 피의자, 피고인, 피고 등은 형사소송법 등에서 사용하는 법률용어이지만 피소인이라는 법률상 용어는 존재하지 않는다. '피소'는 고소나 소송을 당함을 뜻하는 포괄적인 용어로 이해된다.

피의자, 피고소인, 피고인, 피고 이런 용어들은 조금 헷갈리기는 하지만 일반인들도 대략의 의미는 추측할 수 있기라도 하다. 반면, 일반인들이 '시한부 기소중지'나 '약식명령' 같은 말의 뜻은 이해하기가 쉽지 않다. 그나마 다행인 것은 요즘 들어 검찰, 경찰, 법원 등이 일반인들을 위해 어렵지만 중요한 법률용어를 각 기관 홈페이지나 팸플릿 등에 풀이하고 설명하는 방식을 통해 국민들에게 다가가려고 노력하고 있다는 점이다.

자백하는 피의자

　수사기관에서 수사를 받을 때 자신의 혐의에 대해서 부인하는 피의자만 있는 것은 아니다. 수사기관 입장에서 무척 고맙게도(?) 자신의 혐의를 시원하게 인정하는, 다시 말해 자백을 해주시는 분들도 있다. 피의자가 자백하는 사건은 검사가 기소하여 재판을 받는다고 하더라도, 그 자백을 공판정에서도 유지하는 경우 '간이공판절차'에 의해 심판을 받게 된다. 이 절차에는 '간이공판절차의 특례'라는 것이 있는데, 일반적으로 증거능력이 부정되는 전문증거(傳聞證據, 자신이 직접 경험한 것이 아니라 다른 사람으로부터 들어서 알게 된 사실을 법관에게 전달하는 형태의 증거)의 증거능력이 인정될 뿐만 아니라 증거조사 방식도 간이화된다. 수사단계에서도, 자백하는 피의자의 경우에는 피의자를 강하게 추궁하지 않고 피의자의 자백과 이에 부합하는 증거물을 하나하나 정리하여 검찰에 송치하거나 기소하면 되기 때문에 자백사건의 처리가 한결 수월한 것은 사실이다.

그런데, 사명감과 정의감에 불타는 공안직 공무원이 아니라 칼퇴근과 편안한 주말을 원하는 지극히 평범한 직장인의 관점에서 봤을 때, 자백하는 피의자와 부인하는 피의자 사이에서 크게 희비가 엇갈리는 상황이 가끔 발생하기도 한다. 바로 금요일에 구속사건이 송치되었는데, 그 사건의 피의자가 범죄 혐의를 부인하면서 다투고 있는 경우가 그렇다. 물론 구속사건 송치 당일에는 혐의 유무에 대한 본격적인 조사는 하지 않고 피의자의 인적사항 및 혐의에 대한 인정 여부 등 인정신문 위주의 조사만 하는 일반적 관행 때문에, 송치 당일에는 큰 어려움은 없다. 설령, 금요일 오후에 조사나 다른 일정이 잡혀 있다고 하더라도 마찬가지이다. 구속 송치 당일 조사는 하기에 따라 10~20분 만에도 끝낼 수가 있기 때문이다. 문제는 주말을 보내고 그 다음 주에 다시 조사하거나 추가수사를 해야 할 때이다.

구속사건이라도 기록검토 결과 피의자가 자백하고 증거관계가 명확하다면, 검사는 경찰에서 수사한 내용을 한 번 확인하는 식으로 간단하게 조사하고 공소제기를 할 수 있다. 반면, 피의자가 자신의 혐의를 인정하지 않으면서 사실관계나 법리 등을 다투고 있다면, 피의자의 주장을 탄핵하기 위해 증거를 세세히 따져보고 분석하는 등 할 일이 많아지게 된다. 피해자나 목격자 진술을 듣기 위해 대면 또는 전화수사를 해야 할 수도 있고, 특정 사실관계에 대한 확인이나 분석을 위해 타 기관에 사실 확인이나 분석 의뢰와 같은 공문 플레이를 해야 할 수도 있다. 또, 증거 확보를 위해 금융계좌 추적을 하기도 하는데, 계좌추적의 경우 공문으로 간단히 할 수 있는 것이 아니고 법원으로부터 계좌추적용 압수수색영장을 발부받아 집행해야 하기 때문에 압수수색이 필요한 이유에 대한 수사보고서도 정성껏 작성해야 한다. 이런 일들을 하다 보면 검찰에서 피의자를 1차적으로 구속할 수 있는 기간인 10일을 훌쩍 넘기게 된다. 1회에 한해 10일 연장이 가능한 구속기간 연장을 해야 하는 것이다. 이렇듯 피의자의 자백과 부인은 수사실무적으로 큰 차이를 만들기 때문에, 아무래도 휴일을 앞두고 배당된 구속사건에서는 피의자의 자백 여부가 신경 쓰일 수밖에 없다.

한 번은 이런 일이 있었다. 금요일에 구속 송치된 사건의 죄명이 「성폭력 범죄의 처벌 등에 관한 특례법」상 '성적 목적 공공장소 침입죄' 였다. 피의자의 혐의는 약 5개월 동안 수차례 자신의 주거지 근처 상가 건물에 있는 여자 화장실 용변칸에 들어가 다른 칸의 여성을 엿보았다는 것이었다. 그런데, 기록을 읽어보니 이 피의자가 경찰에 체포 후 경찰수사를 받을 때 보인 불량한 태도가 적나라하게 드러나 있었다. 경찰에서도 피의자를 더 수사하기가 짜증이 났는지 구속영장 발부 후 법에 규정되어 있는 경찰 구속기간(체포 후 10일)이 만료되기도 전에 추가 조사 없이 검찰로 송치를 한 상태였다. 단순히 수사를 받으면서 경찰을 조롱하는 태도를 보였다거나 경찰에 대해서 적대감을 드러낸 정도의 문제가 아니었다. 피의자가 여자 화장실 용변칸에 들어가 다른 용변칸을 엿본 것이 확실하다는 복수(複數)의 피해 여성 진술, 이를 뒷받침하는 피의자가 범행 당시와 체포 현장에서 신고 있었던 독특한 색의 슬리퍼, 피의자가 건물 안으로 들어가는 모습이 찍힌 CCTV 사진(다만, 여성 화장실로 들어가는 모습이 직접 찍힌 영상이나 사진은 없었다), 상가 건물 경비원의 진술 등을 종합해보면, 해당 피의자는 범인이 확실하고 피의사실도 인정될 수 있음을 충분히 입증할 수 있는 상황이었다.

그럼에도 불구하고, 피의자는 경찰수사 시에 범행을 극구 부인하면서 경찰관을 조롱하고 적개심을 드러낸 것이었다. 앞서 이야기했듯이 구속사건 송치 당일은 자세한 조사는 하지 않더라도, 휴일을 앞두고 피의자와 한바탕 기(氣) 싸움을 해야 하는 상황이 예상되었기에 약간 긴장을 하고 피의자에게 질문할 내용과 피의자의 변명에 반박할 내용을 준비하고 있었다. 그런데, 멀리 복도에서부터 경찰관에 의해 호송되어 오는 피의자의 모습에서 종이 한 장을 들고 있는 피의자의 손이 눈에 띄었다. 이름을 확인하고 자리에 앉으라고 하였더니, 피의자는 자리에 앉지도 않은 채 서서 "저… 일단 이것부터 읽어주십시오."라고 하면서 간절한 눈빛으로 나를 바라보는 것이었다. 피의자가 건네준 종이를 빠르게 훑어봤더니, 경찰에서 거짓으로 진술했고, 피해자에게 죄송하다는 취지의 문장을 꾹꾹 눌러쓴 반성문 같아 보였다.

"이게 뭐죠? 본인의 혐의를 인정한다는 것인가요?"

"네, 맞습니다. 반성문에도 썼지만 제가 한 짓 때문에 너무 두렵고 걱정이 돼서 경찰에서는 여성 화장실 용변칸에 들어가 엿본 사실이 없다고 했습니다. 저희 어머니가 지금 많이 편찮으십니다. 제발 선처해주십시오."

"어머니가 편찮으시면 더더욱 그런 행동을 하지 마셨어야죠? 그리고 기록을 보니 본인이 그런 행위를 한 증거가 명백해 보이는데, 아니라고 발뺌하면서 경찰에서도 불성실하게 조사에 임했던데 어떻게 선처를 바란다는 말입니까? 일단 오늘은 조사받으시고 선처 부분은 나중에 검사님께 말씀하세요."

피의자는 연신 죄송하다고 하면서 모든 혐의를 인정한다는 진술을 했고, 당일 인정신문 조사, 그리고 다음 주 한 차례의 피의자 신문과 간단한 보강수사 후 순조롭게 기소할 수 있었다. 그러나 피의자가 자신의 혐의를 부인한다고 하여 검사나 수사관이 그 피의자가 거짓말하는 것이라고 단정하는 것은 아니고, 또 피의자가 범죄 혐의를 부인하니 수사과정에서 불이익을 줘야겠다고 생각하며 수사를 진행하는 것도 아니다. 피의자는 여러 가지 이유로 범죄 혐의를 부인할 수 있다. 실제로 어떤 행동을 안 했을 수도 있고, 특정 행위를 한 것은 맞지만 수사기관에서 추궁하는 것과 같은 의도가 아니기 때문에 부인하는 것일 수도 있다. 또는 비슷한 혐의로 이미 처벌받은 경력이 있어서 가중처벌을 두려워하여 혐의를 부인할 수도 있다.

인간은 유한하고 나약한 존재이다. 아무리 유능한 검사나 수사관이라도 사건의 실체를 100퍼센트 밝혀낸다고 장담할 수도 없고, 피의자 역시 자신의 진의를 은폐하거나 범행을 축소하려는 의도에서 혐의를 부인할 수 있다. 이런저런 사정을 다 고려해서 수사를 하는 것이지만, 앞서 든 예에서처럼 객관적인 증거가 명백함에도 불구하고 혐의를 부인하는 경우에는 자백하는 피의사에 비해 더 엄하게 처벌하려는 의도가 생기는 것이 인지상정(人之常情)인 것 같다. 결국 피의자의 이런 태도는 나중에 재판을 받고 판사가 판결문을 작성할 때 아래와 같이 반영될 가능성이 높다.

「피고인이 공소사실에 기재된 범행을 한 사실이 ○○○, ○○○, ○○○ 등 객관적인 증거에 의해 명백히 인정됨에도 불구하고, 혐의를 부인하며 반성하지 않는 점 등… 이를 양형에 참작하도록 한다.」

또 다른 한편으로는, 피의자가 자백했다고 해서 마냥 긴장의 끈을

놓고 수사에 임하는 것도 아니다. 피의자들은 거짓 자백을 하기도 하고(공범이나 진범의 범행을 은폐하기 위해서), 대충 자백(본인의 더 큰 범죄를 숨기거나 귀찮은 마음에 수사 및 재판 절차가 빨리 종결되기를 희망하는 경우)하기도 한다. 때문에 시간제한, 수사인력 부족 등 현실적 제약이 있기는 하지만, 자백사건일지라도 공범이나 진범의 존재, 그리고 피의자의 여죄(餘罪) 가능성 등을 항상 염두에 두고 수사할 수밖에 없다.

유사수신 행위 및 사기 혐의로 검찰조사를 받게 된 피의자가 있었다. 비록 소규모이기는 하지만 불법 다단계업체를 운영하면서 다수의 피해자를 양산한 사람이었다. 조사를 받으면서, 자신의 모든 혐의를 인정하고 피해자 분들에게 정말 죄송할 따름이라고 진술했다. 질문 중에 "당시 피의자가 설립한 회사의 자산상태나 피의자의 자력(資力)으로 보았을 때, 피의자는 사람들로부터 가입비를 받고 다단계 판매업자로 등록시킨 뒤 물건을 판매하더라도 약속한 금전적 이익을 제공할 수 없었던 것이고, 제반 사정을 종합해봤을 때 피의자는 처음부터 사람들을 속여서 금전을 편취한 것으로 보이는데, 어떤가요?"라는 내용이 있었는데, 이마저도 피의자는 "네, 맞습니다. 처음부터 속일 생각이었습니다."라고 대답하는 것이었다. 보통 재산범죄로 조사를 받는 피의자들은 객관적 행위에 대해서는 인정하면서도 편취의사와 같은 범의(犯意)에 대해서는 갖은 변명을 대면서 인정하지 않거나 주저하는 것이 일반적인데, 이 피의자는 이례적으로 시원하게 모든 것을 다 인정하였다.

너무 쉽게 다 인정한다고 말하는 것이 약간 꺼림칙하기도 하였지만, 검사실 수사관으로 근무하게 된 지 얼마 되지 않았을 때라 '내가 조사를 잘하고 피의자도 반성하는 마음에 다 인정하고 새로운 삶을 살려고 하나 보다.' 하는 순진한 생각으로 또 약간 우쭐한 마음으로 조사를 했었다. 그런데 몇 달 뒤에 우연히 다른 검사실에서 구속 피의자로 조사를 받고 있는 피의자의 모습을 보게 되었다. 그 방 수사관에게 확인해보니, 앞서 내가 조사했던 사건에서와는 다른 불법 다단계업체를 운영하다가 적발되었던 것으로, 범행 기간의 일부는 앞선 사건과 겹치기도 하였다. 내가 조사했던 사건에서는 동종전과가 없었고, 불법 다단계업체를 운영하면서 유사수신한 것 치고는 피해액이 많지 않아서 불구속 수사를 했던 것인데, 비슷한 무렵에 운영했던 또 다른 불법 다단계업체가 적발되었고 반복해서 불법 다단계업체를 운영하고 유사수신을 하여 금융질서를 어지럽히는 등 죄질이 불량하다고 판단되어 구속영장이 발부된 것이었다. 이 일을 계기로 피의자가 너무 쉽게 자백하는 사건에 대해서는 한 번 더 살펴보고 한층 더 심도 있게 수사하는 습관을 들일 수 있었다.

외국인 피의자

1990년대 이후 본격적으로 진행된 세계화, 그리고 21세기를 전후하여 시작되고 최근에 본격화된 한류 열풍에 따라 국내에 거주 및 체류하거나 우리나라를 방문하는 외국인의 수가 급증하였다. 이에 상응하여 외국인 범죄도 눈에 띄게 증가하였다. 외국인 범죄자에 대하여 체포·구속 등 인신구속을 하는 경우에는 「영사관계에 관한 비엔나 협약」에 따라 영사접견권이 있음을 통지해주어야 한다. 이를 위반하였을 때에는 수사기관 공무원의 직무상 불법행위에 해당해 국가가 배상까지 하게 될 수 있다. 그밖에 외국인 피의자를 수사할 때 절차상 특칙이 있다면(사실 너무 당연한 것이어서, 특칙이라고 말하기도 그렇다), 외국인 피의자를 조사할 경우에는 통역인의 참여 하에 조사가 진행되어야 한다는 것이다. 이는 조사를 하는 검사나 수사관이 해당 외국어를 아무리 잘하더라도 마찬가지이다. 영화나 드라마에서는 검사나 경찰관이 유창한 외국어 실력으로 피의자를 신문하는 장면이 나오기도 하지만, 이는 주인공인 검사나 경찰관을 돋보이게 하기 위한 하나의 장치에 불과할 뿐이다. 외국인 피의자를 수사하면서 겪은 에피소드 몇 개를 이야기하고자 한다.

    보이스피싱 범죄사건의 구속 피의자로 송치된 말레이시아 국적의 사람을 조사한 적이 있었다. 피의자는 보이스피싱 피해자로부터 직접 돈을 건네받거나 보이스피싱 조직의 상급자가 지시한 대로 피해자가 돈을 보관해놓은 장소로 가서 돈을 가져오는 역할을 맡은 이른바 현금 수거책이었다. 본격적인 피의자 조사에 앞서 통역인과 잠시 면담을 하는 것이 일반적이다. 해당 피의자의 통역을 맡은 통역사는 사전 면담에서 "국내에 말레이시아어 통역을 할 수 있는 사람이 거의 없는데, 자신이 20년 이상 검찰 등 수사기관에서 말레이시아인 범죄자가 있을 때 통역을 해왔다."라고 했다. 그러면서, 최근에 검찰과 경찰에서 말레이시아어 통역 수요가 급증하였다는 말을 했다. 조금 더 자세히 물어보니, 예전에는 말레이시아 통역 요청이 1년에 한두 번 있을까 말까였는데, 약 3년 전(2018년 기준임)부터 1년에 10회 이상으로 통역 요청이 이전과는 비교할 수 없을 정도로 폭발적으로 늘었다는 것이다. 엄격한 이슬람교의 율법에 따라 생활하며, 술도 거의 마시지 않는 착한 말레이시아 사람들이 최근 들어 한국에서 범죄에 연루되는 빈도가 높아지는 것 같아 안타깝다는 말을 덧붙였다.
    통역사를 대동한 말레이시아 국적의 피의자 조사를 마친 뒤 인터넷 검색을 해보니, 과연 국내에서 말레이시아인에 의한 범죄는 거의 없었다가 최근 보이스피싱 범죄조직의 운반책으로 이용되는 경우가 많아졌다. 이런 현상에는 두 가지 이유가 있는 것으로 보였다. 먼저 말레이시아 사람들 상당수가 중국어를 할 줄 알기 때문에 조선족이 많은 보이스피싱 범죄단에서 이들을 공범으로 활용하기에 편하다는 것, 그리고 보이스피싱 범죄를 단속하려는 수사기관의 주요 경계 대상인 조선족보다는 말레이시아인들이 꼬리 자르기가 쉽다는 것이다. 어쨌든 그 말레이시아 피의자는 운반책으로 검거된 사람들이 흔히 하는 변명처럼 "페이스북을 하다가 한국에서 간단한 심부름을 해주고 돈을 벌 수 있다는 광고를 보고 한국에 입국했다. 나는 위챗에서 만난 중국인이 시키는 대로 심부름만 하고 돈을 받으려고 했던 것뿐인데 경찰에 체포되는 바람에 돈도 못 받았다. 보이스피싱이나 범죄집단에 대해서는 전혀 아는 바가 없다."라는 취지로 진술했다.

　피의자가 말레이시아에 있을 때 본 페이스북 광고에는 위와 같은 심부름을 하면 월 최소 10,000링깃을 벌 수 있다고 했다는 것이다. 말레이시아 화폐 단위인 1링깃이 한화 285원 정도이니 한국 돈으로 계산하면 285만 원가량의 심부름값을 주겠다고 한 셈이다. 말레이시아 근로자 평균 월급이 어느 정도 되냐고 물으니 2,000~2,500링깃 정도 된다고 했다. 이는 조사 전 인터넷 검색을 통해서 확인한 내용과도 거의 비슷했다. 다시, 말레이시아에서 어떤 일을 하면서 얼마나 벌었냐고 물으니 액세서리 판매업을 하면서 2,000링깃 정도를 벌었다고 했다. 그래서 단순한 심부름만 하고 본국에서 일할 때보다 4~5배의 돈을 받는다는 것이 무엇을 뜻하느냐, 범죄와 연관성이 있는 위험이 수반된다는 것 아니겠냐고 물으면서 추궁하였다. 이에 대해 피의자는 별다른 대꾸는 하지 못했지만, 보이스피싱 및 범죄집단에 대해서 아는 바도 들은 바도 없고, 위챗을 통해 자기에게 지시하는 중국인의 말을 따랐을 뿐이며, 억울하다는 취지의 변명을 계속 유지했다. 결국, 피의자는 사기죄로 기소되었다. 이후 법원에서 어떤 형을 선고받았는지는 확인해 보지 못하였지만, 무고한 서민들을 상대로 피 같은 돈을 편취하는 보이스피싱 사기범죄는 단순 가담자라도 엄벌한다는 법원의 방침상 가벼운 형을 선고받지는 않았을 것 같다.

어떤 수사관은 보이스피싱 범죄로 구속된 조선족 피의자를 조사한 적이 있었는데, 통역인이 통역하면서 계속 고개를 흔들더니 조사 후에는 그 피의자 통역을 다시는 하고 싶지 않다는 뜻을 피력했다고 했다. 통역인에게 그 이유를 물었더니 "많은 피의자를 통역해봤지만, 이 사람은 질이 너무 좋지 않은 것 같습니다. 이 사람이 말한 내용 중 사건과 직접적인 관련은 없고 차마 통역하기 힘든 부분들은 알아서 걸렀습니다. 통역하다 보니 제 정신건강에 너무 해로운 것 같습니다. 죄송하지만 다른 통역인을 부르십시오. 저는 도저히 못하겠습니다."라고 했다는 것이다. 나 또한 자동차 엔진 특수절도 혐의를 받고 있는 러시아 국적인(國籍人) 두 명을 조사하면서 비슷한 경험을 한 적이 있다. 전형적인 러시아 이름의 순수 러시아인 한 명과 한국계 러시아인 한 명이 특수절도 피의자였는데, 두 명 모두 이미 자동차관리법 위반으로 구속 수감 중인 상태였다. 이 사건 고소인은 한국계 러시아인 한 명만 고소한 상태였는데, 경찰조사에서 그 한국계 러시아인 피의자가 자신이 순수 러시아인과 공동범행을 하였다고 진술하였고, 참고인 자격으로 조사받던 순수 러시아인 역시 자백하는 취지의 진술을 하여 순수 러시아인을 특수절도 혐의로 인지 및 입건하고 조사를 하게 된 것이었다.

그런데, 이 순수 러시아인 피의자(이하 '피의자'라고만 함)가 검찰에서는 경찰에서 참고인 자격으로 조사받았을 때 한 진술을 확인한 후 통역이 잘못된 것이라고 주장하며 경찰 진술을 뒤집었다. 그리고 흥분하여 큰 소리를 지르면서 조사를 받았다. 질문 하나를 하면, 피의자가 한참을 떠들어댔는데 통역인이 전달해주는 답은 매우 간결했다. 특히 피의자의 표정을 보면 현재 받고 있는 조사가 매우 불만스럽다는 것을 충분히 알 수 있었다. 하도 말을 많이 하길래 통역인에게 전후 사정 같은 것 말고 질문에 대한 핵심적인 답만 간결하게 할 것을 전달해달라고 요청했다. 하지만 그 이후에도 피의자는 언성을 높이며 화를 내는 듯이 대답을 했다. 순간순간 스치는 통역인의 눈빛에서 난처함과 당혹감을 읽을 수 있었고, 피의자가 좋지 않은 언사를 하고 있음을 직관적으로 알 수 있었다.

피의자가 하도 답변을 장황하게 하는 바람에 조사가 꽤 길어졌다. 그래서 세 차례에 걸쳐 조사를 하게 되었다. 검사님, 통역인, 나 모두 그 골치 아픈 피의자의 얼굴을 여러 번 보고 싶지는 않았지만, 다른 도리가 없었다. 그래도 간신히 조사를 다 마치고 나서 검사님과 머리를 맞대고 생각을 해보았다. 피의자 주장대로 경찰조사에서의 진술이 통역 잘못으로 진의가 잘못 전달된 것인지 여부에 초점을 맞췄다. 정말 혹시라도 외국인이어서 의사소통상의 문제 때문에 죄를 뒤집어쓰는 일이 있어서는 안 된다고 판단하였기 때문이다. 더구나 이 사건은 물적 증거가 부족했기 때문에, 사건관계인들의 진술에 의존해서 혐의 유무를 판단해야 하는 어려움이 있었다. 그래도 다행히 피의자의 특수절도 사실을 뒷받침할 만한 사건관계인 여러 명의 진술이 구체성, 일관성이 있었고, 공범인 피의자가 자신의 죄를 인정하면서 굳이 함께 일했던 동료를 죄가 있다고 몰아갈 이유가 없어 보였다. 결국 검사님은 이 러시아 피의자를 특수절도 혐의로 기소하였고, 재판에서도 공소 유지가 되어 유죄판결까지 확정되었다.

　일반적으로 검찰수사관은 근무하면서 외국인 범죄수사에 대한 전문성을 쌓기 어려운 편이다. 외국인 거주자가 많은 인천지검, 부산지검 등 몇 개 청과 상징적 의미가 있는 서울중앙지검 정도만 외사부와 같은 외국인 범죄 전담부서가 있을 뿐 대부분의 청에서는 외국인을 조사하거나 수사할 일이 그렇게 많지 않다. 어쩌다 외국인 피의자가 구속사건으로 송치되면 이를 조사하는 정도이기 때문에 가끔씩 외국인 범죄자를 수사 또는 조사하게 되면 낯설어하거나 당황하기도 한다. 개인적으로도 1년에 한두 번꼴로 외국인 피의자 수사를 했었기 때문에 이 분야에 있어 많은 경험을 쌓았다고 말하기는 어렵다. 또, 내가 외국인 피의자를 조사할 때 팁이나 유의할 점 같은 것을 가르쳐준 사람은 아무도 없다. 그렇지만 외국인 범죄에 대해 꾸준히 사례를 접하고 혼자 연구하면서, 내 나름대로 외국인 피의자를 수사할 때 지켜야 할 원칙을 세우게 되었다.

　첫째는 외국인 피의자에게 내국인 피의자와 같은 수준의 형사사법 서비스를 제공하기 위해 최대한 노력하자는 것이다. 쉽게 이야기하면, 단지 외국인이라는 이유로 수사과정에서 불이익한 처우를 받는 일이 없도록 하는 것이다. 물론 외국인 피의자들은 남의 나라 영토에서 범죄를 저지른 혐의로 수사를 받고 있는 사람들이다. 하지만, 외국인 '범죄자'가 아닌 '피의자'이고, 피의자 신분은 '범죄 혐의가 있는' 상태일 뿐 혐의가 있다고 확정적으로 판단된 것은 아니다. 외국인 피의자들은 우리나라 문화에 대한 이해 부족, 서투른 언어, 형사법체계 및 형사절차에 대한 무지 등으로 인해 자신의 행동에 대해 오해를 받거나 본인이 책임져야 할 부분 이상의 책임을 떠안게 되는 경우가 생길 가능성이 높다.

또 실제로 이러한 외국인 피의자의 약점을 악용하는 수사기관 종사자들도 있다. 실화를 바탕으로 제작된 전도연, 고수 주연의 영화『집으로 가는 길』에서도 이와 같이 낯선 환경에서 외국인이라는 이유로 억울하게 범인으로 몰려 고통을 겪게 되는 과정을 그리고 있다. 입장을 바꿔서 생각해보면, 외국인 피의자도 수사기관에 대해 제대로 된 방어를 하지 못해 자신이 하지 않은 행동에 대해 범인으로 몰리거나 자신이 한 행동 이상의 책임부담을 강요받을 수 있다. 그래서, 개인적으로는 외국인 피의자를 조사하게 되면 해당 외국인의 출신 국가의 문화 등을 비롯한 배경지식을 쌓고 조사에 임하려고 노력했다. 외국인 피의자를 조사하던 처음부터 그랬던 것은 아니지만, 어느 순간부터는 외국인 범죄사건이 있으면 사전에 인터넷이나 서적을 통해 해당 국가에 대한 기초적인 사항과 형사사법체계 등에 대해서 공부한 뒤 수사에 임하는 습관을 들이게 되었다.

예를 들어, 앞서 에피소드에서 언급했던 말레이시아인의 경우, 경찰에서 조사를 여러 차례 받았는데 검찰에서 다시 조사를 받는 것에 대해서 납득이 잘 안 간다는 듯한 태도를 취했다. 자신이 외국인이라 부당한 대우를 받고 있는 것은 아닌지 의심하는 것처럼 보이기도 했다. 검찰 제도가 없는 나라인 말레이시아 출신의 사람이 그런 의문을 제기하는 것은 충분히 가능한 일이다. 구속 송치된 당일에도 한국의 검찰 제도에 대해서 개략적으로 설명해주었지만, 이후 한 차례 더 소환하여 조사할 때에도 다시 한 번 한국의 형사사법 절차와 검찰수사의 필요성에 대해서 설명해주고 조사를 진행하였다. 앞서 이야기했듯이, 피의자가 자신의 혐의에 대해서는 계속 억울하다고 호소하였지만 대한민국의 형사사법 절차에 대한 설명을 들은 뒤부터는 절차적인 부분에 대하여 더 이상 문제 삼지 않았다.

언어 문제는 조금 더 복잡하다. 언어를 '문화의 색인'이라고까지 표현하기도 하지만, 그렇다고 피의자가 속한 나라의 문화를 이해하기 위해서 그 나라 언어를 단기간에 공부할 수는 없는 노릇이다. 그래서 재미 삼아 '안녕'을 의미하는 스페인어 '올라(Hola)', 러시아어 '즈드랍스트부이쩨'와 같이 간단한 인사말 정도만 익히고 나머지는 통역에 일임할 수밖에 없었다. 외국인 피의자 조사는 통역을 거쳐야 하기 때문에 질문과 답변이 한국인 조사에 비하면 두 배의 시간이 걸린다. 그러다 보니 조급한 마음에 피의자에게 답변을 재촉하거나 피의자의 진술을 압축해서 짧게 정리하고 싶은 유혹을 느끼는 수사관들도 더러 있다. 물론 그렇게 해서는 안 된다. 통역을 통해서 피의자의 말이 전달되기 때문에, 내국인과 같은 진술의 정확도까지 기대할 수는 없다. 내국인을 조사할 때도 진술의 작은 뉘앙스 차이로 혐의 유무에 대한 판단이 달라지기도 하는데, 조사자와 다른 언어를 사용하는 피조사자의 경우에는 진술의 진의를 파악하기 위해서 더 시간을 투자하고 공을 들여야 하는 것이다. 그러다 보면 내국인 조사에 비해 2배, 3배 또는 그 이상의 시간이 소요될 수도 있다. 그래서 개인적으로는 외국인 피의자를 수사하게 될 때면 미리 검사님에게 양해를 구한 뒤 시간을 충분히 두어 신중하고 철저하게 조사하려고 노력했다.

또 다른 원칙은 외국인 피의자들이 대한민국 법과 형사사법 절차를 우습게 여기지 않도록 엄정한 수사를 해야 한다는 것이다. 얼핏 생각하면 위에서 말한 원칙과 모순되는 것처럼 보일 수도 있다. 하지만, 외국인이라는 이유만으로 억울한 일이 생기지 않도록 하자는 것과 외국인 피의자에게 엄정한 수사와 법집행을 해야 한다는 것은 차원이 다른 문제로 서로 모순관계가 아니다. 수사기관이 피의자와의 언어나 문화 차이로 인해 수사에 어려움을 겪기도 하고 필요 이상으로 피의자를 몰아붙이거나 피의자에게 책임을 뒤집어씌울 우려도 있다고 하였는데, 외국인 피의자들이 오히려 그런 언어, 문화 차이로 인한 오해나 소통의 어려움을 악용하기도 한다.

흔히, 외국인 수사를 하는 사람은 '형사사법 절차에 있어 우리나라를 대표하는 외교관'이라는 자세로 수사를 진행해야 한다는 말을 하기도 한다. 한 나라의 외교관이라는 말에는 여러 가지 의미가 내포되어 있다. 외교관의 가장 큰 임무는 자국과 자국민의 이익을 보호하는 것이지만, 외교관의 언행과 활동은 한 나라의 이미지에 영향을 미치기도 한다. 따라서, 앞서 말한 원칙처럼 피의자가 외국인이라는 이유 때문에 방어권 행사를 제대로 하지 못해 억울함을 겪지 않게 하는 것뿐만 아니라, 엄정한 수사를 통해 대한민국의 법질서와 형사사법 시스템을 농락하거나 만만히 여기지 못하도록 하는 것 역시 외국인을 수사하는 검찰수사관의 임무라는 생각으로 수사에 임했다.

검찰스토리 1

호칭에 대한 단상(斷想)

검사실에서 수사관으로 근무를 하다 보면 피의자를 비롯한 사건관계인들로부터 다양한 호칭으로 불리게 된다. 검사의 경우 누가 특별히 설명해주지 않아도 사람들이 알아서 '검사님'이라고 제대로 불러주지만, 참여수사관의 경우에는 정말 다양한 호칭을 듣게 된다.

피의자나 참고인으로부터 은근히 자주 듣는 호칭이 '검사'이다. 검사실에서 조사를 하는 사람이니 으레 검사인 줄 알고, 조사를 받으면서 "저기요, 검사님! 제 말은 그게 아니라요…", "검사님께서는 그렇게 생각하시겠지만…", "검사님, 선처 좀 부탁드립니다." 이런 식으로 말하는 경우가 많다. 이는 피의자나 참고인을 탓할 일이 전혀 아니다.

사실, 피의자가 조사를 받기 위해 검사실에 도착했을 때 검사나 수사관이 당일 피의자를 조사하는 사람이 누구인지, 그리고 조사가 어떤 식으로 진행되는지에 대해서 명확히 이야기해주었다면 피의자 등이 호칭에 대해 헷갈릴 이유가 전혀 없기 때문이다. 한 번은 화장실을 가는 도중에 검찰청 복도에서 어떤 남자가 전화통화하는 것을 우연히 듣게 되었다. 그 남자는 통화 상대방에게 "여기, 검사 엄청 많은데, 내가 조사받는 방에는 검사가 4명이고, 남자 검사 2명, 여자 검사 2명이야. 다른 방에도 검사들이 3~4명씩 있던데."라고 하고 있었다. 이 정도로 검찰청을 '검사청'으로 생각하는 사람들이 의외로 꽤 있다.

검사실 참여 6~7급 수사관에 대한 전통적인 호칭인 '계장'이라고 정확하게(?) 부르는 사람들이 있다. 검사가 조사 전에 피의자에게 기초조사는 저기 있는 계장이 할 것이라고 안내하는 경우에는 나를 '계장'이라고 인식을 하고 조사 도중에 '계장님'이라고 호칭하는 경우가 흔하다. 그런데, 그런 안내가 없었음에도, 검찰 내에서는 널리 쓰이지만 일반인에게는 잘 알려지지 않은 '계장'이라는 호칭을 정확하게 사용하는 사람들은 대개 화려한(?) 검찰수사 경력을 자랑하는 경우가 많다. 바로 검찰청에 피의자나 피의자에 가까운 참고인 등으로 자주 들락날락했다는 의미이다. 다년간 또는 풍부한 경험을 통해 검사실이 어떻게 구성되어 있고, 사건처리 절차가 어떻게 진행되는지 '척하면 척'하고 아는 사람들이다. '수사관'이 진정한 의미에서 가장 정확한 호칭인데, 이 장(章)에서 언급된 다른 호칭들 때문에 오히려 이 정확한 호칭이 사용되는 경우는 50퍼센트 미만인 것 같다.

'주임'이라고 부르는 사람들도 있다. 주임은 원래 검찰청에 근무하는 8~9급 수사관을 부르는 호칭인데, 한때는 본인의 원래 직급보다 낮게 불리는 것 같아 기분이 썩 좋지 않기도 했다. 그런데, 나중에 보니 이 '주임'이라는 호칭을 주로 사용하는 유형의 사람들이 있었다. 교도소나 구치소에서는 호송 등 실무적인 일을 하는 교도관을 주임이라고 부르는데, 이런 교도관을 부르던 것이 습관이 되어 검사실에 와서도 수사관에게 주임이라고 부르는 것이었다. 앞서 계장이라고 부르는 사람들이 대개 화려한 검찰수사 경력을 자랑하는 베테랑(?)들이라면, 검사실 참여수사관을 주임이라고 부르는 사람들은 이제 갓 수형(受刑)의 세계에 입문한 초심자인 경우가 많았다.

의외로 '조사관'이라고 부르는 사람들도 많이 있다. 자신이 지금 당장 피의자 조사 또는 참고인 조사를 받고 있으니, 자신 앞에서 조사(신문)를 하는 사람은 당연히 조사관이라고 생각해서 조사관이라고 부르는 것으로 보인다. 또, 국세청이나 고용노동부 등 다른 관공서에도 조사업무를 하는 공무원을 조사관으로 부르는 경우가 종종 있기 때문에 더더욱 조사관이라는 호칭이 익숙한 것 같기도 하다. 사실, 수사가 조사를 포함하는 넓은 개념이고, 조사관이라고 하면 조사만 하는 사람으로 국한되는 듯한 느낌이 있어서 조사관이라는 호칭을 아주 선호하지는 않았지만 딱히 틀린 개념도 아니어서 나중에는 그러려니 하고 받아들이게 되었다. 어떤 피의자들은 '선생님'이라고 부르기도 한다. '나는 누구를 가르치는 일을 하지는 않는데…'라는 생각이 잠깐 들기도 하지만, 선생님이라는 호칭이 두루 남을 존대하여 이르는 말로 쓰이기도 한다는 것을 잘 알기 때문에 역시 특별히 개의치 않는다.

수사관이나 조사관 대신 '사무관'이라고 부르는 사람들도 있다. 일본에서는 검찰청 수사관을 통칭하는 용어로 '검찰사무관'을 사용하지만, 우리나라는 사무관이 5급 공무원의 직급을 뜻하기 때문에 대부분이 6~8급 검찰직인 수사관에게 사무관이라는 호칭은 엄밀한 의미에서 바르게 사용하는 것은 아니다. 그러나, 본인 직급보다 높게 부른다고 해서 그것을 나무랄 사람은 없다. 그 반대는 종종 문제가 되기도 하지만.

그 반대가 바로 '서기'라고 부르는 경우이다. 서기는 공무원 8급 직급에 대한 호칭이다. 앞서 본 대로 형사소송법 제243조에서는 '검사가 피의자를 신문할 때 검찰청 수사관 또는 서기관이나 서기를 참여하게 하여야 한다.'라고 규정하고 있다. 그래서, '혹시 피의자가 이 법조문을 정확하게 알고 있고, 내가 동안(童顔)이라 입사한 지 얼마 안 된 8급 수사관으로 알고 서기라고 부르는 것은 아닐까?' 하는 생각도 해보았다. 사실 그보다는 일제강점기 지금의 검사에 해당하는 검찰관과 함께 검찰업무를 보던 검찰서기라는 말이 해방 이후에도 한동안 우리 사회에서 널리 쓰였었는데, 그런 의미로 '서기'라고 불렀을 가능성이 더 높기는 하다.

검사실에서 근무하면서 사건관계인들로부터 "이 양반아!", "아저씨!", "병X 새끼" 같은 말들을 들어본 적이 있다. 이와 같은 말들을 했던 사람들은 조사과정이 아니라 전화상으로, 그것도 자신이 생각하기에 매우 억울하다고 생각하는 검사 처분에 대하여 민원 형식으로 강력히 항의하는 과정에서 극도의 흥분상태에서 말을 내뱉은 성격이 강했다. 그래서, 그런 말들을 들었을 때 기분이 잠시 언짢기는 했을지언정 크게 당황하거나 화가 많이 나지는 않았다. 검사실에서 참여수사관으로 근무하면서 사건관계인들로부터 이런저런 호칭으로 불린다는 것에 대해서 이야기해보았다. 사실, 검사실에서 근무할 때 사람들로부터 어떻게 불리는가는 크게 중요하지 않다. 피의자, 참고인 등 사건관계인 조사를 제대로 해서 범죄 혐의를 밝히고 억울한 사람이 없도록 하는 것이 수사관의 본연의 임무이고 본질인 것이지, 그를 표현하는 호칭은 껍데기에 불과한 것이다. 검사실에 들어간 지 얼마 안 되는 수사관들이나 잠깐 호칭에 일희일비할 뿐, 대부분의 수사관들은 수사하면서 자신이 뭐라고 불리든 묵묵히 조사하고 사건의 실체에 다가가기 위해 노력한다.

다만, '근무하면서 이렇게 다양한 호칭으로 불리는 직업이 대한민국에서 검찰수사관 말고 또 있을까?'라는 생각, 그리고 다양한 호칭으로 불리는 현상이 권한이나 지위가 정립되지 않는 검찰수사관의 취약한 위상을 단적으로 보여주는 것 같아 씁쓸한 마음에 글로 표현해보았다. 변호사로 나와 일을 하다 보니, '오로지' 변호사라고만 불리게 되어 그 점은 참 단순하고 좋은 것 같다는 생각이 든다.

소년 피의자

　내가 어렸을 때만 해도 언론이나 일상생활에서 '소년'이라는 말을 자주 접할 수 있었다. '소년'이라는 사전적 의미에 아직 완전히 성숙하지 않다는 의미가 내포되어 있기는 하지만, 적어도 부정적인 느낌의 단어는 아니었던 것으로 기억한다. 오히려, 꿈꿀 수 있는 미래가 있고, 발전가능성이 있는 무언가 희망적이고, 밝은 면으로 다가오는 느낌이 강했다. 그런데, 최근에는 '소년'이라는 말을 들으면 '소년범죄', '소년비행'을 쉽게 떠올릴 만큼 어둡고 답답한 생각부터 든다. 아마 그 이유는 심심찮게 발생하는 소년의 흉악범죄 때문일 것이다. 더 정확히 표현하자면, 언론에 크게 보도되고 많은 사람들의 공분을 일으키는 소년범죄 때문에 어느 순간부터 '소년'이 예전과 같은 희망적인 느낌의 단어로 쓰이지 않게 된 것 같다는 생각이 든다. 『인천 초등생 살인사건』, 『인천 중학생 집단폭행 추락사 사건』, 『강릉 여중생 집단구타 사건』, 『부산 여중생 집단폭행 사건』 등이 언론의 집중보도와 국민적 공분을 자아냈던 대표적 사건들이다.

이와 같은 사건들이 이슈화될 때마다 소년법 폐지나 형사미성년자의 연령을 낮추는 문제에 대한 논의가 소환된다. 소년법 폐지 등이 논의되는 상황이라면, 이미 특정 사건으로 인해 해당 사건의 가해자나 비행청소년 등에 대한 여론이 많이 악화된 상태이기 때문에 소년법 폐지에 반대하는 목소리는 강한 저항에 직면하기 마련이다. "네 새끼가 당해도 그런 소리가 나올 수 있겠냐?"와 같이 감정적이고 거친 언사가 난무하기도 한다. 또, 그런 논쟁을 하는 사이 소년범에 대한 온정적인 관점 또는 소년들이 범죄를 저지르지 않는 환경을 만들어야 한다거나 소년범죄는 우리 모두의 책임이라는 식의 주장은 비난의 뭇매를 맞고 묻혀버리기도 한다.

검찰수사관으로 근무하며 소년사건을 전담하는 부서에서 두 차례 근무한 경험이 있는데, 소년사건을 수사하면서 느끼기에 소년범죄에 대한 공포나 우려는 어느 정도는 과장된 면이 있어 보인다. 물론, 이 장(章) 초반에 든 사례와 같이 언론에 대서특필되고 사람들 입에 자주 오르내리는 사건들은 어떤 변명의 여지도 없는 중범죄이고 죄질도 좋지 않아 엄벌에 처해야 하는 것이 마땅하다. 그러나 범행수법이 잔혹하고 비난가능성이 큰 범죄들은 훨씬 높은 비율로 성인에 의해 자행되고 있다. 위에서 든 예들은 범행수법이 잔혹하고 죄질이 안 좋은 데다가, 마침 가해자가 형사미성년자이거나 소년범으로 가벼운 처벌을 받을 수밖에 없는 자들이라 더 주목받는 면이 있다고 본다. 오히려 소년범들은 성인 범죄자에 비해 주변 환경의 변화에 민감하면서도 개선과 교정의 가능성이 훨씬 크다. 소년법에서도 이와 같은 점들을 반영해 '이 법은 반사회성이 있는 소년의 환경 조정과 품행 교정(矯正)을 위한 보호처분 등의 필요한 조치를 하고, 형사처분에 관한 특별조치를 함으로써 소년이 건전하게 성장하도록 돕는 것을 목적으로 한다.'라고 규정한 것으로 보인다.

다음은 소년사건 전담부서에서 조사했던 사건에 대한 이야기이다. 어울려 다니던 친구와 함께 평소 알고 지내는 또래 여학생을 강제추행한 혐의로 경찰조사를 받은 뒤 소재불명으로 지명수배가 되었다가 검거된 A군(당시 17세)이 있었다. A군은 검사실로 들어와서 자리에 앉자마자 불쑥 "전화 한 통화만 씁시다."라고 했다. 그런 정도의 일에 뒷목 잡고 쓰러질 짬밥은 아니어서 조용히 "그래, 일단 예의는 좀 지키고, 조사부터 하자."라고 한 뒤 피의자 조사를 진행하였다. 미성년자였기 때문에 어머니가 신뢰관계인으로 동석하였다. 조사 내내 반항기 가득했던 A군이었지만, 증거와 상식적인 논리를 들어 질문을 하니 이내 기가 죽어 질문에 차분히 답변을 이어갔다.

그런데, 마지막으로 기록에 편철되어 있던 과거 A군이 피해 여학생에게 쓴 사과문을 보여주며 질문을 하자 의외의 답변이 나왔다. 사과문에는 '너에게 상처를 줘서 진심으로 미안하다.'라고 쓰여 있었는데, 사과문에 기재되어 있는 대로 피해자에게 진심으로 미안하게 생각하는지 묻자, A군이 "아니요."라고 대답했다. 그렇다면 진심이 무엇인지 묻자, A군은 "걔를 만나면 X나게 패고 싶습니다."라고 답하였다. 범죄를 저지르고 수사 중 도주하여 지명수배까지 되었지만, 뒤늦게나마 범죄사실을 인정하고 피해자에게도 진심으로 사과하고 반성 중이라는 그런 전형적인 스토리로 조서를 작성하고 있던 나에게는 또 다른 반전처럼 느껴졌다. 그러나, 그게 반성하는 자세냐며 호통을 치거나 시간을 들어 설득하고 싶은 생각까지 들진 않았다. A군이 내뱉은 말 그대로 조서에 기재한 뒤 조사를 마무리했다. A군의 범행내용과 조사태도를 감안하면 구속영장 청구도 충분히 가능했지만, 검사는 조사 당일 A군을 석방하며 어머니에게 인계했다. 조사가 끝나고 검사실을 떠나는 A군에게 몇 마디 했다.

"지금은 누가 어떤 이야기를 해도, 같이 어울려 다니는 친구들 말만 귀에 들어오고 부모님이나 선생님 이야기는 다 듣기 싫은 잔소리로만 들릴 거야. 너 잘 되라고 하는 소리라는 말도 지겹게 들어서 아무런 감흥도 없을 테고. 그런 잔소리에 얹어서 나도 잔소리 한마디만 더 해볼게. 벌주는 사람이 아니라 그냥 너보다 인생 좀 더 산 아저씨 입장에서 얘기하면, 곁에 없으면 죽어도 못 살 것처럼 소중했던 친구들도 나이 들면 각자의 길을 가게 되고 결국 부모님, 가족만 남더라. 지금은 내가 아무리 이렇게 이야기해도 꼰대 이야기처럼 들릴 수 있다는 것 잘 알아. 나중에라도 내가 한 말이 무슨 뜻인지 이해하게 되면 더 좋을 것 같고, 어머니한테 잘해드리고 재판 잘 받아. 앞으로 이런 일로 또 보진 말자."

A군은 "알겠습니다. 고맙습니다."라고 짧게 답하였고, 연신 내게 감사하다는 말을 하는 어머니와 함께 검사실을 떠났다. A군이 나의 몇 마디에 감화되었다거나 극적으로 변화할 것이라고 생각하지는 않는다. A군이 내게 고맙다고 한 것도 내 잔소리에 애정이 담겨 있다고 느껴서라기보다는 석방되어서 집으로 돌아간다는 사실이 주는 기쁨 때문일 것이라고 본다. 그럼에도 불구하고, 나는 이와 같이 말한 것이 잘

한 일이라고 생각한다. 통상적인 책임추궁과 질책만으로 A군과 같은 소년들의 행동은 절대로 교정될 수 없다.

　국가의 의무 중 가장 중요한 의무 하나가 대한민국의 미래가 될 소년들이 밝고 건강한 환경에서 몸과 마음이 성장할 수 있도록 돕는 것이다. 설령 가정환경이 좋지 않고, 주변 여건이 따라주지 않아 범죄에 노출되는 경우가 생기더라도 죗값을 치르고 진심으로 뉘우친 다음에는 얼른 학교로 돌아와 다른 친구들과 함께 자신의 앞날을 열어갈 수 있게 아낌없는 성원을 쏟는 것 또한 매우 중요하다. 어떠한 이유가 되었든지 포기해도 되는 소년은 단 한 명도 없다. 국가가 소년을 포기하면 소년도 스스로의 인생을 포기하게 된다. 이런 국가에 미래가 있을 수 있겠는가?

노인 피의자

　보통 범죄학이나 수사실무에서 '노인'은 범죄피해자가 될 가능성이 높은 존재로 다뤄진다. 또, 그것이 객관적 사실이기도 하다. 한편으로는 고령화 시대를 맞아 범죄자의 연령도 높아지는 현상 역시 부인할 수 없는 사실이다. 여러 법에서 규정한 '노인'의 기준이 되는 연령이 각기 다른데, 대검찰청의 「범죄분석」에서는 만 65세 이상의 범죄자를 고령 범죄자로 보고 범죄통계를 내고 있다. 이 「범죄분석」에 따르면, 최근 몇 년간 고령 범죄자에 의한 범죄 건수는 물론이고 전체 범죄 중 고령 범죄자에 의한 범죄의 비율 또한 꾸준히 증가 추세이다. 통계상으로는 만 65세 이상 범죄자에 의한 범죄가 전체 범죄 대비 약 5~6% 정도를 차지하는 것으로 나타난다. 정확하게 세어보지는 않았지만, 나도 검사실에서 조사하는 피의자 중 통계수치와 비슷하게 20명에 한 명꼴로 65세 이상 피의자를 조사했던 것으로 기억한다.

이하에서는 만 65세 이상의 고령 범죄자, 피의자를 '노인 피의자'라고 하도록 하겠다. 노인 피의자들이 수사를 받는 죄명은 다양하다. 노인들이 범하는 형법상 범죄 중에서는 절도, 폭행, 사기 비율이 대다수를 차지한다고 한다. 그러나, 절도, 폭행과 같은 범죄는 검찰에서 별도의 추가수사 없이 검사가 처분을 하는 경우가 많아서인지, 추가로 조사가 필요하다고 하면서 검사님이 내게 넘겨준 노인 피의자의 사건기록 중 상당수가 사기죄였던 것 같다. 차용사기, 보험사기, 다단계 금융사기, 곗돈사기 등등… 노령 피의자들의 사기 혐의는 대개 치밀하게 계획된 범행이 아니었고, 죄질도 그리 나쁘지 않았다. 노인 피의자들을 이용하는 더 나쁜(보통은 젊은) 사람들의 꾐에 빠져 범행에 가담하는 경우도 많고, 다단계 금융사기처럼 본인도 범죄피해자이면서 가해자가 되는 경우도 많다. 또, 본인이 주도적으로 하는 범죄 역시 범행 수법이 다소 어리숙할 뿐 악의적이지는 않은 편이다. 그럼에도 불구하고 피해자가 엄연히 존재하는 상황에서 범행 수법이나 범행 의도가 악의적인 것이 아니라고 해서 피해 회복이 빠르고 충실하게 되는 것도 아니기 때문에, 수사실무상 큰 의미가 있는 것 같지는 않다.

뿐만 아니라, 이와 같은 경우는 노인 피의자들의 일반적인 경향을 설명한 것뿐이고, 당연히 예외도 존재한다. 오히려, 젊은 시절부터 각종의 범죄와 친하게 지내면서 위법성에 대한 인식이나 불법을 저지르는 것에 대한 죄책감 따위는 벗어던진 지 오래인 노인 피의자들도 많다. 그들은 오랫동안 경찰서, 검찰청, 법원, 교도소 등을 자기 집 드나들 듯이 들락날락거리면서 익힌 노하우와 축적된 지식을 토대로 조사하는 사람을 농락하려고 한다. 노인 피의자들의 일반적인 성향을 떠나서 노인 피의자 중에는 본인이 직접 또는 변호인 의견서를 통해 자신이 고령임을 이유로 선처를 바란다는 취지의 탄원을 검사에게 하는 이들이 있다. 일반적으로 피의자가 고령이라고 해서, 그 이유만으로 검찰에서 선처해주는 일은 드물다. 물론 범인의 연령은 양형 시 고려해야 할 요소이기는 하지만, 적어도 수사단계에서는 피의자가 나이가 많다는 것이 피의자에게 유리한 요소로 작용하지는 않는 편이다. 나이가 많다는 것은 젊은 사람에 비해 더 오랜 세월 도덕 등의 규범을 내면화하여 더욱 법을 준수해야 하는 사람으로 기대되는 면도 있기 때문이다. 다만, 법원에서는 피고인이 고령인 점을 고려하여 형을 정하였다고 판결문에 판시하는 경우가 종종 있다.

이렇게 검사나 검찰수사관이 검찰수사 단계에서 노인 피의자에게 선처를 해주거나 봐줄 수 있는 영역은 거의 없다고 할 수 있다. 그나마, 내가 할 수 있는 영역에서 노인 피의자들에게 호의를 베풀었던 것은 조사가 끝난 후 노안(老眼) 등의 이유로 조서열람을 어려워하는 노인 피의자들을 위해 조서를 천천히 읽어주었다는 점이다. 피의자가 실제 범죄를 저질렀든 아니든 장시간 조사를 받는 것 자체가 고역인데, 조사 후 최소 10장, 많게는 20장도 넘어가는 조서를 처음부터 읽어보라고 하면 65세 이상의 고령 피의자 중 상당수는 조서를 읽지 않겠다고 반응한다. "아휴, 됐습니다. 검사님하고 수사관님이 조사한 거 맞게 적었겠지요.", "눈이 안 보여서 못 읽겠습니다." 등등의 말을 할 때, "아, 그렇군요, 그럼 조서열람을 한 것으로 처리하겠습니다. 나중에 다른 말 하시면 안 돼요."라고 하고 피의자 간인 및 서명날인을 받을 수는 없다. 조서열람 과정은 진술의 임의성 및 조서의 증거능력을 판단하는 데 중요한 요소이기 때문이다. 그래서, 그런 노인 피의자들에게는 조서를 처음부터 끝까지 읽어주곤 했었다. 노인 피의자의 죄질이나 조사 태도를 떠나, 그런 작업을 할 때마다 노인 피의자는 감사함을 표시했고, 나 역시 많은 보람을 느낄 수 있었다.

검사실에서 노인 피의자들을 수사하면서 종종 사람의 나이에 비례해서 이성이나 도덕성도 높아지면 얼마나 좋을까 하는 생각을 한다. 한편으로는 대개 기록검토 및 조사까지 10시간이 채 안 되는 시간을 투자해서, 수십 년 이상의 세월을 겪은 사람의 인생에 대해 예단하는 것은 아닌가 하는 걱정이 들기도 했다. 그러나 다시 수사기관 종사자는 그 사람의 인생을 통관하는 것이 아니고 기록에 드러난 특정 시점, 특정 행위에 집중해서 법에 위반됨이 없는지를 판단하는 것이 본연의 임무라는 생각에 이르면, 그런 걱정은 어느새 누그러지게 된다.

여성 피의자

검사실에서 피의자 신분으로 조사를 받는 사람의 성별은 대부분 남성이다. 그런데 최근 들어 여성 범죄자들이 증가하는 만큼 여성 피의자를 조사하는 경우도 점점 늘어나고 있다. 법무연수원에서 발간한 2018년 범죄백서에 따르면, 2008년에 여성범죄의 비율이 15.9퍼센트였던 것이 이후 꾸준히 증가 추세를 보이다가 2017년에는 18.8퍼센트까지 오른 것이 확인된다. 여성 피의자라고 해서 남성 피의자와 본질적으로 다른 점은 하나도 없다. 그러나 접해본 여성 피의자 중에는 특이점이 있거나 수사할 때 특히 유의해야 하는 부류의 사람들이 더러 있었는데, 그녀들에 대한 이야기들을 해보고자 한다.

가끔 여성임을 내세워 검사나 검찰수사관을 유혹하려고 하는 피의자들이 있다. 콧소리를 내면서 애교를 떨기도 하고, 자신이 앉아 있는 의자를 바짝 끌어와 속삭이듯이 말을 하거나, 심지어 가벼운 터치를 시도하는 사람들도 있다. 이런 유형의 여성 피의자가 분명 존재하고 몇몇을 조사해보기도 했지만, 이들을 죄명이나 직업으로 세분화할 만큼의 표본을 확보한 정도는 아니다. 사기죄나 횡령죄 같은 이욕범죄 혐의로 조사를 받는 경우도 있었고, 유흥 쪽에서 일하는 피의자도 있었다. 이들을 보고 있으면, '검찰에 피의자 신분으로 조사받으러 와서도 저렇게까지 행동하고 싶을까?' 하는 씁쓸한 생각이 들기도 한다. 또 한편으로는 피의자의 유혹에 넘어가 부적절한 처신을 한 사람들도 가끔씩 있는 것을 보면, 그들의 전략이 어느 정도는 성공하기도 하는 것 같다. 손바닥도 마주쳐야 소리가 난다고(孤掌難鳴) 하지 않았던가!

이런 여성 피의자들보다 상대하기 힘든 유형이 조사를 받으면서 마냥 우는 피의자이다. 검사나 수사관을 유혹하려고 하는 피의자야 그런 행동을 적절히 제지하면서 조사를 진행하면 그만이다. 하지만, 질문에 대답도 하지 않고 마냥 우는 피의자는 조사 도중 연신 휴지를 제공하면서 달래고, 피의자의 울음이 잦아질 때까지 기다렸다가 조사를 재개하는 등 도무지 진도가 나가지 않아 답답하기만 하다. 때문에 보통의 상황에서라면 2시간 정도면 충분히 끝날 조사가 5~6시간씩 진행되어 근무시간을 훌쩍 넘기기도 한다. 간신히 조사를 마치고 조서열람을 시작하면, 또 한 번 설움에 북받치는지 조서를 읽으면서 또 한바탕 눈물을 흘리는 바람에 열람 진도가 나가지 않는 경우도 허다하다. 이렇게 조사과정에서 연신 우는 여성 피의자들의 심리는 어떤 것일까? 쉽게 이야기해서 도대체 왜 우는 것일까?

- 자기는 죄가 없다고 생각하는데 수사기관에서 자기를 나쁜 사람이라고 하니 설움에 북받쳐서?

- 적발되지 않을 수 있었는데 운이 안 좋아 걸린 것이 억울해서?
- 과거에는 잘 나갔는데 일이 잘 안 풀려서 수사관 앞에 앉아 조사나 받고 있는 자신의 처지가 한심해서?
- 고소인이나 피해자한테 진심으로 미안해서?
- 검사나 수사관의 동정심을 유발해 선처를 받기 위해서?

이와 같이 다양한 이유가 있을 것 같다. 또는 이 한두 가지나 두세 가지 요인이 복합적으로 작용해서 울음을 터뜨리는 것이 이런 유형의 여성 피의자의 심리일 것이라는 생각이 든다.

또, 어떤 여성 피의자들은 모성에 기대어 수사기관이나 법원 등 형사사법기관의 선처를 기대하기도 한다. 임신사실이나 나이 어린 자녀 이야기를 하면서 동정심을 유발하는 식이다. 개인적으로는 임신사실까지 속인 여성 피의자들은 경험하지는 못했으나, 유산이나 임신사실까지 속이려고 했던 피의자들을 다루게 된 수사관들의 이야기는 들은 적 있다.

특히 임신한 피의자를 조사할 때는 산부와 태아의 건강을 고려하여 말투나 질문 등에 상당히 주의를 기울일 수밖에 없다. 그런데, 한편으로는 조사받으면서 자신의 임신사실과 태아의 건강을 강조하는 피의자를 보고 있노라면 "당신이 그렇게 뱃속의 아이를 생각하는 사람이면, 더욱 그런 행위를 해서는 안 되는 것 아닙니까?"라고 한마디 하고 싶은 충동이 들 때도 여러 번 있었다. 그래도 그러한 충동을 억누르고 조심스럽게 조사를 할 수밖에 없었는데, 한 번은 친분이 있는 선배 수사관이 임신 중인 피의자성 참고인을 조사하다가 그 참고인이 유산하는 바람에 곤혹스러워하는 것을 보고, 그 이후에는 임신한 피의자를 조사할 때 말투와 태도를 더더욱 신경 쓰게 되었다. 실제로 대통령령인 「검사의 사법경찰관리에 대한 수사지휘 및 사법경찰관리의 수사준칙에 관한 규정」에도 여성사건을 수사할 때에는 '부드러운 어조로 조사하여야 한다.'라고 명문으로 규정되어 있다.

주변 사람들에게 "아이가 아프다.", "아이에게 필요한 생필품 살 돈이 없다." 등의 말을 하여 수십만 원에서 수백만 원씩을 빌린 뒤, 이를 갚지 못해 사기 혐의로 수사를 받게 된 중앙아시아 출신의 여성이 있었다. 수사기관에서도 주변 사람들에게 편취행위를 하던 방식으로 줄곧 아이 핑계를 대며 범행의 불가피성에 대해 힘주어 주장했다. 검찰수사 단계에서 피의자의 죄질이 좋지 않고 피의자가 도주할 우려가 있다고 판단하여 구속영장을 청구하였는데, 피의자는 구속 여부가 결정되는 구속전피의자심문 법정에도 아이를 데려와 영장전담 판사에게 선처를 호소하려는 듯한 모습을 보였다. 그러나 당시 영장전담 판사는 피의자가 딸을 주변 사람들의 금전을 편취하는 수단으로 이용하고, 이로써 지인들에게 수천만 원의 손해를 입히는 등 죄질이 불량하고, 도주 우려도 인정된다면서 구속영장을 발부하였다.

사실 유형별 피의자에 대한 이야기 중 노인 피의자, 외국인 피의자 등과는 달리 여성 피의자에 대한 글에 대해서는 고민을 했던 부분이다. 여성 피의자에 대한 글을 쓸지 말지도 고민했고, 만약 쓴다면 어떻게 쓸까도 신중하게 생각하였다. 요즘에는 특정 성별에 대해 이야기를 하면 '여혐'(여성 혐오)이니 '남혐'(남성 혐오)이니 하는 오해를 받기 쉬운 사회적 분위기가 조성되어 있기 때문이다. 이번 장에서 다룬 내용도 달리 생각해보면 그렇다. 여자 검사나 수사관을 유혹하려는 남성 피의자도 있을 수 있고, 부성애를 자극해서 동정심을 유발하려는 남성 피의자도 얼마든지 있을 수 있다. 또, 실제로 조사 도중 계속 우는 바람에 조사를 진행하기가 무척 힘들었던 남성 피의자도 있었고, 눈물까지는 아니어도 슬픈 표정을 지으며 소극적으로 질문에 대답해서 조사에 애를 먹게 한 남성 피의자도 많았다.

여혐이나 남혐 같은 단어는 특정 성별에 대한 부정적 편견을 부각시켜 그 성을 혐오하거나 멸시하는 표현이다. 여성은 책임감이 없고 남성에 의존적이라던가, 남성은 폭력적이고 가부장적이라고 하면서 여성이나 남성의 특정 행동을 그러한 특성과 연관시켜 설명하려는 시도가 대표적인 예이다. 이 글에서는 여성이라는 성별에 대해 이야기할 때 통용되는 특징을 부각하지도 않았고, 그에 대해 평가를 시도하지도 않으려 많은 주의를 기울였다. 세상의 절반이 남성인데 범죄자 비율은 여전히 남성이 여성의 5배 이상이다. 이런 현상에 대해서 이야기하는 것을 두고 남혐이라고 하지 않듯이, 검사실에서 수사를 하면서 접한 일부 여성 피의자들의 모습을 묘사한 것이 여혐으로 오해받지는 않았으면 한다.

> 검찰스토리 2

거짓말을 밝혀준다?!
- 심리생리검사 -

'심리생리검사'라고 하면 무슨 말인지 못 알아듣는 사람들이 많다. 그러다가 '거짓말탐지기 검사'라고 하면, "아, 거짓말탐지기요." 하며 즉시 반응을 보이는 것이 일반적이다. 사람들이 흔히 거짓말탐지기라고 알고 있는 검사의 공식 명칭은 '심리생리검사(Polygraph)'이다. 이 심리생리검사가 검찰이나 경찰의 수사과정에서 종종 활용된다. 수사실무상 심리생리검사와 관련된 몇 가지 이야기들을 해보도록 하겠다. 심리생리검사 관련하여 사람들이 가장 궁금해하는 부분은 "그거, 거짓말탐지기 믿을 수 있냐?" 하는 것이다. 아무래도 거짓말탐지기 검사결과에 따라 검사나 수사관의 심증 형성이 달라질 수 있으니 이 부분을 가장 궁금해하는 것은 당연하다. 게다가 내 속은 나도 잘 모르는 경우가 다반사인데, 인공지능도 아닌 기계 덩어리가 내 속을 파헤쳐 보겠다는 것에 대해 대중은 짙은 의구심을 가질 수밖에 없다.

상식처럼 알려져 있는 내용이 '법원에서 거짓말탐지기 안 믿는다.

거짓말탐지기 검사결과의 증거능력을 인정하지 않는다.'라는 것이다. 그래서 피의자 등에게 "이 사건, 심리생리검사 한 번 해보실래요?"라고 물으면, 자신의 결백을 심리생리검사를 통해서라도 밝히겠다면서 자신만만해하는 사람이 절반, "그거 증거능력 없다면서요? 그게 다 맞는 거 아니라면서요?"라면서 주저하는 사람이 절반이다. 많은 사람들이 알고 있듯이, 현재 우리 법원의 공식적인 입장은 심리생리검사 결과의 증거능력을 인정하지 않는다. 대법원은 1979년『백화양조 살인사건』 및 1981년『정재파 군 살인사건』이후 일관되게 심리생리검사 결과의 증거능력을 부인해왔다. 대법원은 심리생리검사 결과의 증거능력이 인정되기 위한 요건으로 ① 거짓말을 하면 반드시 일정한 심리상태의 변동이 일어나고 ② 그 심리상태의 변동은 반드시 일정한 생리적 반응을 일으키며 ③ 그 생리적 반응에 의하여 피검사자의 말이 거짓인지의 여부가 정확히 판정될 수 있다는 전제요건이 충족되고 ④ 생리적 반응에 대한 거짓 여부의 판정은 거짓말탐지기가 위 생리적 반응을 정확히 측정할 수 있는 장치여야 하고 ⑤ 검사자가 탐지기의 측정 내용을 객관성 있고 정확하게 판독할 능력을 갖춘 경우임을 판시하면서, 아직까지 이와 같은 요건이 충족되었음을 인정할 만한 자료가 없는 상황에서 심리생리검사 결과의 증거능력을 인정하기는 어렵다는 입장을 취해온 것이다.

이런 대법원의 태도와는 달리, 수사기관에서는 통계상으로 드러난 심리생리검사 결과의 높은 정확도를 근거로 심리생리검사가 믿을 만한 것이라고 홍보하고 있고 수사실무에 널리 활용할 필요가 있다고 주장하고 있다. 실제 수사기관에서 근거로 삼은 통계자료에 따르면 심리생리검사 결과와 법원의 유죄판결과의 일치율이 95~98퍼센트 정도에 이르며 사회과학 분야에서 이 정도의 수치는 꽤 높은 신뢰도를 갖는다. 문제는 그 통계상의 정확도라는 것도 결국에는 인간의 판단이 개입될 가능성이 있다는 것이다. 신만이 알고 있는 100퍼센트의 진실을 기준 삼아 검사결과의 정확도를 판단하는 것은 아니기 때문이다. 뿐만 아니라, 비록 2~5퍼센트의 낮은 수치라고 하더라도 오류의 가능성이 있고, 또 본인이 그 낮은 확률의 오류에 해당한다면 개인으로서는 끔찍한 결과를 맞이할 수 있기 때문에 많은 사람들이 심리생리검사의 정확도에 의구심을 갖는 것에 대해 충분히 이해할 수 있다. 심리생리검사는 DNA 유전자 감식, 화재 분석이나 디지털 포렌식(Digital Forensic) 같은 다른 법과학 분야에 비해서는 정확성이 떨어진다는 인식이 만연한 것으로 보인다.

심리생리검사 결과의 증거능력에 대한 법원의 부정적인 태도, 그리고 오류 가능성 등으로 인한 일반인들의 불신 및 의구심에도 불구하고 심리생리검사는 수사실무상으로 빈번히 활용되는 수사기법 중의 하나이다. 특히, 범행이 밀폐된 공간에서 은밀하게 행해지는 관계로 피의자와 피해자의 진술 외에 별다른 증거가 없는 경우가 많은 성폭력 사건에서 심리생리검사가 활용되는 예가 많다. 대검찰청, 경찰청, 국립과학수사연구원 등의 기관에서 심리생리검사 결과의 신빙성과 정확도를 높이기 위해 노력하고 있지만 진실과 거짓을 100퍼센트 가려내는 검사기법이 나오는 것은 불가능에 가까울 것으로 보인다. 아마 심리생리검사 결과가 100퍼센트 믿을 수 있는 것이라면, 수사기관이나 재판기관은 굳이 피의자, 피고인의 진술을 받아내거나 증거를 찾는 데 애써 힘을 뺄 필요도 없이 모든 형사사건에 대해 심리생리검사를 의뢰해서 그 결과만 가지고 유·무죄를 판단하면 그만일 것이다.

그 다음으로 사람들이 많이 질문하는 내용이 바로 '거짓말탐지기 검사를 거부하면 어떻게 되는가?' 하는 것이다. 학계에서는 이에 대해 '거짓말탐지기 거부사실을 피의자에게 불리한 징표로 사용할 수 있는가?'라는 논제로 다루고 있다. 이에 대해서 많은 학자들은 심리생리검사를 거부하였다는 이유로 피의자에 대해 부정적 평가를 해서는 안 된다고 지적한다. 심리생리검사는 피의자의 자유로운 의사에 따라 입증책임의 부담을 덜고 진술의 신빙성을 높이기 위한 목적 하에서만 실시되어야 하고, 검사 거부가 피의자에게 불리한 징표로 사용된다면 실제 심리생리검사를 한 경우보다 '피의자에게 더 불리한 결과'가 될 수 있다는 이유에서이다. 미국 군사증거법에는 '폴리그래프 검사 거부사실을 증거로 사용할 수 없다.'라고 아예 명문으로 규정되어 있기도 하다.

그러나 실무적으로 판단하자면, 심리생리검사의 거부가 검사나 수사관의 심증 형성에 좋지 않은 인상을 줄 염려가 있기는 하다. 심리생리검사를 거부했다는 사실 자체로 혐의가 있다고 단정 짓지는 않겠지만, '켕기는 게 있으니까, 자신 없으니까 검사를 안 받겠다고 하는 것 아냐?' 이런 식으로 생각할 수도 있을 것이다. 이상과 현실 사이에 괴리가 있는 부분이라고 할 수 있다. 이런 경우에는 해당 사안의 성격, 다른 증거관계, 피의자의 성향, 변호인이 있는 경우 변호인의 심리생리검사에 대한 가치관 등에 따라서 사안별로 입장을 정해야 하는 정답이 없는 문제로 보인다. 변호사로 일을 하다 보면, 수사기관에서 먼저 심리생리검사를 받아볼 것을 제안하는 경우뿐만 아니라 의뢰인들 스스로 먼저 본인은 떳떳하고 너무 억울하니 심리생리검사를 요청하는 경우도 종종 있다. 개인적으로는 의뢰인들에게 아주 특별한 상황을 제외하고는 심리생리검사를 권하지 않는다. 앞서도 말했듯이 약간의 오류가능성에 한 사람의 인생을 희생시키고 싶지는 않기 때문이다.

수년간 대검찰청에서 심리생리검사 분석관이 되려는 교육생들을 대상으로 『법과 인권 - 심리생리검사의 법적 증거능력을 중심으로』라는 주제의 강의를 했었다. 강의할 때마다 교육생들과 많은 이야기를 나눴던 테마가 있는데, 바로 '언론이 심리생리검사(거짓말탐지기 검사) 결과를 공개하는 것이 합당한가?' 하는 것이었다. 종종 연예인의 각종 추문과 관련하여 "○○ 혐의를 받고 있는 인기가수 A씨에 대한 거짓말탐지기 검사에서 거짓 반응이 나왔습니다.", "경찰은 거짓말탐지기 검사결과를 토대로 개그맨 □□□씨에게 혐의를 추궁할 것으로 보입니다."와 같은 식의 언론보도를 접하게 된다. 해당 유명인이 실제로 그 범죄를 저질렀다면 그 부분에 있어서는 응당 법적 책임을 부담해야 한다. 또, 어떻게 보면 대중의 인기와 관심에 의존하는 공인이라는 점에서 대중의 관심을 피해갈 수 없는 것은 당연하다. 하지만, 아무리 이름이 알려지고 대중의 관심으로 먹고사는 사람이라고 하더라도 그것만으로 그 사람의 사생활이 모두 까발려지는 것까지 감수해야 한다는 뜻은 아닐 것이다. 더군다나 피의자 또는 피고인은 유죄가 확정되기 전까지는 무죄로 추정이 되어야 한다. 이는 헌법(제27조 제4항)에서도 보장하고 있는 대원칙이다.

유명인에 대한 수사 중 심리생리검사 결과가 보도된 많은 사례 중에서는 검사가 불기소 처분을 하거나 법원에서 무죄판결로 매듭지어진 사건도 있었다. 하지만 아무도 해당 유명인이 불기소 처분이나 무죄판결을 받은 사실에 대해서는 관심을 갖지 않는다. 아무개 유명인이 과거에 성추행(성폭행으로, 사기로, 음주운전으로 등등)으로 수사를 받던 중 거짓말탐지기 검사에서 '거짓' 반응이 나왔다는 사실만 뚜렷하게 기억할 뿐이다. 어떻게 보면, 심리생리검사 결과가 신뢰할 만한 것이 못 된다고 믿는 일반인들이 또 한편으로는 유명인의 심리생리검사 결과에서 '거짓' 반응이 나왔다는 것을 이유로 해당 유명인이 거짓말을 하였다고 단정 짓고 죄가 있으니 처벌해야 한다고 주장하는 태도는 모순적으로 느껴지기도 한다.

    수사할 때 그 진행과정을 일일이 대중에 공개할 필요는 없다. 이는 수사의 효율성을 위해서이기도 하지만, 수사의 대상이 될 수 있는 모든 사람의 인권 보호를 위해서이기도 하다. 수사기관이 심리생리검사 결과를 미디어를 통해서든 직접적으로든 다른 사람에게 알리는 행동은 마치 법원으로부터 압수·수색 영장을 받아 피의자의 계좌추적을 하고서는 피의자의 계좌에서 어떤 흔적이 발견되었다고 외부에 알리는 것과 같다. 그 대상이 유명인이든 일반인이든 밀폐된 공간에서 몸에 센서를 부착하고 검사관의 잇따른 질문에 보였던 심리·생리·신체적 반응에 대해서는, 사생활의 비밀 중 하나로서 보장해주는 것이 수사기관과 언론의 책무라는 생각이 든다.

화이트칼라 피의자

　에드윈 서덜랜드(Edwin Sutherland)라는 학자가 1930년대에 사회적 지위가 높은 사람들이 저지르는 범죄를 일컬어 '화이트칼라 범죄(White Collar Crime)'라고 정의한 이래, 이 화이트칼라 범죄라는 개념이 빈번하게 사용되고 있다. 미디어 등을 통해 일반인들에게도 널리 알려져 있기도 하고, 경찰학과 범죄학 석·박사 과정 입학시험이나 학기 중 평가에서 단골로 출제되는 주제이기도 하다. 서덜랜드가 처음 이 용어를 사용한 뒤, '화이트칼라 범죄'는 '하류계층보다 사회적 지위가 높으며, 비교적 존경받는 사람이 자신의 직업과정에서 수행되는 직업적 범죄'라고 재정의되었다. 이런 정의에 입각하면, 예를 들어 대학교수의 성폭력 범죄, 공무원의 절도범죄 같은 것들은 화이트칼라 범죄의 범주에서 제외될 것이다. 우리나라에서 화이트칼라 범죄의 전형적인 예로 많이 언급되는 것으로는 대학교수의 연구비 횡령, 탈세나 영업비밀 유출 같은 기업범죄, 공무원의 부패범죄 등이 있다. 사실 화이트칼라 범죄의 개념이 명확하게 정립되어 있다고 보기 어려울 뿐만 아니라, 검찰에서 수사를 하면서 화이트칼라 범죄의 개념을 염두에 두고 업무를 하는 경우는 드문 편이다. 그래도 검찰수사관으로 근무하면서 화이트칼라 범죄의 범주에 들어가는 사건들 몇 개를 다뤄본 적이 있는데, 이중 몇 개를 소개해보고자 한다.

한 검찰청의 조사과에서 근무할 때 담당하였던 사건이다. 검찰청 조사과는 일선 경찰서의 경제팀, 지능팀처럼 고소장 접수단계에서부터 사건을 맡아 수사를 진행하고 검사실에 송치하는 역할을 한다. 한 대학 교수가 업무상 횡령 혐의로 형사고발을 당했다. 고발당한 교수를 비롯한 여러 사람이 20여 년 전에 공동으로 한 외국어의 사전(辭典) 편찬작업을 하였는데, 어느 순간부터는 사전에서 발생하는 인세를 다른 사람들에게 나눠주지 않고 피고발인 혼자 차지하여 횡령했다는 것이 고발인 주장의 요지였다. 고발인들은 인세에 대한 욕심 때문이 아니라 잘못된 관행을 바로 잡기 위해 고발을 한 것이라고 힘주어 주장했다.

피고발인 교수는 혐의를 극구 부인했다. 우선, 사전 집필작업에 참여했다고 하는 고발인들은 당시 석·박사 신분으로 자신의 사전 집필을 보조한 것에 불과하고, 사전을 집필한 것은 당시 학과의 노교수들과 막내 교수로서 해당 사전의 집필작업을 실무적으로 주도한 자신이며, 그렇기 때문에 인세의 소유권도 노교수들과 자신에게만 있다는 것이 항변의 주된 내용이었다. 결국 이 사건의 쟁점은 누가 사전 집필과정을 주도하였는지, 즉 사전의 저작권자가 누구인지와 그에 따른 사전에서 발생하는 인세의 소유권이 누구에게 귀속되는 것인가였다. 이에 대해 고발인들은 피고발인은 사전 집필작업을 지시하고 극히 일부 파트만 맡아서 했을 뿐, 실제로 몇 달에 걸쳐 기존 사전 등 문헌이나 자료를 찾아 알파벳 순(順)으로 사전 집필작업을 한 것은 고발인들을 비롯한 당시 학과의 석·박사 과정에 있었던 대학원생들이라고 반박했다. 이들의 주장이 맞는지를 확인하기 위해, 고발인 이외 당시 사전 집필 작업에 참여하였던 사람 몇 명을 불러 참고인 자격으로 조사하기도 하였다.

업무 지시나 이행 관련한 대학 전반 및 해당 학과의 관행 등을 고려해보았을 때 고발인이나 참고인들의 진술에 신빙성이 있어 보이기도 했지만, 문제는 이를 입증할 증거가 부족했다. 20여 년 전에 주로 수기로 작업하였던 터라, 그 흔적이 남아 있지 않았다. 기소 의견으로 송치하기는 쉽지 않아 보였다. 피고발인은 줄곧 당당했다. 안타깝다는 생각이 들었다. 검사실에 '혐의없음(증거불충분)' 의견으로 사건을 송치하면서, 수사지휘 검사님에게 최종적으로 혐의없음 처분을 하더라도 고발인들을 비롯한 실무자들의 노고를 참작해서 피해 회복이 일부라도 될 수 있으면 좋겠다는 내용을 건의해보았다. 수사지휘 검사님은 사건을 배당받은 검사님에게 담당 수사관의 의견을 전달해주시겠다고 했다. 나중에 전해 듣기로는 검찰에서 운용 중인 형사조정 절차를 통해 고발인과 피고발인이 합의하였다는 것이다. '처벌 / 불처벌'의 일도양단(一刀兩斷)식 해결이 아니라 형사조정을 통해 고발인, 피고발인 모두 그 나름대로 만족할 만한 결과를 얻게 되고, 그 과정에서 나도 일부 기여한 것 같은 생각이 들어 보람을 느끼기도 하였다.

또 다른 사건에 대해 이야기해보겠다. 자신이 운영하는 치과의원에 내원하는 환자를 진료하고 국민건강보험공단에 의료급여를 이중 청구하거나 허위 청구하는 방식으로 국민건강보험공단을 속여 급여를 편취한 혐의로 송치된 사건을 수사한 적이 있다. 피의자는 치과의사였는데, 경찰수사 단계에서부터 "의료급여를 부당하게 수령한 사실관계와 이에 대한 행정적인 책임은 인정하지만, 그와 같이 부당 청구된 것은 급여 청구 프로그램에 전산입력을 담당했던 간호사의 업무 미숙 때문이다."라는 취지의 주장을 했다. 당시 피의자가 운영하던 병원을 퇴직한 간호사에게 출석요구를 하여 참고인 자격으로 조사를 했다. 의료급여가 이중 청구 및 허위 청구된 경위에 대해서 집중적으로 질문을 하였고, 간호사는 경찰조사 때 진술한 것처럼 자신의 업무 미숙 때문에 청구가 잘못된 것이고, 원장인 피의자는 이에 대해서 알지 못했을 것이라는 취지의 주장을 반복했다.

참고인이 청구업무를 담당하지 않은 기간에도 부당 청구는 계속 이루어졌고, 그 기간도 약 3년으로 길었으며, 결국 치과 내에서 벌어지는 진료행위 및 의료급여 청구 등으로 인한 수익의 최종 귀속자는 치과의사라는 점 등을 들어 참고인을 계속 추궁했다. 결국, 참고인인 간호사는 원장의 지시가 있었던 것은 아니지만, 거의 매일 자신이 국민건강보험공단에 청구한 내역이 원장에게 보고가 되었기 때문에 실제 진료행위와 청구내역이 다르다는 점에 대해서는 알고 있었을 가능성이 높다고 하면서 사실상 피의자의 혐의를 인정하는 듯한 취지의 진술을 했다. 간호사의 진술 및 객관적인 자료 등을 토대로 검사님은 큰 어려움 없이 피의자를 기소할 수 있었고, 법원에서도 유죄가 확정이 되었다.

지금 살펴본 두 개의 사례, 그리고 이를 비롯한 몇 개의 사례 등을 들어, 어쭙잖게 화이트칼라 범죄자의 특성에 대해 이야기하려는 것은 아니다. 화이트칼라 범죄의 특성으로 피해의 광범위성, 범행의 은밀성, 계획성, 조직성, 대중의 피해에 대한 인식 결여 등이 거론되기도 하지만, 앞에서도 말했듯이 그 개념이나 특징이 정립되었다고 말하기는 어렵다. 다만, 개인적으로 학문상으로 화이트칼라 범죄로 불릴 만한 사건들을 수사하면서 느꼈던 점 중 비교적 확실하게 말할 수 있는 것은, 피의자들이 통상의 범죄자나 피의자에 비해 자신이 '피의자'라는 호칭으로 불리는 사실에 대해 강한 거부감을 보였다는 점이다. 아마 대부분의 삶을 대접받고 주변으로부터 인정받으면서 살아온 사람들이기에 단순히 범죄 혐의가 있음을 뜻하는 '피의자'라는 말만 들어도 불편함을 느끼고 민감하게 반응하는 것이 아닐까 하는 생각이 든다. 앞서『노인 피의자』에서 사람의 나이에 비례하여 도덕성이 높아지면 어떨까 하는 생각을 하였다고 했는데, 마찬가지로 사람의 학식이나 사회적 지위에 따라 도덕성도 같이 증가하면 좋겠지만 꼭 그렇지만은 않은 것 같아 씁쓸한 느낌이 드는 것도 사실이다.

구속의 기로에 선 사람들

　수사기관이 수사를 진행하다가 피의자에 대하여 구속수사를 할 필요가 있다고 판단할 때가 있다. 경찰은 검사에게 신청하여 법원에 구속영장을 청구하고, 검사는 직접 법원에 구속영장을 청구한다. 법원에는 영장전담 판사가 있어 구속영장 발부 여부를 결정한다. 형사소송법이 규정하고 있는 구속 사유로는 '피의자가 죄를 범하였다고 의심할 만한 상당한 이유가 있고, 일정한 주거가 없는 때, 증거를 인멸할 염려가 있는 때, 도망 또는 도망할 염려가 있는 때'이다. 그밖에도 범죄의 중대성, 재범의 위험성, 피해자 및 중요 참고인 등에 대한 위해 우려는 구속 필요성 판단에 고려 요소가 된다.

　우리 형사소송법은 불구속 수사를 원칙으로 하고 있다.(법 제198조 제1항) 미디어에서 "아무개에 대한 구속영장을 청구하였다.", "구속영장 청구를 검토 중이다.", "아무개에 대한 구속영장 실질심사가 언제 열린다." 등등의 내용을 쉴새없이 보도하는 바람에 대중은 마치 구속수사가 원칙인 것처럼 착각하기도 하지만, 형사절차에서는 엄연히 불구속 수사가 원칙이다. 불구속 수사가 원칙임에도 불구하고 많은 사람들이 구속수사를 원칙으로 알고 있는 이유는, '일단 잡아놓고 족치던' 과거의 수사 관행이 대중의 머릿속에 깊이 각인되어 있어서일 것이다.

누구나 쉽게 예측할 수 있듯이 인신 구속은 당사자에게 단순한 불편함 이상의 고통을 야기한다. 일단 구속되면 일정 기간 유치장 또는 구치소에 갇히게 되므로 신체의 자유가 박탈되고, 말할 수 없는 고통을 겪게 된다. 또한, 직장을 잃거나 자영업을 중단해야 하는 등 생업활동에 타격을 입게 된다. 어쩌면 이보다 더 큰 문제는 사회적 낙인이다. 헌법과 형사소송법에서 보장하고 있는 '무죄추정 원칙'이라는 신성한 대원칙에도 불구하고, 여전히 구속이 곧 유죄를 뜻하고 구속된 사람은 돌아볼 필요도 없이 나쁜 사람으로 간주해버리는 사회적 분위기상, 한 번 구속이 되면 추후 정상적인 사회생활이 어렵게 되는 일이 다반사이다. 이런저런 이야기를 다 떠나 갇혀 있는 상태에서는 당장 진행되고 있는 형사절차에서 수사기관에 대항해 방어권을 행사하는 것도 버거운 일이 된다.

구속되면 석방을 위해 구속적부심사나 보석 제도의 활용을 고려해볼 수 있으나 그런 제도들의 인용률이 그렇게 높지 않은 현실에서 이에 기대기도 어렵다. 사실 구속 제도는 피의자의 신체의 자유를 제한함으로써 형사절차에의 출석을 보장하고, 증거를 인멸함으로써 수사와 재판심리를 방해하는 것을 방지함에 그 취지가 있는 것이지 피의자로부터 자백을 받아내는 등 수사의 편의를 위해서 존재하는 제도가 아니다. 하지만 앞서 이야기한 여러 불편과 고통으로 인해, 구속된 피의자가 심리적으로 위축된 상태에서 자포자기 심정으로 허위자백을 할 가능성도 높다. 이러한 점 때문에 과거 수사기관에서는 수사의 편의를 위해 구속 제도를 남용하는 사례가 많았던 것이다.

이렇듯 수사를 받는 사람의 입장에서 신체의 자유나 행복추구권, 그리고 형사절차상 방어권 행사 등에 있어 매우 중요한 구속 여부를 결정하는 것이 영장실질심사 제도로 많이 알려진 구속전피의자심문 제도이다. 종래 검사가 제출한 서류만으로 심사하고 인신 구속 여부를 결정함으로써 피의자 구속이 남용된 것에 대한 반성으로, 구속 전 피의자의 '법관 대면권'을 보장하여 구속 여부에 대해 신중을 기하도록 할 수 있도록 만들어진 것이 바로 이 제도이다. 구속 여부 판단에 대해 과거와 같은 형식적 심사가 아닌 법관의 실질적 심사가 이뤄져야 한다는 의미에서 '영장실질심사'라고 불리게 된 것이다. 이 제도는 1995년 형사소송법 개정 시 처음으로 도입된 이래, 필수적 절차 여부 등에 대한 개정과 논의를 거듭하였다. 결국 2007년 형사소송법 개정 시에 지금과 같은 필요적 제도(구속영장 발부 여부를 결정하기 위해서 필수적으로 피의자 심문절차를 거쳐야 하는)로 규정되기에 이르렀다.

구속전피의자심문이 진행되는 공간은 엄숙함과 진지함으로 가득 차 있다. 원칙적으로 누구에게나 방청을 허용하는 일반 재판과는 달리, 영장발부 여부를 결정하는 구속전피의자심문 절차는 비공개가 원칙이다. 따라서, 구속전피의자심문이 진행되는 법정은 피의자 외에 피의자를 심문하는 판사 1명과 법원사무관, 법원 경위, 피의자 호송 경찰관과 피의자의 변호인, 검찰수사관 등 5~7명 정도의 단출한 모습인 경우가 일반적이다. 그래서 공개재판에서 간혹 듣게 되는 피해자 등 방청객들의 웅성거리는 소리, 고함이나 피고인과 피해자 측 사람이 서로 고성을 지르며 싸우는 소리 등을 듣는 일은 거의 없다. 참고로, 간혹 정치적인 사건이나 쟁점이 복잡한 사건인 경우 검사도 구속전피의자심문 절차에 참석하여 판사에게 쟁점이나 법률적 견해에 대해 직접 설명하기도 한다.

구속이 의미하는 무거움과 피의자에게 가해질 고통과 불편함을 잘 알기에, 법정에 동행한 검찰수사관도 영장실질심사의 제반 절차가 진행되는 모든 순간 피의자에게 최대한 예를 갖추고 대하는 것이 일반적이다. 심문을 받는 피의자들도 대부분 법정에서 숙연한 자세와 조용한 태도를 유지한다. 말 그대로 구속의 갈림길에 서 있는 순간이기 때문에, 대기실에서부터 고개를 숙이거나 눈을 지그시 감고 차분히 자신의 심문 순번을 기다리게 된다. '차분히'라는 것은 대기실과 법정을 전반적으로 지배하는 조용한 분위기를 제삼자의 관점에서 표현했을 때의 이야기이지, 사실 심문을 기다리는 당사자에게는 '숨 막히는 초조함'이라고 표현하는 것이 더 정확할 것 같다.

수사를 받을 때 자신의 혐의를 부인하며 거칠게 항의하던 피의자들도 이 공간에서만큼은 예외가 아니다. 게다가 통상적으로는 범죄자들 몇몇이 한자리에 모이면 자기들끼리 억울하다는 이야기도 하고, 수사기관 욕도 하면서 떠들기 마련인데, 구속전피의자심문을 목전에 두고는 대기실에 여럿이 같이 앉아 있으면서도 서로 침묵을 지킨다. 심지어 공범이거나 서로 친분이 있는 사이일지라도 이 공간에서만큼은 누구도 말도 걸지 않고 조용히 자신의 순번을 기다린다. 그저 무거운 침묵만이 흐를 뿐이다. 기다리면서 조용히 흐느끼는 사람들도 있다. 그러다가 판사로부터 심문을 받기 시작하면 울음을 터뜨리기도 한다.

심문은 그리 오래 걸리지 않는다. 가끔 정치적인 사건이나 쟁점이 많은 사건의 경우에는 심문이 몇 시간씩 걸리기도 하지만, 보통의 사건들은 통상 10~20분 정도로 그치는 경우가 일반적이다. 또, 피의자의 유·무죄 여부를 판단하는 자리가 아니기 때문에 판사는 피의자의 혐의 유무와 관련된 질문보다는 증거인멸이나 도망의 염려를 판단하기 위한 사항들에 대해서 집중적으로 질문한다. 판사가 심문 마지막에 피의자에게 "영장발부에 고려하겠으니 한마디 해보라."라고 하고, 피의자가 마지막 말을 마치면 "심문한 내용과 검사가 제출한 사건기록을 다시 한 번 꼼꼼히 검토해서 영장발부 여부를 판단하겠으니 피의자는 인치장소에서 기다리고 있으라."라고 고지한 뒤 심문절차를 종료한다. 검찰수사관은 판사의 피의자 심문이 끝나고 피의자를 인치장소로 데리고 가면서, 추후 절차에 대한 이야기를 해주기도 한다. 멘트는 거의 고정적인데, 다음과 같다.

"(오전에 구속전피의자심문을 한 경우) 영장발부 여부는 오늘 오후 5~6시쯤에 결정될 겁니다. 구속영장이 발부되면 오늘부터 ○○ 구치소로 가게 되고, 조만간에 당신을 소환하여 조사를 할 것입니다. 구속사실은 가족에게 통지가 갈 것이고요. 만약 영장이 기각되면 구치감 경찰관이 석방시킬 것이니 경찰관의 안내에 따라 귀가하시면 됩니다. 하지만, 판사가 영장을 기각했다고 하여 당신이 죄가 없다는 뜻은 아니니 집으로 돌아가시면 앞으로도 수사절차에 협조해야 합니다. 이후 또 전화를 잘 안 받거나 출석 요청을 받고도 검찰에 출석하지 않는 경우에는 구속영장을 재청구할 수 있습니다."

이런 이야기를 할 때, 피의자가 보인 반응은 거의 한결같았다. "말씀해주셔서 정말 감사합니다." 어쩌면, 구속의 기로에서 극도의 불안과 고립감을 느끼고 있는 피의자에게는 검찰수사관의 절차에 대한 친절하고 상세한 설명이 오히려 하나의 위로처럼 느껴진 것은 아닐까 하는 생각도 든다. 그 후 절차는 앞에서 피의자에게 해준 이야기처럼 흘러간다. 많은 수사관들이 구속영장이 발부되면 그날 저녁 술을 마시기도 한다. 혹시 사람을 구속시킨 것에 대해 축배를 드는 것이 아니냐고 생각할 수도 있고, 실제 그런 자축의 의미와 기분으로 술 마시는 수사관들도 여럿 본 적이 있다. 또, 많은 검찰청에서 직구속(사법경찰관 신청을 통한 청구가 아닌 검찰에서 직접 법원에 영장 청구하여 구속시킨 경우) 건수가 검찰수사관 실적으로 평가되는 제도를 운영하고 있기도 하다.

하지만, 많은 수사관들은 한층 더 복잡한 심정으로 술잔을 기울이게 된다. 영장 청구 전에 여러 차례 피의자를 조사하는 과정에서 미운 정이나마 들어서일 수도 있고, 조사하면서 피의자의 개인사나 인간관계를 알게 되어 마음이 약해져서일 수도 있다. 또, 검사의 지시에 의해 구속영장과 관련된 일을 하기는 했지만, 수사관의 생각에 피의자를 구속까지 할 필요는 없다고 보는 경우에는 영장발부가 그다지 유쾌한 일은 아닐 수 있다. 보다 근원적으로는, 비록 수사관의 업무로 하는 일이라 할지라도 한 가정의 가장이자 노모의 사랑스러운 아들, 그리고 어린 아이의 듬직한 아빠인 한 사람을 내 손을 통해 구치소에 보냈다는 것에 대한 일말의 미안함이 마음 한편에 남아 있는 것일 수도 있다. 성취감, 후련함, 동정, 안타까움, 불만, 미안함 등 여러 감정이 복잡하게 뒤섞여서 결국 소주 한 잔 기울이게 되는 것이 아닐까 한다. 물론 오로지 기쁜 마음으로 술을 마시는 수사관들도 있다. 그러나, 실은 영장이 기각

된다고 해도 술을 마시는 것은 마찬가지이다. 정성껏 구속 필요 이유에 대한 수사보고서를 쓰기도 하고, 관련 자료도 열심히 찾아 첨부해서 검사의 영장 청구에 일조했는데, 영장이 기각되면 내가 일을 잘못한 것 같은 생각이 들어 기분이 썩 좋지 않다. 그래서 판사 탓하면서 술을 마시고, 술을 마시면서 어떤 점이 부족해서 기각을 당했을까 고민하기도 한다. 결국 이래저래 술을 마시는 것이고, 검찰일을 하면서는 술을 피할 수 없다고 합리화하기도 한다.

이래저래 술을 마실지언정, 검찰수사관으로서 근무할 때에는 내가 수사하여 영장 청구한 사람이 구속되기를 바랬었다. 아무 이유 없이 구속영장을 청구하는 것도 아닐 뿐더러, 어쨌든 영장이 발부되었다는 것은 내가 제대로 일을 하고 있다는 증거처럼 느껴졌기 때문이다. 입장이 바뀌어 변호사로 일을 하는 지금은 당연히 내가 변호하는 사람에 대한 구속영장이 기각되기를 간절히 원하고 영장발부 여부를 조마조마한 마음으로 기다린다. 그런데, 마찬가지로 이번에는 영장이 발부되면 슬프다고 술 한 잔 하고, 영장이 기각되면 기쁘다고 술 한 잔 하니, 업무가 문제가 아니고 그냥 내가 술을 좋아하는 것 같다는 생각이 든다.

> 검찰스토리 3

술, 폭탄주

'검찰' 하면 술 이야기가 빠질 수 없고, 또 '술' 하면 검찰 이야기가 빠질 수 없을 것 같다. 물론 어느 조직이건 소문난 주당이나 애주가들은 존재한다. 검찰 역시 검사, 수사관, 실무관 등 합쳐 구성원이 1만 명이 넘는 큰 조직이다 보니 당연히 술 잘 마시는 사람들은 청마다 무수히 많다. 그런데 검찰은 정말 격하게 술을 사랑하는 조직이다. 회식 자리에서 병원에서 처방받은 위장약을 폭탄주와 함께 삼키는 사람도 봤다. 근무하는 청마다 별명이 '동틀'(새벽 동틀 때까지 술을 마신다고 하여)인 사람은 꼭 있었고, 곧 다시 이야기하겠지만 검찰만큼 폭탄주와 친한 조직도 없는 것 같다. 좀 술을 덜 먹고 싶어 새롭게 들어간 검사실 검사가 술을 거의 못한다는 소리에 안도를 하면 그 방 실무관이 소문난 주당이고, 또 수사관이 몸이 안 좋아져서 술을 많이 못 먹겠다고 하는데 방장인 검사가 지독한 애주가라 잦은 회식에 시달리기도 한다. 우리 검사실 구성원이 술을 잘 못 마시는 분위기면 주당들로 구성된 옆방 사람들이 우르르 몰려와서 회식 함께하자면서 음주를 권하기도 한다. 결과적으로 검찰이 어떻게든 술을 피할 수 없는 조직인 것은 틀림없는 사실인 것 같다.

검찰의 음주 문화를 논할 때, 특히 빼놓을 수 없는 것이 폭탄주이다. 폭탄주의 원조나 유래에 대해서는 무수한 설이 존재한다. 군사정권 시절에 권력기관이었던 검찰 혹은 군(軍)에서 처음 폭탄주가 제조되어 유행하다가 민간에 보급되었다는 이야기도 있고, 권력기관끼리 서로 자신의 힘이 더 세다는 것을 과시하기 위해 독한 폭탄주를 더 많이 마시는 경쟁을 했다는 설도 있다. 그 원조나 유래가 어떠하든 폭탄주를 제조해서 돌려 마시는 문화의 기저에는 '우리는 같은 목적지를 향해 가는 한 배를 탄 동지이다. 같이 마시고 함께 쓰러지자.'라는 집단주의적 의식이 깔려 있는 것 같다. 입사할 때 공채 선배들로부터 폭탄주를 마실 때 지켜야 할 세 가지 매너가 있다고 들었다.

첫째, 폭탄주를 마시기 전에 폭탄사(爆彈辭)를 해야 한다는 것이다. 폭탄사(폭탄 말씀)는 술자리 주재자나 참석자에 대한 칭송일 수도 있고, 근무하면서 겪는 보람이나 애환에 대한 것이어도 좋고 뭐든 상관없다고 했다.

둘째, 잔을 꺾어 마시지 말라는 것이다.

셋째, 폭탄주를 만들어주는 사람(제조자)이나 술 상대방이 아무리 직급이 높거나 연장자여도 몸을 돌려서 술을 마시지 않는다는 것이다.

이중 첫 번째와 두 번째 매너를 지켜야 하는 이유나 취지에 대해서는 딱히 들은 바가 없는 것 같다. 그냥 일반적인 술자리나 모임에서도 흔히 있는 에티켓 같기도 하다. 세 번째 매너에 대해서는 그 취지에 대해서 들은 내용을 확실하게 기억하고 있다. 수사나 조사 업무를 하다 보면 사회적 지위가 높거나 연세가 지긋하신 분들도 상대할 수 있는데 그들 앞에서 주눅 들지 말고 당당하게 조사하라는 의미에서 폭탄주를 마실 때도 몸을 돌려서 마시지 않는다는 것이다. 입사 후 한동안은 선배들로부터 들은 이 폭탄주 3가지 매너를 마치 복무신조처럼 지키려고 했다. 뿐만 아니라 주변 사람들한테도 이 폭탄주 3가지 매너가 무슨 대단한 금과옥조(金科玉條)라도 되는 양 설파하기도 했었다. 나중에 생각해보니 다 부질없고 몸만 축내는 짓이었던 것 같다.

사실 폭탄주의 유래나 원조에 관한 이야기나 선배들이 알려주었던 폭탄주 매너 이야기보다 내게 더 와닿았던 것은 검사실에서 근무하면서 느끼게 된 폭탄주의 매력이다. 어쩌면 폭탄주의 필요성이라는 표현이 더 적당할지도 모르겠다. 하루 종일 조사를 하다 보면 말을 많이 해서 그런지 퇴근할 무렵에 입에서 단내가 나고 목이 칼칼해진다. 또, 장시간 사건관계인과 기싸움을 해서 그런지 머리가 멍한 느낌도 든다. 이럴 때 맥주 한 잔 소맥 한 잔이 확 당긴다. 심신의 피로를 가시게 해줄 보약이 필요한 시점인 것이다. 사실 이런 경우에는 집에 가서 따뜻한 밥 먹고 음악 들으면서 쉬는 게 최선인데, 조사 직후에는 아주 짧은 시간에 하루의 피로를 싹 가시게 해줄 수 있는(정확히 말하면 그런 착각을 불러일으키는) 자극적인 것이 당기기도 하고, 또 한편으로는 집까지 가는 것이 귀찮기도 해서 검찰청 근처 술집으로 향하곤 했다. 주로 공채 선후배나 동료 수사관들에게 연락을 취해 폭탄주를 마시곤 했었는데, 다들 검사실에서 수사업무를 하면서 받는 스트레스나 처해 있는 상황이 비슷하다 보니 서로 잘 어울려서 폭탄주를 말아 마셨던 것 같다. 이렇듯 검찰 구성원들이 격무와 사람 상대하는 스트레스로 폭탄주를 즐겨 하게 되면서, 폭탄주 음주가 자연스레 검찰을 상징하는 술 문화로 형성된 것 같기도 하다.

해가 거듭되면서 검찰의 음주 문화, 회식 문화도 바뀌어가고 있다. 음주운전, 회식자리에서의 성희롱, 폭행 사건 등 음주로 인한 불미스러운 사건들이 계속되고, 특히 2018년부터 우리 사회 전반을 휩쓸었던 미투(Me Too) 운동과 맞물려서, 검찰 내에서도 과음과 폭탄주를 자제하는 분위기가 지배적이다. 또, '워라밸(Work and Life Balance)'과 저녁이 있는 삶을 중시하는 사회적 분위기에 따라 과거처럼 '다 같이 모여서 마시고 죽자.'식의 과격한 집단주의 음주 문화는 많이 사라졌다. 그래서 회식 날짜를 금요일로 잡는 부서장이나 상사는 거의 없어졌고, 부서의 막내나 신입이라고 해서 회식에 꼭 참석해야 한다는 의무감도 희미해졌다. 폭탄주 제조, 폭탄사 등 한때 검찰 술 문화를 상징했던 폭탄주 회식도 한 시절의 추억으로만 기억되고, 적당히 마시고 자유롭게 즐기다가 기분 좋게 헤어지는 음주 문화가 검찰조직에 정착될 날도 머지 않아 보인다.

흔히 미디어 등에서 몰래카메라의 줄임말인 '몰카'라는 말을 사용하는데 이는 적절한 용어가 아닌 것 같다. 1990년대 한 TV 개그 프로그램에서 인기를 얻은 뒤 유행처럼 퍼져 갔던 '몰래카메라 시리즈'로 인해 '몰카'라는 말이 널리 사용된 것으로 보인다. 하지만 이러한 용어 사용은 불법 촬영을 하는 행위 자체나 가해자, 피해자를 모두 희화화시키고, 불법성에 대한 인식을 희석시키는 문제가 있다. 그래서 몰카라는 용어보다는 '불법 촬영물'이라는 표현을 쓰는 것이 더 적절할 것 같다는 생각이 든다.

| 제2부 |

범죄 이야기

성범죄 이야기 1

성범죄란?

 단순히 '성범죄'라고 하면 '성(性)에 관련된 범죄'를 의미하는 것까지는 알겠는데, 막상 구체적으로 어떤 것들이 성범죄에 해당하는지 말해보라고 하면 선뜻 답하기 어려운 경우가 많다. 그리고 '성폭력 센터', '성폭력 상담소' 같은 용어에서처럼 성폭력이라는 말도 자주 사용되는데 성범죄와의 관계가 어떻게 되는지도 궁금하다. 또, 성희롱은 성폭력이나 성범죄인가? 검찰에서 성폭력 범죄 전담부서에서도 근무를 해보았지만 막상 이런 질문을 받으면 대답하는 것이 쉽지 않았다.

 먼저, 성범죄(Sex Offense)는 용어 자체에서 알 수 있듯 '성에 관련된 범죄'이다. 우리 형법전(刑法典)에서 성에 관련된 범죄를 규율한 부분을 찾아보면 두 군데가 있다. 하나는 「제22장 성풍속에 관한 죄」이고, 또 다른 하나는 「제32장의 강간과 추행의 죄」이다. 전자에는 널리 알려져 있듯이 지금은 폐지된 간통죄와 음행매개, 음화반포, 공연음란죄 등이 있고, 후자에는 강간, 유사강간, 강제추행, 준강간·준강제추행, 강간상해치상, 강간살인치사, 미성년자 등에 대한 간음죄 등이 규정되어 있다.

법조문상으로는 '성풍속에 관한 죄'가 '강간과 추행의 죄'보다 앞에 위치해 있다. 이는 우리 형법전 각칙상 '국가적 법익에 관한 죄 - 사회적 법익에 관한 죄 - 개인적 법익에 관한 죄' 순서로 규정되어 있기 때문에 그렇다. 하지만, 여기서는 설명의 편의를 위해 '강간과 추행의 죄'에 대해 먼저 이야기해보도록 하겠다. 강간죄는 개인적 법익에 관한 것이고, 그중에서도 '개인의 자유'를 침해하는 행동에 대해 규제를 하는 것이다. 누구나 성관계를 할지 여부, 그리고 성관계의 상대방을 결정할 수 있는 자유와 권리가 있는데, 이를 '성적 자기결정권'이라고 표현할 수 있다. 헌법재판소와 대법원도 성적 자기결정권을 헌법 제10조의 인간의 존엄과 가치와 행복추구권, 그리고 헌법 제17조의 사생활의 비밀과 자유에서 유래하는 기본권이라고 판시하고 있다. 강간은 이러한 성적 자기결정권을 침해하는 행위이다. 이는 강제추행도 마찬가지이다.

어떤 사람의 성적 행동이 자신의 자유로운 의사결정이 아니라 외부의 강제에 의해 결정되어서는 안 된다는 것은 설명이 필요 없는 상식적인 이야기이다. 성폭력의 본질은 상대방의 의사에 반해서, 즉 상대방이 원하지 않는데도 자신의 성적 욕망을 충족시키기 위해 다른 사람에게 육체적, 정신적 고통을 주는 행동을 강행하는 데 있다. 결국, 형법상 강간이나 강제추행과 같은 죄가 폭행, 협박이라는 강제적 수단을 사용한 대표적인 성폭력 범죄에 해당하고, 자신의 성적 욕구 충족을 위해 상대방의 의사에 반해 사람이 붐비는 장소에서 신체접촉을 하고, 타인이 용변 보는 것을 엿보고, 타인의 신체를 촬영하는 등의 「성폭력 범죄의 처벌 등에 관한 특례법」(이하 '성폭력처벌법'이라고 함)상의 범죄 역시 성폭력인 것이다. 참고로 성폭력처벌법에는 강간, 강제추행, 특수강간, 강도강간, 업무상 위력에 의한 간음 등 형법상 '강간과 추행'의 죄 이외에 친족강간 등, 장애인강간 등, 13세 미만자에 대한 강간 등의 죄를 규정하고 있다.

같은 맥락에서 '성희롱'도 성폭력의 일종이라고 할 수 있겠다. 다른 사람에게 정신적, 신체적으로 성적인 불쾌감이나 수치심을 주는 일체의 행위를 성희롱이라 할 수 있는데, 성희롱은 신체적, 언어적, 시각적 행동 어떤 것으로도 가능하다. 러브샷을 강요하는 행위, "살결이 뽀얘서 남편이 좋아하겠다."라는 말, 남성의 나체 사진을 여성에게 보여주는 행동이 각 신체적, 언어적, 시각적 방법에 의한 성희롱의 대표적인 예들이다. 그러나, 모든 성폭력 행동이 범죄로 규율되는 것은 아니다. 일정 수준의 행위는 형벌로 다스릴 필요가 있다는 사회적 합의, 그리고 그 사회적 합의가 입법자의 의지로 구현된 법률 규정이 있어야 특정 행동을 범죄로 의율하여 처벌할 수 있다. 주로 성폭력 피해자의 입장에 있는 여성들 중심으로 다양한 성희롱 행위를 처벌해야 한다는 목소리가 커지고 있지만, 아직까지는 성희롱에 대해서는 일부의 행위만 범죄로 규정하고 형벌로 규율하고 있을 뿐이다. 대표적인 예가 「성폭력처벌법」상의 '통신매체를 이용한 음란행위'이다.

제13조(통신매체를 이용한 음란행위)
자기 또는 다른 사람의 성적 욕망을 유발하거나 만족시킬 목적으로 전화, 우편, 컴퓨터, 그밖의 통신매체를 통하여 성적 수치심이나 혐오감을 일으키는 말, 음향, 글, 그림, 영상 또는 물건을 상대방에게 도달하게 한 사람은 2년 이하의 징역 또는 2천만 원 이하의 벌금에 처한다.

이「성폭력처벌법」제13조에 포섭될 수 있는 행동을 제외한 성희롱 행위는 민사상 불법행위 책임이나 직장 내 고용주에 대한 책임을 묻는 방식으로 책임추궁을 할 수밖에 없을 듯하다.

참고로, 일정 규모 이상의 검찰청에는 성폭력 전담부서가 있다. 성폭력만 담당하는 것은 아니고 특정한 부서가 성폭력 사건을 가정폭력이나 아동학대와 함께 다루는 전담부서로 지정되어 있는 경우가 대부분이다. 또, 그중에서도 성폭력을 주 전담으로 하는 검사실을 '성폭방'이라고 한다. 검찰수사관들 중에는 성폭력 사건만 다루다 보면 정신적으로 너무 힘들다면서 성폭방 근무를 기피하는 사람들도 있다. 성범죄를 저지르는 이들은 일반인들과 차원이 다른 정신세계를 갖고 있는 경우가 많아, 거의 매일같이 그런 사람들을 만나고 수사하다 보면 정신이 피폐해진다는 이유에서다. 차라리 복잡한 재산범죄를 수사하는 게 더 낫다고 한다.

반면에 성폭방 근무를 선호하는 검찰수사관들도 있다. 성폭력 범죄를 저지르는 사람들의 정신세계가 독특하기는 해도, 범죄 자체는 크게 복잡하지 않고 범행 수법도 뻔한 면이 있어서 재산범죄나 부패범죄 사건처럼 죄의 성립 여부를 따지기 위해 골머리를 앓지 않아도 되기 때문이라는 것이다. 그래서, 계속해서 성폭력 전담부서 근무를 지원하고, 실제 근무를 하면서 전문성을 쌓아 검찰에서 시행 중인 전문수사관(성폭력 분야)으로 인증받기도 한다.

다음으로, '성풍속에 관한 죄'는 지금까지 살펴본 성적 자기결정권에 관한 범죄 또는 자유에 관한 죄와는 달리 피해자의 의사에 반하는 행위와 관련된 범죄가 아니다. 성풍속에 반하는, 다시 말해 성과 관련된 그 시대 사람들의 인식과 가치관, 그리고 관습에 반하는 행위가 범죄로 규정된 것이다. 그런데 한 시대의 사람들의 성에 대한 인식이나 가치관이 항상 일치할 수는 없다. 그래서 성풍속에 관한 죄의 일부에 대해서는 개념의 추상성이나 형법의 탈윤리화 등을 근거로 폐지나 위헌 논의가 있는 경우가 많다. 비슷한 맥락에서 간통죄가 오랜 논란 끝에 폐지가 되었고, 음란물 유포죄나 공연음란죄같이 구성요건에 '음란'이라는 개념이 들어간 범죄의 위헌성 여부에 대한 논의가 현재까지도 지속되고 있다.

그런데 지금까지 한 논의를 듣다 보면 의문이 생길 수 있다. 과거 바바리맨들이 주로 하던 공공장소에서의 신체 노출, 그리고 길거리에서 자위행위를 하다가 검거된 사람들을 생각해보면 그 사건에서 분명히 피해를 입는 상대방이 있었던 것 같다. 전혀 원하지 않는 장면을 보고 깜짝 놀라 소리를 지르거나 불쾌감으로 경찰에 신고를 하는 사람들을 범죄피해자가 아니라고 할 수 있을까? 또, 영리를 목적으로 성적 발육이 미숙한 미성년자나 불특정한 남자를 상대로 성생활을 하지 않는 여자로 하여금 간음을 알선하게 하는 행위(일종의 매춘 알선)도 이들의 정상적인 성적 발육이나 성적 자유를 침해한 것이라고 볼 여지가 있다. 또, 누가 봐도 성적 수치심을 불러일으키고 혐오감으로 눈살을 찌푸리게 하는 음란한 그림 등을 전시, 유포하는 행위도 다수의 사람에게 원치 않는 그림 등을 보게끔 한다는 점에서 약간의 폭력성 내지는 강제성을 내포하고 있는 것이다. 폭력성이나 강제성의 정도는 성풍속에 관한 죄에 규정되어 있는 범죄의 종류에 따라 다소 차이가 있을 수 있다. 하지만, 이들 범죄들을 순수한 의미에서 성풍속에 관한 범죄라기보다는 공연음란, 음행매개, 음화반포 등의 행위에 내포된 강제성, 폭력성에 주목하고, 그로 인해 불쾌함이나 수치심 등을 느낀 사람들을 범죄피해자라고 보는 것이 일반인의 법감정에 맞는 것이 아닐까 하는 생각이 든다.

「성폭력처벌법」에서도 이러한 점을 반영한 것으로 보인다. 동법은 현행 형법상 '성풍속'에 관한 죄에 규정되어 있는 음행매개죄, 음화반포죄, 공연음란죄를 모두 '성폭력 범죄'의 범주에 넣어서 규율하고 있다. '성폭력 범죄'의 피해자는 수사나 재판을 받을 때 일정한 보호조치를 받을 수 있고, 수사기관이나 법원도 피해자의 신원 및 사생활의 비밀을 보호할 의무를 부담한다. 비록 형식적으로는 성풍속에 관한 죄로 규정되어 있어도 실제로는 분명히 개인의 피해라고 볼 여지가 있지만 전통적인 성폭력 개념에 의하면 형사절차에서 배제되어 수사기관 등의 보호도 받지 못하고 한낱 참고인으로만 취급되었던 것이 부당하다는 인식이 반영된 입법으로 보인다. 다음 장부터는 전통적인 분류법에 따라 차례대로 성폭력 범죄와 성풍속 범죄에 대해서 이야기해보도록 하겠다.

성폭력 범죄 (1)

강간

많은 사람들이 '성폭력' 하면 '강간'을 쉽게 떠올리듯이 강간은 대표적인 성폭력 범죄이다. 형법에서는 '폭행 또는 협박으로 사람을 강간한 자는 3년 이상의 유기징역에 처한다.'라고 규정하고 있다. (제297조) 널리 알려져 있는 것처럼 과거에는 강간죄의 객체가 '부녀'로 한정되어 있었기 때문에 여자가 폭행이나 협박이라는 수단을 사용하여 남자를 간음해도 강간죄가 아니라 강제추행죄로만 처벌받았을 뿐이다. 그래서, 성전환자를 강간해도 자연적 성(性)이 염색체가 XY인 남성이라는 이유로 강간죄가 아닌 강제추행죄로 처벌하던 시절도 있었다. 그러나 2012년에 개정된 형법 제297조는 강간죄의 객체를 '부녀'에서 '사람'으로 확장하였으니 성별에 관계없이 사람을 상대로 강제로 간음하면 강간죄로 처벌받게 되었다.

또 한때는 부부 간 강간죄가 성립되는지가 논의되기도 했었다. 과거에 배우자가 강간죄의 객체가 되지 않는다는 입장에서 주장했던 논거는 부부 사이의 내밀한 영역에까지 국가형벌권이 개입하는 것은 과도하다는 것과 부부 간에는 민법상 동거의무가 있다는 점 등이었다. 법원에서는 2013년에 처음으로 부부 간 강간죄 성립을 인정하는 판결을 냈다. 아내의 귀가가 늦어진 데 격분한 남편이 아내와 다투다 흉기로 위협하고 흉기로 아내의 옷을 찢은 뒤 아내와 강제로 성관계한 혐의에 대해 상해 및 강간죄를 인정한 것이다. 이 판결에서도 판시하였듯이, 부부 간의 동거의무가 폭행 또는 협박으로 인한 간음까지 감내해야 함을 의미하는 것은 아니다. 아무리 부부 사이라도 원하지 않는 성관계에 대해서 거부할 수 있는 권리, 이른바 성적 자기결정권이 있고, 이에 대한 침해는 범죄가 될 수 있다는 극히 상식적인 내용이 법원의 공식적인 태도로 수용되기 전까지 오랜 세월을 기다려야 했던 것이다.

강간 자체가 개인의 '성적 자기결정권'을 침해하는 중대한 범죄이지만, 그 패륜성이 더 심한 강간 범죄유형이 있다. 바로 친족강간과 장애인강간 같은 것들이다. 우리 법에서는 이 두 가지 범죄는 형법이 아닌 성폭력처벌법에서 다루고 있고, 각각 높은 법정형이 규정되어 있다. 특히 절대 일어나서는 안 될 범죄이지만 의외로 자주 발생하는 범죄가 친족, 특히 자녀를 강간하는 경우이다. 성폭력 전담부서에 근무할 때 친족강간 사건을 많이 접하게 되었다.

한 번은 구속 피의자가 자신의 친딸을 강간한 혐의로 송치되어 왔다. 당시 피의자가 의외로 침착한 태도로 조사를 받아 놀랐던 기억이 난다. 그 자의 변명은 더욱 가관이었다. 범행 경위를 묻자, 딸과 함께

거실 소파에서 TV를 보고 있는데 딸이 자신의 성기를 만지작거리는 바람에 자신도 모르게 성적으로 흥분하여 딸에게 몹쓸 짓을 하게 되었다고 했다. 그런 식의 이야기를 듣다 보니 마치 딸이 아버지를 유혹했다는 말처럼 들려, "피의자의 진술은 피해자가 피의자를 유혹했다는 진술처럼 들리는데, 어떤가요?"라고 물었다. 그랬더니 피의자가 고개를 약간 비스듬히 하여 잠시 생각하는 듯하더니 담담한 어조로 내뱉는 말이 "네, 뭐 그런 것도 같습니다. 그렇게 정리하셔도 될 것 같네요."라는 것이었다. 그 대답을 듣는 순간 잠시 머리가 멍해졌다. 피의자의 비윤리성과 뻔뻔함에 대한 분노는 그 이후에야 밀려왔다.

더 슬픈 사실은 판결문들을 읽다 보면 이보다 더 죄질이 안 좋은 범죄도 수두룩하다는 것이다. 인터넷을 하다 보면, 때로 죄질이 정말 좋지 않은 범행을 한 사람에 대한 기사에 "사탄이 울고 간다."라는 댓글이 달리기도 하는데, 정말 사탄에게 휴가를 주려고 작정한 것이 아닌지 의심이 되는 사건들이 있다. 앞서 언급한 대로 성폭력 전담부서, 성폭방에서 검찰수사관으로 근무하다 보면, 이와 같은 사탄 영접(?)은 숙명처럼 받아들여야 하는 일이 된다.

강제추행

우리 형법은 '폭행 또는 협박으로 사람에 대하여 추행을 한 자는 10년 이하의 징역 또는 1천 500만 원 이하의 벌금에 처한다.'라고 규정하고 있다. (제298조) 앞서 본 강간죄와는 행위가 '간음'인지 '추행'인지에 의해 구별된다. 비교적 그 의미가 명확한 '간음'과는 달리 '추행'은 다소 추상적인 개념이기 때문에, 특정 사건에서 특정 행위가 추행에 해당되는지 여부가 다퉈지기도 한다. 한때 수험생활을 하던 시절에 형법 공부를 하면서, 여성의 젖가슴을 옷 위로 만지는 것은 강제추행이 아니라는 식으로 무조건 외웠던 것 같다. 반면, 상대방의 상의를 걷어 올려 젖가슴을 만지고 하의를 끌어 내린 행위를 강제추행죄의 추행으로 본 대법원 판례도 있어, '옷 위로 젖가슴을 만지면 추행이 아니고, 옷을 벗기고 만지면 추행이다.'라는 식으로 무작정 암기했던 부끄러운 기억이 있다. 일반인의 관점에서, 그리고 피해자에게 성적 수치심을 일으킨다면, 옷 위인지 옷 속인지는 중요하지 않을 것이다.

강제추행에서 추행 여부를 판단함에 있어서 피해자의 감정이나 입장이 중요한 기준이 되는 것은 틀림없는 사실이지만, 가해자(아직 혐의 유무가 확실하게 결정된 것은 아니므로 '피의자'라는 표현이 더 적절한 것 같다) 역시 추행의 의도 같은 주관적 요소를 부인하면서 강제추행 성립 여부를 다투는 경우도 다반사이다. 피해자 및 피의자의 진술, 참고인의 진술이나 CCTV 등을 면밀히 분석하여 추행 여부를 판단해야 할 것이다. 그런데, 강제추행은 앞서 본 강간과는 달리 범죄의 흔적이 남지 않는 경우가 많아 혐의 유무 판단이 더 어려울 수도 있다. 강제추행죄에 있어서 추행이라고 할 수 있는 행위가 있었는지 여부가 다퉈지고, 또 그 행위의 주관적 의도도 문제가 되는 한편, 그와 같은 것들을 판단할 수 있는 자료가 되는 CCTV 등 객관적 증거마저 빈약하여 강제추행 여부에 대한 판단이 매우 어려운 상황에 자주 직면한다.

이를 여실히 보여주는 예가 몇 년 전 세상을 떠들썩하게 했던 '곰탕집 성추행' 사건이다. 식당 통로에서 우연히 마주쳐 지나가는 여성의 엉덩이를 약 1.3초간 움켜쥐었다고 하여 강제추행 혐의로 재판을 받던 남성의 배우자가 한 인터넷 커뮤니티에 남편의 억울함을 호소하는 취지로 글을 올려 국민적 관심을 받은 사건이다. 해당 남성의 사연이 알려진 뒤, 남성편을 드는 사람과 피해 여성의 편을 드는 사람으로 나뉘어 갑론을박(甲論乙駁)을 했다. 결국 이 사건은 대법원에서 강제추행을 인정하여 유죄가 확정되었다. 아마 법원도 위에서 언급한 이유들로 인하여 엄청난 고심을 했을 것이다. 실체적 진실은 하늘만이 알겠지만, 어쨌든 이 사건은 강제추행죄 성립 여부를 판단하는 것이 쉽지 않은 작업임을 보여주는 전형적인 사례라고 할 수 있겠다.

강제추행죄는 앞서 본 강간죄와 마찬가지로 2013년 형법 개정으로 친고죄에서 제외되었다. 형법 개정 전에는 피해자가 처벌불원서나 고소취하장을 제출하면 수사단계에서는 '공소권없음' 결정, 법원에서는 '공소기각' 판결을 하면서 추가적인 실체적 판단으로 나아가지 않았다. 하지만, 강제추행죄나 강간죄가 더 이상 친고죄가 아닌 관계로 이제는 설령 피해자와 합의가 되어서 처벌불원서나 고소취하장이 제출된다고 하더라도 가해자는 무조건 처벌 대상이 된다. 다만 피해자와 합의한 경우 양형에 반영이 되거나 수사단계에서는 기소유예, 법원에서는 선고유예나 집행유예를 기대할 수밖에 없게 되었다.

유사강간

폭행 또는 협박으로 다른 사람의 성적 자기결정권을 침해한다는 점이나 행위의 불법성 측면에서 강간죄와 크게 다르지 않음에도 불구하고, 단순히 성기와 성기의 결합이 아니라는 이유만으로 비교적 형량이 낮은 강제추행으로만 규율되는 점에 대해 법조계 및 학계의 꾸준한 지적이 있었다. 이에, 2012년에 유사강간죄라는 죄가 형법에 신설되었다.

폭행 또는 협박으로 사람에 대하여 성기를 제외한 구강, 항문 등 신체의 내부에 성기를 넣거나 성기, 항문에 손가락 등 성기를 제외한 신체의 일부 또는 도구를 넣는 행위를 한 사람은 2년 이상의 징역에 처한다.(형법 제297조의 2)

어찌 보면, 유사강간은 그 본질은 강간죄와 다른 점이 없기 때문에 법정형도 강간죄와 동일하게 규정되어 있을 법도 한데, 입법자는 하한의 경우는 일반 강간죄보다 1년 낮은 징역형으로 규정하는 결단을 했다. 하지만, 상한은 강간죄와 같기 때문에 이 부분은 특정 사건에서 죄질이나 피해자와의 관계 등을 고려하여 구형이나 양형 단계에서 보정될 수 있을 것으로 보인다. 위 조문을 보면, 구성요건 중 앞부분은 '구강, 항문 등'이라고 되어 있기는 하지만 실제 발생하는 범죄상으로도 삽입 대상이 되는 곳은 제한적인 편이다. 반면에, 구성요건 중 뒷부분에 등장하는 신체의 일부나 도구는 일반인의 상상을 초월하는 경우가 많다. 굳이 지면을 통해서라도 언급하고 싶지 않을 정도이다. 몇 해 전에 어떤 문화계 유명인사가 제자들에게 발성을 키워야 한다는 이유로 여성 제자의 성기에 나무젓가락을 삽입하였다고 하여 논란이 된 적이 있었다. 그런 사건은 죄질의 불량함에 있어 평균에도 못 미칠 정도로 각양각색의 변태적인 사안들이 넘쳐난다.

 성범죄 이야기 3

성폭력 범죄 (2)

공중밀집장소 추행죄

지하철, 버스, 찜질방 등 다수의 사람이 모여 있는 곳에서 사람을 추행하는 죄가 바로 '공중밀집장소 추행죄'이다. 많은 사람들이 이 죄로 처벌을 받고 있는데, 또 이 죄가 적용되는 사람들 중 다수가 자신의 혐의에 대해 치열하게 다투기 때문에 검찰에서도 피의자를 직접 불러서 조사를 하는 경우가 많다. 먼저, 성폭력처벌법에서 규정하고 있는 이 죄의 해당 조문을 보도록 하겠다.

성폭력처벌법 제11조(공중밀집장소에서의 추행)
대중교통수단, 공연·집회 장소, 그밖에 공중(公衆)이 밀집하는 장소에서 사람을 추행한 사람은 3년 이하의 징역 또는 3,000만 원 이하의 벌금에 처한다.

법조문 가장 앞에 나와 있는 대중교통수단이 이 범죄가 가장 흔하게 일어나는 장소이고, 그중에서도 혼잡한 출퇴근 시간대에 범죄발생 빈도가 높다. 개인적으로는 청사가 서초동에 위치한 서울중앙지검이나 대검찰청에서 근무할 때, 지하철 4호선과 2호선을 이용하며 흔히 말하는 지옥철(地獄鐵)에 매일매일 시달렸다. 특히 환승역인 사당역은 이른바 '헬게이트'를 체험해볼 수 있는 최적의 장소이다. 사람들이 빽빽하게 들어차 있는 모습을 '송곳조차 세울 틈이 없을 정도'라는 의미에서 '입추(立錐)의 여지가 없다.'라는 말을 하곤 하는데, 그 표현에 딱 부합하는 것이 출근 시간대에 4호선에서 2호선으로 갈아타는 사당역의 풍경이다. 본인의 의지와는 아무 상관 없이 파도처럼 밀리고, 밀고, 서로 밀지 말라며 소리 지르고… 그런데, 이런 극도의 혼잡함을 틈타 타인을 추행하는 사람들이 있어서 문제이다. 지하철 성추행 범죄에서 피의자가 범행을 부인하는 양상은 크게 다음 두 가지로 나뉜다.

먼저, 신체접촉 자체를 부인하는 사람들이 있다. 수오 마사유키 감독의 일본 영화 『그래도 내가 하지 않았어』에서도 혼잡한 지하철 객실 내에서 여고생과의 접촉이 없었음에도 불구하고 치한으로 몰려, 수사기관과 법원에서 자신의 무고함을 다투는 한 젊은이에 대한 이야기를 다룬다. 가끔 지하철 경찰대에서 지하철 성추행범 집중단속을 실시하기도 하는데, 증거채집을 하는 경찰관에 의해 범행 모습이 적나라하게 찍히는 경우도 있다. 예를 들면 자신의 성기를 여성의 둔부 부위에 밀착을 시키고 있다던가, 손으로 여성의 신체 일부를 만지는 행위를 하는 것이 대표적인데, 이런 케이스는 수사하기가 정말 편하다. 범행 장면이 담긴 객관적 증거가 있을 뿐만 아니라 이를 토대로 피의자를 추궁하면 대부분 고의를 포함한 범행 일체에 대해 자백하기 때문이다.

하지만 상당수의 케이스는 범행 장면을 직접 확인할 수 있는 물적 증거가 없다는 것이 문제이다. 대부분 피해자나 주변에서 목격한 사람들의 진술에 의존하여 경찰이 추행 피의자를 특정하기 때문에, 이 피의자 특정 과정(이러한 과정을 '범인식별 절차'라고 함)에 문제가 있다고 다투는 추행 피의자가 많은 것이 현실이다. 이럴 때는 피해자와 목격자의 진술, 출동 경찰관의 증언 등을 면밀하게 분석하여 수사하되, 그래도 피의자의 혐의에 대한 확신이 들지 않으면 기소를 하지 못하게 될 가능성이 높다. 유죄 확정에 필요한 합리적 의심의 여지가 없을 정도의 증명이 있다고 보기 어렵기 때문이다.

다음으로, 신체접촉 자체는 인정하지만, 의도성을 다투는 경우가 있다. 여기에 해당하는 피의자들은 대개 혼잡한 지하철 등에서 다른 사람들에 떠밀려 어쩔 수 없이 신체접촉이 있었을 뿐, 성적인 의도를 갖고 여성을 만진 것이 아니라는 취지로 주장한다. 또, 피해 여성은 남성이 손으로 자신의 가슴이나 엉덩이 등을 움켜잡았다거나 남성의 성기를 자신의 몸에 밀착시켜 문질렀다고 진술하는데, 남성은 움켜잡은 것이 아니라 스친 것이라고 하거나 성기 부위가 여성의 몸에 닿아 한 번 툭 밀치게 된 것이라고 주장하는 경우가 많은데 결국 추행의 의도성을 부인하는 것과 다름없다.

이런 사안은, 접촉이라는 객관적 사실에 대해서는 피의자도 인정하고, 단지 그 주관적 의도에 대해서만 다투고 있는 것이기 때문에, 심리생리검사에 의뢰하는 것도 적절하지 않은 경우가 많다. 설령 심리생리검사를 실시한다 하더라도 심리생리검사 결과가 '판단불능'이 나올 가능성이 높다. 그래서 이런 유형에서는 앞서 본 접촉 자체를 부인하는 경우보다 피해자 진술의 중요성이 더욱 부각된다. 피의자 주장대로 떠밀려서 불가피하게 접촉하게 된 것인지, 아니면 어떤 의도 하에 적극적으로 만지고 추행한 것인지의 차이는 피해자가 육감으로 인지할 수 있고, 그 미묘한 느낌을 구체적으로 묘사하거나 설명할 수 있기 때문이다. 물론 결국은 인간의 의도에 대한 판단 문제이기 때문에, 접촉에 대한 개인별 예민함의 차이를 신경 쓰지 않을 수 없고, 피해자의 오해나 무고 가능성도 배제할 수는 없다. 이러한 사건을 처리하는 수사관, 검사나 판사 모두 골머리를 앓을 수밖에 없다.

추행이 자주 일어나는 또 다른 공중밀집장소로는 찜질방이 있다. 남녀가 섞여 한 공간 안에 누워서 쉬거나 숙면을 취할 수 있는 공간인 산림욕장, 황토방, 아이스방 등에서, 여성이 잠을 자거나 방심하고 있는 틈을 타서 여성의 신체에 접촉을 꾀하는 것이다. 가해자들은 고객들의 프라이버시 보호 때문에 찜질방 내 CCTV의 사각지대가 광범위하다는 점을 악용해서 호시탐탐 범행 대상을 노리는 경우가 많다. 그렇기 때문에 찜질방에서 일어나는 추행은 앞서 본 지하철 추행보다도 추행행위가 있었는지 여부를 판단하기가 더욱 어려운 면이 있다. 접촉 자체가 실수였다고 변명하는 경우도 흔하다.

공중밀집장소 추행죄는 성폭법상의 다른 죄에 비해 피의자가 자신의 혐의를 부인하며 다투는 사례도 많고, 부족한 증거 때문에 수사에 어려움을 겪는 경우도 빈번하다. 이런 상황에서, 기본적으로 소추기관인 검찰에서 근무하는 수사관으로서는 피의자의 혐의를 입증하기 위해 최선을 다해 수사를 하지만, 또 한편으로는 혹시라도 무고한 자가 성추행범으로 낙인찍히고 주변과 사회로부터 배제되는 일이 생기지는 않을까 하는 두려운 마음으로 기록을 거듭 살펴보기도 한다.

성적 목적 공공장소 침입죄

'관음증'이라는 말이 있다. 다른 사람의 신체 또는 성행위나 옷 벗는 모습 등을 보면서 성적 흥분을 느끼는 증상을 말한다. 의학계에서는 이를 정신성적 장애(Psychosexual Disorder)로 분류하고 있다. 이러한 관음증이 범죄적 행동으로 표출된 모습 중 하나가 화장실이나 목욕탕, 탈의실 등에 들어가서 다른 사람이 옷을 벗거나 용변 보는 모습을 몰래 훔쳐보는 것이다. 「성폭력처벌법」에는 이러한 행위를 '성적 목적을 위한 다중이용장소 침입행위'라는 죄명으로 규율하고 있다.

> 성폭력처벌법 제12조(성적 목적을 위한 다중이용장소 침입행위)
> 자기의 성적 욕망을 만족시킬 목적으로 화장실, 목욕장·목욕실, 또는 발한실(發汗室), 모유수유시설, 탈의실 등 불특정 다수가 이용하는 다중이용장소에 침입하거나 같은 장소에서 퇴거의 요구를 받고 응하지 아니하는 사람은 1년 이하의 징역, 또는 1천만 원 이하의 벌금에 처한다.

과거에는 자신의 성적 욕망 충족을 위해 화장실이나 목욕탕 등 불특정 다수가 이용하는 장소로 들어가서 이성의 신체를 엿보는 행위에 대하여 별도의 성범죄로 다스리지 않았다. 단지, 범죄 목적으로 다른 사람의 주거지에 들어가 그 사람이 주거지에서 누릴 수 있는 사생활의 평온을 깨뜨린 것으로 보아 형법상 주거침입죄(건조물침입죄)로 의율할 뿐이었다. 그러던 중 2013년에 성적 목적으로 다수가 이용하는 화장실 등에 침입하는 행위를 처벌하는 규정이 「성폭력처벌법」에 신설되었다. 그런데, 「성폭력처벌법」상의 이 죄와 형법상의 주거침입죄를 비교해보면, 징역형의 경우 특별법인 「성폭력처벌법」보다 형법의 주거침입죄에서 법정형 상한을 높게 규정하고 있다는 사실을 발견하게 된다.(「성폭력처벌법」 제12조 : 1년 이하의 징역 또는 1,000만 원 이하의 벌금 v. 형법 주거침입죄 : 3년 이하의 징역 또는 500만 원 이하의 벌금) 언뜻 생각하면, 성적 목적 추구라는 특정 목적의 실현을 위해 다중이 이용하는 장소에 침입하는 행동이 보통의 주거침입죄보다 더 위험하고 형도 더 높게 규정되어 있어야 하는 것은 아닌가 하는 의문이 들 수 있다.

　이는 입법연혁과 관련이 있다. 앞서 본 「성폭력처벌법」 제11조의 공중밀집장소에서의 추행은 최근 개정되기 전까지 법정형이 '1년 이하의 징역 300만 원 이하의 벌금'이었다. 이 죄를 신설할 당시 입법자는 화장실 등에 들어가 엿보는 행위가 사람이 많은 혼잡한 곳에서 추행을 하는 것보다 더 위험하거나 더 중하게 처벌받아야 한다고 판단하지 않은 것 같다. 이를 고려하여 법정형을 정하다 보니, 징역 1년이 상한으로 규정된 것으로 보인다. 한편 형법상 주거침입죄로 형사처벌을 받는 경우에는 그 처벌 이외의 불이익은 없지만, 「성폭력처벌법」상 성적 목적 다중이용장소 침입죄의 적용을 받게 되면, 형사처벌과 함께 신상정보 등록을 비롯한 많은 부수처분의 대상이 된다는 점에서 실질적인 차이가 발생한다.

　이 죄로 수사를 받는 사람들은 주로 '행위의 의도성'에 대해 다툰다.

주로 변명하는 내용이, 자신은 이성이 옷을 벗거나 용변을 보는 모습을 보고 쾌락을 느끼는 등 성적인 만족을 위해서가 아니라 용변이 급해서 여자 화장실에 들어갔다거나, 여자 화장실인지 모르고 들어갔다가 그 사실을 뒤늦게 알고 황급히 나왔다는 것이다. 물론 위와 같은 주장이 사실일 수도 있지만, 또 한편으로는 자신의 범행이나 범의를 은폐하기 위해 늘어놓는 구차한 변명에 불과할 가능성도 있다. 이때는 화장실 등 공중장소에 들어간 경위, 피해자와 참고인의 진술 등을 종합적으로 고려하여 피의자 주장의 진위 여부를 판단할 수밖에 없을 것이다.

카메라 등 이용 촬영죄

관음증이 성범죄로 표출되는 또 다른 모습이 성폭력처벌법 제14조의 '카메라 등을 이용한 촬영죄'이다. 먼저 해당 법조문을 보도록 하겠다.

> 성폭력처벌법 제14조(카메라 등을 이용한 촬영)
> ① 카메라나 그밖에 이와 유사한 기능을 갖춘 기계장치를 이용하여 성적 욕망 또는 수치심을 유발할 수 있는 사람의 신체를 촬영대상자의 의사에 반하여 촬영한 자는 7년 이하의 징역 또는 5천만 원 이하의 벌금에 처한다.

조문상 '카메라나 그밖에 이와 유사한 기능을 갖춘 기계장치'라고 되어 있는데, 이 범죄에 가장 빈번히 이용되는 수단은 쉽게 예상할 수 있듯이 스마트폰 등 휴대전화에 내장되어 있는 카메라이다. 검찰실무나 변호사 실무에서 직접 다뤘던 사건 중에서 스마트폰 카메라 이외에 다른 수단이 이 범죄에 이용된 예는 거의 보지 못했다. 언론에 보도된 기사를 보면 초소형 카메라 등을 이용한 '카메라 등 이용 촬영'도 많이 행해지는 것 같다. 남의 허락 없이 남의 신체를 촬영하는 행위가 불법이라는 점에 대해서는 상세한 설명이 필요 없을 만큼 상식적인 일에 속한다. 그럼에도, 우리나라에서는 비교적 최근에 와서야 '초상권'이라는 권리가 언급이 되고, 초상권 보호가 논의될 정도로 남의 신체를 함부로 촬영하는 것에 관대하고, 그에 대한 제재에는 미흡했던 것이 사실이다. 현재도 헌법 제10조의 인간의 존엄과 가치 규정에서 도출하는 인격권과 민법 제750조 제1항의 불법행위에 관한 일반 규정을 근거로 타인의 신체를 동의 없이 촬영하는 경우 불법행위가 성립할 수 있음을 인정하고 있기는 하다. 그러나 아직도 초상권의 권리성에 대한 인식이 미약하고 남의 신체를 촬영하는 것을 개인의 자유의 영역으로 착각하는 사람도 꽤 많은 것이 현실이다. 심지어 이를 예술의 자유의 한 내용으로 보호해주어야 한다고 주장하는 사람들도 드물지만 있는 실정이다.

한편 사람의 신체를 촬영하는 것이 죄가 되지 않는 경우가 있다. 바로 촬영 대상이 되는 사람이 그 촬영에 동의하거나 승낙할 때이다. 형법에서 피해자의 동의나 승낙을 취급하는 방식은 여러 가지가 있고, 피해자의 동의 등이 있으면 처벌하지 않는 경우에도 이것이 구성요건 해당성을 없애는 '양해'인지, 아니면 위법성을 없애는 '승낙'인지에 대한 논의가 있다. 여기서 그에 대한 논의를 상세하게 나열하고 따져보는 것은 큰 의미가 없을 것 같다. 성적 욕망이나 수치심을 유발할 수 있는 사람의 신체를 촬영한다고 하더라도, 촬영 당시에 그 주인공이 촬영에 동의하였다고 한다면 이를 법에 어긋난다고 보아 처벌할 수 없다는 것은 지극히 상식적인 일이기 때문이다. 그런데 촬영 당시에는 피해자의 동의를 받았어도, 시간이 흘러 다른 시점에서 피해자의 동의 없이 이를 반포, 판매, 임대, 전시와 같은 행동을 한다면 이는 위법한 행위이다. 이 역시 상식에 속하는 일이다. 반포 등의 행위 당시를 기준으로 피해자는 동의하지 않았고, 피해자 의사에 반해 성적 수치심을 줄 수 있는 촬영물 등을 유포하는 행위는 명백한 인격권 침해이기 때문이다. 그래서「성폭력처벌법」에서도 아래와 같은 내용을 규정하고 있다.

성폭력처벌법 제14조(카메라 등을 이용한 촬영)
② 제1항에 따른 촬영물 또는 복제물(복제물의 복제물을 포함한다. 이하 이 항에서 같다)을 반포·판매·임대·제공 또는 공공연하게 전시·상영(이하 '반포 등'이라 한다)한 자 또는 제1항의 촬영이 촬영 당시에는 촬영 대상자의 의사에 반하지 아니한 경우에도 사후에 그 촬영물 또는 복제물을 촬영 대상자의 의사에 반하여 반포 등을 한 자는 7년 이하의 징역 또는 5천만 원 이하의 벌금에 처한다.

또, 피해자의 의사에 반해 촬영물 반포 등 행위를 할 때 이를 영리의 수단으로 하면 통상의 반포 등 죄보다 중하게 처벌된다. 단순히 본인의 성적 욕망이나 호기심 충족을 넘어 사람의 성을 상품화한 것은 불법성이 더욱 크다고 판단되기 때문에 가중처벌을 하는 것이다.

성폭력처벌법 제14조(카메라 등을 이용한 촬영)
③ 영리를 목적으로 촬영 대상자의 의사에 반하여「정보통신망 이용촉진 및 정보보호 등에 관한 법률」제2조 제1항 제1호의 정보통신망(이하 '정보통신망'이라 한다)을 이용하여 제2항의 죄를 범한 자는 3년 이상의 유기징역에 처한다.

흔히 미디어 등에서 몰래카메라의 줄임말인 '몰카'라는 말을 사용하는데 이는 적절한 용어가 아닌 것 같다. 1990년대 한 TV 개그 프로그램에서 인기를 얻은 뒤 유행처럼 퍼져 갔던 '몰래카메라 시리즈'로 인해 '몰카'라는 말이 널리 사용된 것으로 보인다. 하지만 이러한 용어 사용은 불법 촬영을 하는 행위 자체나 가해자, 피해자를 모두 희화화시키고, 불법성에 대한 인식을 희석시키는 문제가 있다. 그래서 몰카라는 용어보다는 '불법 촬영물'이라는 표현을 쓰는 것이 더 적절할 것 같다는 생각이 든다.

 성범죄 이야기 4

성풍속 범죄

이번에는 성풍속 범죄에 대해서 보도록 하겠다.

공연음란죄

먼저, 성풍속 범죄의 대표격이라고 할 수 있는 공연음란죄가 있다. 지금은 거의 사라진 것으로 보이지만 과거에 주로 여중(女中)이나 여고(女高) 앞에서 활개를 치던 일명 '바바리맨'이 자주 하던 행위가 공연음란죄로 평가될 수 있을 것이다. 그런데, 우리 형법에서는 공연음란죄에 대해 '공연히 음란한 행위를 한 자는 1년 이하의 징역, 500만 원 이하의 벌금, 구류 또는 과료에 처한다.'(제245조)라고 다소 추상적으로 규정하고 있다. 그래서 실제 사건에서는 특정한 행위가 '음란'한 것에 해당하는지 여부가 다퉈질 수 있다. 아직 헌법재판소에서 이 조항의 위헌 여부에 대해서 판단한 적은 없지만, 다른 법률에 규정되어 있는 '음란'의 개념이 지나치게 추상적이어서 헌법상 명확성의 원칙에 반하는 것이 아닌지 다뤄지기도 했었다. 결국 '음란행위'는 불명확한 가치개념으로서 한 사회의 시대관에 따라 법관의 해석에 의해 보충되어야 하는 사항으로 이해될 수 있다.

우리 대법원은 성교행위나 자위행위의 경우 대부분 본 죄의 음란행위에 해당하는 것으로 보고 있다. 그밖에 판례에서 음란행위로 보아 공연음란죄로 처벌한 예로는 1인의 나체쇼, 성기 또는 알몸 노출 등이 있다. 다만, 성기 또는 알몸 노출의 경우에는 사안에 따라 음란행위로 보기도 하고, 단순한 '과다노출 행위'로 보아 「경범죄처벌법」 제3조 제1항 제33호에 의거하여 10만 원 이하의 벌금, 구류, 과료 대상으로 다루기도 한다.

공연음란죄 혐의로 수사했던 사건 중에, 어떤 젊은 남성이 도로주행 중 버스 옆에 자신의 차를 정차시킨 뒤 차 안에서 버스에 있는 여성 승객을 응시하며 자위행위를 하였다고 하여 경찰수사 뒤 송치된 사건이 있었다. 피의자는 경찰수사 단계에서부터 "평소 심한 가려움증에 시달리고 있었는데, 그날도 가려움을 참을 수 없어서 차 안에서 바지를 벗고 사타구니 부위를 심하게 긁은 것이다. 그런데, 버스 안 여성이 이를 자위행위로 오해한 것 같다."라는 취지의 주장을 했다. 사타구니 백선증 등 병명이 기재된 진단서와 진료내역 등 자료도 잔뜩 제출한 상태였다.

피의자가 다니던 피부과 의사에 대한 전화수사, 의학사전 검색, 그리고 피해 여성에 대한 추가 전화조사 등 추가수사를 했다. 이를 토대로 피의자의 주장을 받아들이고 결국 피의자는 검사의 불기소 처분을 받았다. 이 사건에서는 피의자인 남성이 자신의 성기를 바지 밖으로 꺼내서 흔드는 등의 행위를 한 것인지 여부가 확인되지 않았다. 피해 여성도 남성이 성기를 꺼내 흔드는 것을 직접 본 것이 아니라 다만 그런 느낌을 받았는데, 전반적으로 기분이 좋지 않아 신고를 한 것이라는 취지의 진술을 했던 것이다. 실제로 불특정 다수가 보는 앞에서, 또는 볼 가능성이 있는 자리에서 자위행위를 하다가 발각된 사람들은 대부분 이 공연음란죄로 처벌을 받았다. 몇몇의 유명 구기종목 운동선수들도, 검찰 입장에서 흑역사 중 하나인 모 지검장도 공연음란죄 혐의로 수사받고 재판도 받았다.

한편, 같은 행위를 놓고 공연음란인지 강제추행인지 판단하기 애매한 사건들도 있다. 예를 들어, 엘리베이터 안에 있는 여성을 보면서 그 앞에서 자위행위를 한 경우 이것은 공연음란일까? 아니면 강제추행일까? 일반인들에게 이에 대해 물으면, 자위행위를 하는 사람으로 인해 불쾌함과 수치심을 느끼는 피해 여성이 있으니까 성풍속에 관한 죄인 공연음란죄보다는 강제추행으로 처리해야 한다고 할 가능성이 높다. 그런데, 강제추행죄는 폭행이나 협박이 있어야 성립할 수 있는 범죄이다. 따라서 사람의 신체에 대한 유형력 행사나 해악의 고지가 없이 여성을 보고 자위행위를 한 것만으로는 강제추행으로 단정하기 어렵다. 판례 역시, 엘리베이터 안에 있는 여성을 바라보면서 자위행위를 한 비슷한 사안에서 어떤 경우에는 강제추행죄를 인정한 반면, 공연음란죄 성립을 인정한 경우도 있었다. 결론만 놓고 보면 판례가 일관성이 없다고 오해할 수도 있지만, 좀 더 자세히 보면 구체적인 사실관계가 다르다.

강제추행으로 의율한 사건에서는 가해자와 피해자의 거리가 매우 가까웠고 가해자, 피해자 위치상 피해자가 도망하기 힘든 구조였다. 또 피해자가 성적으로 미성숙하고 방어능력이 떨어지는 여고생이었다. 반면 공연음란 성립을 인정한 사건에서는 엘리베이터 안에서 피해자와 가해자 사이에 약간의 거리가 있었고, 피해자가 엘리베이터 입구와 가까이 있어 도망하기가 용이한 편이었다. 피해자의 나이도 전자의 사건보다는 많은 편이었다. 물론 강제추행이 아닌 공연음란 성립을 인정한 판결에서 법원이 든 논거에 대한 비판도 충분히 가능할 것으로 보인다. 가령, 단순히 나이가 많은 여성이라고 해서 해당 사안에서 가해자의 폭행, 협박을 감수해야 하는 것이라고 볼 수 있을까? 도주가 용이하다는 점이 강제추행과 공연음란을 가르는 본질적인 요소가 될 수 있을 것인가 하는 등의 의문이 들 수 있다.

결국, 엘리베이터 안에서 하는 자위행위가 형법상 공연음란 또는 강제추행 중 어느 범죄에 해당하는가 하는 문제는 폭력성을 수반하는 강제추행죄의 본질로 돌아가서 생각해야 할 문제로 보인다. 따라서, 가해자가 피해자를 대상으로 위협적인 말이나 행동을 보인다든가 피해자 신체에 대한 직·간접적인 유형력 행사와 동시에 자위행위 등 음란한 행위를 하는 경우에는 형법상 강제추행죄로 평가할 수 있을 것이다.

성매매 범죄

또 다른 성풍속 관련 범죄이면서, 실무상 빈번히 발생하는 것으로 성매매 범죄가 있다. 성매매는 한때 윤락행위(淪落行爲)나 매춘(賣春)이라는 용어로 사용되기도 했었다. 이 성매매를 규제하는 방식과 관련해서는 몇 개의 입법례가 있다. 성매매 행위나 성매매 조장, 알선 등 일체의 성매매 관련 행위를 처벌하는 '금지주의', 성매매 자체는 허용하지만 성매매 여성을 관리하는 '규제주의', 그리고 성매매를 금지하지 않는 '관용주의' 등이 그것이다. 우리나라는 이중에서 금지주의를 취하면서도 성을 파는 사람과 사는 사람 모두를 처벌하는 방식을 택하고 있다. 많은 사람들이 잘못 알고 있는 것처럼 성매수자인 남성만을 처벌하는 것은 아니다.

성매매 및 성매매 알선 등을 규율하고 있는 「성매매 알선 등 행위의 처벌에 관한 법률」 제21조에서는 '성매매를 한 사람은 1년 이하의 징역이나 300만 원 이하의 벌금, 구류 또는 과료에 처한다.'라고 규정하고 있다. 법정형 자체가 그리 높은 편은 아니며, 설령 기소된다고 하더라도 벌금형이 선고되는 약식기소에 그치는 경우가 일반적이다. 그러나, 이 혐의로 수사를 받는 당사자에게는 처벌 수위보다는 다른 것이 큰 문제가 된다. 성매수 혐의로 수사를 받는 사람들은 "제발 사건처분이 어떻게 나든, 처분결과가 집으로 통지되는 일이 없게 해달라."라고 사정을 한다. 처벌 수위보다 가족에게 알려지는 것이 더한 고통인 것 같다. 그래서, 다급한 목소리로 전화를 한 피의자가 수사관이나 실무관으로부터 "검사님이 기소유예 처분하실 것 같습니다. 곧 통지가 나갈 것입니다."라는 소리를 들으면, 안도하거나 기뻐하는 내색은 없이 "혹시 집으로 우편이 날라 오나요? 우편물 통지를 안 받을 수는 없을까요? 아니면 주소를 바꿔주실 수 있나요?"라고 반문하기 일쑤이다. 이들에게 불기소된다는 말은 귀에 전혀 들어오지 않는 것 같다. 주소 보정이 가능하다는 것과 신청방법을 알려주면, 불기소(기소유예) 처분이 될 것이라는 안내를 들었을 때보다도 훨씬 더 들뜨고 기쁜 목소리로 "예, 정말 감사합니다."라는 말과 함께 통화를 마치는 웃픈(웃기면서도 슬픈) 상황이 연출되기도 한다.

성매매 사건의 경우에는 검사처분 시 특이한 제도가 있다. 성을 매수한 자가 성매수 사실에 대해 자백을 하고 초범인 경우, 기소유예 처분을 하면서 일정 교육을 이수할 것을 조건으로 붙이는 것이다. 그 일정 교육이라는 것이 보호관찰소에 가서 성매매의 반인권성과 범죄성, 그리고 왜곡된 성문화 등에 대한 강의를 수강하는 것이다. 이러한 교육을 받는 것을 '존 스쿨'이라고 하고, 존 스쿨 교육을 받는 것을 전제로 검사가 기소유예 처분을 하는 것을 '존 스쿨 조건부 기소유예'라고 한다. 이 제도가 존 스쿨이라고 불린 유래가 재미있다. 이 제도는 미국에서 생겼는데, 성매매를 하다가 발각되어 보호관찰소에 교육을 받으러 온 사람들이 모자를 푹 눌러쓰고 서로 자신의 이름을 미국에서 가장 흔한 이름 중 하나인 'John'이라고 칭한 데서 비롯되었다고 한다. 우리나라도 각 연도별로 가장 흔한 신생아 이름이 있는데, 대표적인 이름이 영수, 정훈, 민준 등이다. 아마 오래전에 한국에서도 이 존 스쿨 같은 제도를 도입하였다면 '영수 학교' 정도로 불리지 않았을까 하는 생각도 해본다.

간통죄

한편, 성풍속 관련 범죄 중에 좌장(座長)격이었던 간통죄는 오래전부터 존폐 논의가 계속되고, 위헌 여부에 대해서도 지속적으로 다퉈지다가(위헌 결정 전까지 총 4차례의 헌법재판에서 합헌 결정이 있었음), 결국 2015년 2월 헌법재판소의 위헌 결정에 따라 역사 속으로 사라지게 되었다. 헌법재판소 재판관들은 간통죄 규정이 헌법상 보장되는 성적 자기결정권과 사생활의 비밀과 자유를 제한하는 것이라고 전제하였다. 그리고, 세계적으로 간통죄가 폐지되고 있는 추세, 간통행위에 대하여 국가가 형벌로 다스리는 것이 적절한지에 대한 사회 인식의 변화, 간통죄의 형사정책상 일반예방 및 특별예방 효과에 대한 의문 등을 근거로 간통죄 처벌 규정이 과잉금지 원칙에 위배되어 개인의 성적 자기결정권과 사생활의 비밀의 자유를 침해한 것이라고 판시하였다.

나는 2007년에 검찰에 입사하였는데, 입사 후 초기에는 간혹 검사실에서 간통죄를 수사하는 경우가 있었다. 그런데 언제부터인지는 확실하지 않지만 검사가 간통죄 사건에 대한 기록을 주지 않기 시작했는데, 아마 그 무렵부터 조금씩 간통죄가 사문화되고 있었던 것이 아닐까 한다. 그런데, 가끔씩 1980년대나 1990년대 등 조금 오래된 사건들의 판결문이나 범죄경력을 보다 보면 간통죄로 구속되고 실형까지 선고받은 경우도 꽤 있었던 것을 발견하게 된다. 배우자 있는 자가 배우자 이외의 자와 성행위를 하였다는 이유로 실형을 선고하다가 점차 수사와 처벌에 소극적인 관행을 띠며 법이 사문화되더니 나중에는 아예 법률의 폐지로 인해 불가벌이 되는 이런 일련의 과정을 보고 있으면, 특정 행위에 대한 인식이나 평가는 시대에 따라 가변적이라는 평범한 진리를 다시 한 번 떠올리게 된다.

어쨌든 이 간통죄 폐지로 인해 우리 사회에도 여러모로 변화가 생겼다. 헌법재판소의 위헌 결정 당시 간통죄로 수사나 재판을 받고 있던 사람들은 무혐의 처분이나 공소기각 판결을 받았고, 이전에 실형을 선고받고 교도소에 있던 사람들은 석방되었다. 간통죄 폐지 이후에는 간통을 범한 배우자나 그 배우자와 불륜을 저지른 상간자(相姦者)에게 형사적인 책임을 묻지 못하게 된 대신 배우자나 상간자를 상대로 위자료 소송을 제기하는 건수가 많아지고, 법원에서 인정되는 위자료의 액수도 증가하였다고 한다. 이 여파인지는 모르겠으나 흥신소(심부름센터)를 이용하는 사람들이 급증했다는 기사도 보았다. 하지만, 위자료 액수가 증가하였다고 해서 몇 억이나 몇 십억 원이 되는 것이 아니고, 기존의 3천만 원 정도에서 1~2천만 원 정도 인상된 것에 불과하니 위자료의 인상을 통해 간통행위를 억제하는 것은 여전히 기대하기 어려울 것으로 보인다. 사실 간통행위가 부부 간의 성실의무, 정조의무를 위배하는 불법행위임에는 틀림없지만, 이미 파탄난 혼인관계라면 형사처벌이나 위자료 같은 수단으로 간통을 억제하려고 한다는 것이 무슨 큰 의미가 있을까 하는 생각도 든다.

또, 간통죄와 관련하여 친고죄의 공범의 제1심 판결선고 후 고소취소가 가능한지, 종용(慫慂)이나 유서(宥恕)의 개념 등 형사소송법상 난해한 논점들이 있었는데, 간통죄 폐지로 인해 형사소송법을 시험과목으로 하는 수험생들은 무거운 짐 하나를 덜게 되었다.

여담으로 개인적으로도 간통죄 때문에 아찔했던(?) 순간이 있었다. 간통죄를 저지르거나 피해자가 되는 일이 있었던 것은 아니고, 아내와 결혼하기 전에 아내 집안 어르신들을 만나는 자리에서 벌어진 일이다. 인사 및 간단한 소개를 마치고 식사를 하던 도중 장인어른의 형제 중 한 분이 갑자기 간통죄에 대해서 어떻게 생각하는지 질문을 했다. 사법시험 또는 공안직 공무원시험 면접에서나 나올 것 같은 질문을 상견례 자리에서 받게 되리라고는 꿈에도 상상하지 못했기 때문에, 적잖이 당황했었다. 특정 주제에 대해 다양한 관점을 생각하느라 우유부단하게 이야기하여 면접에서 아픈 경험을 한 적이 있던 터라, 그 자리에서는 평소 소신을 단호하게 말했다. 간통죄에 대해서 찬반 논쟁이 있고, 각 주장 모두 일면 타당한 논거가 있지만, 성인에게는 성적 자기결정권이 있는데 이를 형벌이라는 강력한 수단으로 제재하려고 하는 것은 과잉금지 원칙에 어긋나 위헌이라고 생각한다고 대답했다. 워낙 자신감 있고 깔끔하게(?) 대답을 해서인지 그 답에 대한 추가 질문은 없었고, 결혼에도 골인할 수 있었다.

검찰스토리 4

검찰청 밖에서 만난 사람들 (1)
- 유치장 감찰 -

검사실의 정기적인 업무 중 하나가 경찰서 유치장에 감찰을 나가는 것이다. 인권의 수호자인 검사가 인신 구속 장소인 경찰서 유치장 등에서 인권유린이나 가혹행위가 없는지를 확인하고, 이상이 있는 경우 이를 시정하게 하는 제도라 할 수 있다. 실무적으로는 '유치장 감찰'이라고 하고, 법률적 용어로는 '체포·구속장소 감찰'이라고 한다. 우리 형사소송법에는 '지방검찰청 검사장 또는 지청장은 불법체포·구속의 유무를 조사하기 위하여 검사로 하여금 매월 1회 이상 관하 수사관서의 피의자의 체포·구속장소를 감찰하게 하여야 한다.'라고 규정하고 있다. (제198조의 2)

통상적으로 특정 형사부에서 관할하는 지역 경찰서로 한 달에 한 번꼴로 유치장 감찰을 가는데, 한 형사부 소속 검사실에서 돌아가면서 가기 때문에 검사실은 석 달에 한 번 정도 순번이 돌아온다. 유치장 감찰이 자주 있는 업무는 아니고 특별히 어려운 일도 아니지만, 사무실에서 일하는 데 익숙해진 사람들에게는 때로는 번거롭게 느껴지기도 한다. 그래도 간만에 바깥바람 쐰다는 느낌으로 출장 준비를 하고 검찰청 문을 나선다. 유치장 감찰을 가기 며칠 전에 해당 경찰서 수사과에 전화해서 "언제 몇 명이서 유치장 감찰을 갈 예정이니 수사과장님과 수사팀장님에게 이야기를 전달해달라."라고 한다. 그런데 가끔은 전화를 받은 경찰관이 노골적이진 않지만 귀찮은 내색을 보일 때가 있다. 형사소송법에는 유치장 감찰과 관련하여 '체포·구속장소의 감찰'이라고 규정되어 있어서, 유치장 내 가혹행위 등 여부만 확인하는 업무로 국한된 것으로 오해할 여지가 있지만, 실제로는 더 많은 일들을 한다. 실무상으로 ① 형식적인 수사 관련 서류와 부책의 점검 ② 교통사고 처리부, 즉결심판 처리대장, 기초질서 위반사범 통고처분 대장점검 등이 유치장 감찰업무의 대상이 되어 있어, 검사가 실제로 위와 같은 점검을 실시한다. 그래서 경찰에서는 유치장 감찰이 아니라 사실상 경찰사무 전반에 대한 감사라는 식으로 볼멘소리를 내는 경우도 있다고 한다.

아무리 경찰이 수사업무 제반에 대해 검사의 지휘, 감독을 받는다 하더라도 마치 초등학생 숙제 검사하듯이 각종 서류의 적정성 등을 확인하는 것은 자존심 상한다는 것이다. 그래서인지 유치장 감찰로 출장을 갈 예정이라는 전화를 하면 경찰관이 떨떠름하게 반응할 때가 있다. 관용차량으로 감찰장소인 유치장이 있는 경찰서에 도착하면, 감독관(?)이자 3급 공무원인 검사에 대한 예우로서 경찰관들이 마중을 위해 경찰서 청사 앞에 나와 있는 것이 일반적이다. 검사가 편히 내릴 수 있도록 차 문을 열어주는 에티켓을 보이는 경찰관들도 있다. 하지만 유치장 감찰을 받는 것을 귀찮게, 언짢게 여긴다는 것을 느낄 수밖에 없는 경우도 가끔 있다. 예를 들어, 주머니에 한 손을 넣고 대화를 하는 수사과장도 있었고, 자신들을 수사지휘하는 검찰청 다른 검사를 대놓고 비난하는 수사계장도 있었다. 자료 준비를 위한 충분한 시간이 있었음에도 불구하고, 유치장 감찰 시 으레 구비해놓는 수사 관계 서류나 즉결심판 대장 등을 눈에 띄게 부실하게 준비해놓은 경찰서도 있었다. 검경수사권 조정에 대한 논의가 있기 아주 오래전부터 경찰들은 검사로부터 받는 간섭과 지휘를 못마땅해했던 것은 아닌가 하는 생각이 들 때도 여러 번 있었다.

물론 유치장 감찰에 임하는 대부분의 경찰관들은 성실하고 친절한 편이었다. 일부 경찰관들의 태도 때문에 일선에서 묵묵히 일하면서 유치장 감찰도 열심히 준비하는 분들의 노고를 폄훼하려는 것은 결코 아니다. 막상 유치장 감찰 자체는 오래 걸리지도 않고 전혀 복잡한 업무도 아니다. 검사가 경찰서 유치장을 둘러보면서 유치되어 있는 사람들 대상으로 인권침해나 가혹행위 등이 없는지 확인하고, 수사과장이나 수사계장 방에 들어가 위에서 언급했던 몇 가지 수사 관련 서류 등을 점검한 뒤 관내 현안이나 수사 시 애로점, 전파사항 등에 대해 대화를 나누고 검찰청으로 돌아오는 식으로 진행된다.

그런데, 검경수사권 조정이나 일부 경찰간부들의 기싸움으로 보일 수 있는 행태 이외에 검찰수사관과 일반 경찰관의 관계는 어떨까? 예전에 수험 공부할 때 행정법을 가르치던 강사 분이 '불가쟁력'과 '불가변력'이라는 개념을 설명하면서 "여러분, 이 두 개념이 서로 이름은 비슷하지만, 두 개념의 관계는 저와 영화배우 이영애씨의 관계와 유사합니다. 즉 아무 상관도 없다는 뜻입니다."라고 다소 익살스럽게 표현했던 적이 있다. 검찰수사관과 경찰관의 관계도 이 강사가 말했던 개념을 차용해서 설명할 수 있을 것 같다. 법적으로나 공식적으로나 검찰수사관과 경찰관은 업무상 아무 관련이 없다.

　오히려 업무공간이 검찰청과 경찰서라는 차이만 있을 뿐 검찰수사관이나 경찰관 모두 검사의 지휘를 받아 수사나 형집행을 한다는 점에서는 그 역할이 비슷하고, 그래서 서로 동질감을 많이 느끼는 편이다. 일선 검찰수사관들과 경찰관들은 대개 사이좋게 지내는 편이다. 서로 비슷한 업무를 하면서 서로의 고충을 잘 알기에, 가끔씩 업무상 연락하거나 만나게 되면 "고생이 많다."라고 격려의 말을 한마디씩 주고받곤 한다. 한 지역 내 검찰수사관과 경찰관들끼리 축구를 하기도 하고 사석에서 형님, 아우 하면서 지내기도 한다. 기관 간 기싸움이니, 검경수사권 조정이니 하는 테마들은 실무에서 열심히 일하는 수사기관 종사자들에게는 다소 멀게만 느껴지는 이야기들이다.

사랑이라는 이름의 폭력
– 이별폭행·이별범죄 이야기

내 마음 깊은 곳엔 언제나 너를 남겨둘 거야~
슬픈 사랑은 너 하나로 내겐 충분하니까~
하지만 시간은 추억 속에 너를 잊으라며 모두 지워가지만~
한동안 난 가끔 울 것만 같아~

가수 김건모의 '아름다운 이별'이라는 노래 가사이다. 안타깝게도 노래 제목과 달리 남녀 간의 이별이 아름답지 못한 경우가 많은 것 같다. 연인이나 배우자가 헤어지면서 일방이 다른 일방을 폭행해서 입건되고 처벌받았다는 식의 뉴스를 흔히 접할 수 있다. 법률상 용어는 아니지만 각종 미디어를 통해 '이별폭행'이라고 불리는 유형의 범죄가 그것이다. 또 이별 통보를 받은 사람이 폭행 이외에 다른 범죄를 저지르는 경우도 많이 있어 '이별범죄'라는 말을 사용하기도 한다.

나도 이별 폭행(범죄) 사건을 여러 번 조사한 경험이 있다. 이별폭행은 주로 물리적 힘의 우위를 바탕으로 하기 때문에 남성이 여성을 상대로 저지르는 것이 일반적이다. 패턴은 대개 비슷하다. 관계(연인관계, 부부관계)에 지친 여성이 이별 통보를 하면, 남성이 처음에는 관계를 계속 유지하자고 하면서 여성을 설득하기도 하고 애원하기도 한다. 그러다가 여성이 계속 완강히 거부하면, 남성의 태도가 돌변해 여성을 때리고 여성의 물건을 부수고, 그보다 더 심한 범죄에까지 나가게 되는 식이다.

더 심한 범죄라는 것은 이 세상에서 더 이상 피해자의 진술을 들을 수 없게 되는 극단적인 상황을 떠올리게 할 수도 있지만, 그 외에도 이별 통보를 받은 사람은 다양한 유형의 범죄를 저지르고 있다. 대표적인 것이 성폭력처벌법 제14조에서 규정하고 있는 '카메라 등을 이용한 촬영' 범죄이다. 가해자는 피해자의 나체 또는 자신과 성관계하는 모습이 담긴 사진이나 동영상을 피해자 주변 사람들에게 유포하겠다고 위협하고, 또 실제 유포까지 한다. 피해자 주변 사람 외에 불특정 다수에게까지 사진이나 동영상을 유포하기도 한다. 가해자들이 유포하는 사진이나 동영상은 대개 피해자와 좋은 관계를 유지할 때 피해자의 동의를 얻어 촬영한 것이다. 그래서 어떤 이는 자기가 유포한 사진과 영상은 촬영 당시 피해자와 합의 하에 찍은 것이라고 힘주어 이야기하기도 하는데 이는 법조문을 열어보기 이전에 상식의 문제이다.

성폭력처벌법에는 촬영 당시에는 피해자의 의사에 반하지 않았으나 유포 당시 피해자의 의사에 반하는 경우에도 촬영 당시 피해자 의사에 반하였던 경우와 동일하게 처벌하는 규정이 있다.

촬영 당시에 어떠했든 간에 피해자의 의사에 반해 촬영물을 다른 사람에게 유포하여 성적 수치심을 일으켰다면 변명의 여지가 없는 범죄인 것이다.

또, 이별 통보를 한 상대방을 도망 못 가게 가둬버리기도 한다. 상대방을 어떻게라도 자신의 곁에 두고 싶은 심리가 발동되어 형법상 감금죄를 범하는 것이다. 성인이 어떻게 쉽게 감금을 당하냐고 물을 수도 있지만, 성인 여성이라도 이성을 잃은 힘센 남성을 당해낼 재간은 없다. 특히 사리분별 능력이 부족한 미성년자, 장애가 있는 여성, 그리고 가해자가 약을 타거나 음주를 강요하여 심신상실 상태를 만든 경우 감금죄의 대상이 될 수 있다. 감금장소는 자동차, 모텔, 아파트, 사무실 등등 다양하다. 또 짧게는 몇 십 분(分)이기도 하지만 길게는 며칠 동안 감금하기도 한다.

이별 통보에 "차라리 죽어버리겠다."라고 하거나 "같이 죽자."라고 하기도 한다. 상대방을 죽이겠다는 것이 아니고, 자기가 죽어버리겠다고 이야기하는 것도 경우에 따라서는 협박죄가 될 수 있다. 대법원 판례에 따르면, 자해나 자상 행위에 대한 고지가 반드시 협박죄를 구성하는 것은 아니지만, 흉기 등으로 자해와 동시에 상대방에 대한 위협이 있는 경우에는 협박죄의 성립이 가능하다. 또, 자해로서 "우리 관계가 이렇게 아름답게 끝나지 않음을 세상에 알리겠다."라는 의사의 표현으로 해악의 고지가 인정되는 경우에도 역시 "죽어버리겠다."라고 위협하는 것이 협박죄가 될 수 있다. "같이 죽자."라는 것도 마찬가지로 범죄가 될 수 있다. 흔히 부모로부터 허락을 받지 못한 연인관계이거나 세상에서 금지된 사랑을 하는 사람들이 극단적 선택으로 '함께 죽는 방식'을 택하기도 한다. 보통 '합의동사(合意同死)'라고 하는데, 말 그대로 죽음에 대해 서로 합의하고 죽음을 택하는 것이다. 이별폭행, 이별범죄를 저지르게 되는 상황에서는 보통 피해자가 상대방과 함께 죽는 것을 원하지 않는다. 단지, 연인관계 또는 부부관계를 끝내고 상대방으로부터 벗어나고 싶을 뿐이다. 그런데도 어찌어찌하여 상대방과 같이 죽으려는 시도를 하게 되면, 형법상 강요죄나 위력에 의한 살인미수 등이 성립할 수 있다.

헤어지자는 말에, 그 말을 한 사람을 때리고 가두고 같이 죽자고 하고, 또 성관계한 사진을 뿌려버리는 등의 행동에는 기본적으로 '상대방은 내 것이고, 내 것은 내 마음대로 할 수 있다.'라는 의식이 깔려 있는 경우가 많다. 이런 사건들을 조사하면서 피의자들에게 범행동기를 물어보면, 피의자들은 하나같이 "○○○를 너무나 사랑해서 그랬습니다. 지금도 ○○○를 사랑합니다."라고 대답한다. 피의자가 피해자를 사랑했다는 것은 어떤 면에서는 진실일 수도 있다. 어떤 사람을 처음 만나고 서로를 알아갈 때의 설렘, 그 사람과 함께한 행복한 시간과 수많은 추억들은 너무나 사랑스럽고, 소중하고, 잃고 싶지 않은 것이다. 하지만, 그 사랑한다는 사람과의 시간을 지속하기 위해 관계 유지를 더 이상 원하지 않는 그 사람에게 폭행을 가하고 삶을 파괴하려는 행위는 그 어떤 명분으로도 합리화될 수 없는 범죄이다. 이별범죄를 저지르는 사람들이 말하는 사랑이라는 것은 "○○○의 행복한 시간은 나와 함께해야지만 의미 있는 것이다."라는 자기애(自己愛)의 다른 표현이 아닐까 한다.

이별폭행이나 이별범죄는 주로 남성에 의해 벌어진다고 했는데, 드물지만 여성이 범행의 주체가 되기도 한다. 다만, 여성이 이별범죄를 저지르는 경우에는 물리적인 힘을 바탕으로 한 폭행이나 성폭력 등이 아니라 치밀한 계획 하에 은밀한 방식으로 범행이 이루어지는 경우가 많다.

배우자 있는 남성과 불륜관계를 유지하던 20대 여성이 있었다. 이 여성은 남성으로부터 관계를 정리하자는 이야기를 듣자 복수심에 불타게 되었다. 그래서 남성의 아파트에 몰래 들어가 물건을 부수고 아이 분유병에 이물질을 집어넣고, 급기야는 남성의 배우자에게 클로자핀(조현병 치료에 이용되는 항정신병 약물)이 섞인 음료를 먹여 기절시켰다. 주거침입, 손괴, 상해 등의 혐의로 경찰조사를 받고 사건이 검찰로 구속 송치되어 왔다. 전형적인 이별범죄와는 달리 이별 통보를 한 상대방이 아닌 그 가족을 범행 대상으로 하였고, 만 1세도 채 안 된 영아의 건강을 해칠 수 있는 범행을 하였다는 점에서 더욱 공분을 자아낸 사건이었다. 이 여성 피의자 역시 범행을 뉘우친다고 하면서도 불륜 남성과의 관계가 깨지는 것을 더 걱정하는 모습을 보였다.

아주 극단적인 형태의 범죄가 아니라면, 이별범죄의 주체가 남성이든 여성이든 그 가해자에게 안타까움을 느끼게 되는 경우도 꽤 있다. 이별범죄로 수사를 받고 재판을 받으면서도 계속 해당 가해자는 상대방(피해자)과의 관계를 회복할 수 있다고, 상대방이 자신에게 돌아올 것이라고 확신하는 경우가 많다. 그것이 행복했던 과거에 대한 미련한 집착이든 자기애의 다른 표현이든 간에. 물론 가장 큰 문제는 피해자이다. 가해자가 추억의 늪에서 허우적거리는 동안 피해자는 아직 아물지 않은 상처를 부여잡고 불안한 미래를 맞이해야 한다. 가해자의 이별범죄로 인한 직접적인 신체적·정신적 고통도 심하겠지만 가해자를 택한 자신의 선택이 잘못되었다는 후회와 자책, 그리고 그런 사람과 보낸 과거의 시간을 모두 부정할 수밖에 없는 현실에 대한 비탄 등 심리적 트라우마가 더 크다. 거기에 더해, 앞으로는 아름다운 만남은 고사하고 폭행 등 추잡하고 끔찍한 결말이 반복되지는 않을까라는 불안과 공포에 시달리게 된다. 이성에 대한 신뢰는 무너지고 만남에 대한 공포만 남는 것이다.

이별범죄를 당하지 않거나 이별범죄로 인한 고통을 최소화하기 위해 할 수 있는 최선의 방법은 애초에 그런 사람을 만나지 않는 것이다. 많은 범죄학자들이, 이별범죄를 저지르는 사람들은 관계 초기에 강한 소유욕 또는 집착을 드러내거나 사소한 것에도 크게 흥분하고 과격해지는 등 폭력적 성향을 보인다고 지적한다. 이런 징표를 발견하면 주저 없이 관계를 청산해서 더 큰 위험을 예방해야 한다는 것이다. 가해자가 자신의 본성을 장시간 드러내지 않을 수도 있고, 피해자 역시 관계 초기 상대방에 대한 좋은 감정, 연애로 인한 행복감에 도취되어 상대방의 그런 위험한 성향을 감지해내지 못할 가능성도 있다. 그러나 그런 현실적인 장애에도 불구하고 안전한 만남, 안전한 이별을 원한다면 범죄학자들의 조언을 백 번, 천 번 되새기며 사는 것이 낫지 않을까 한다.

가깝고도 먼 범죄
- 사기죄

다 같이 못 먹고 못 살던 시절에는 오밤중에 남의 집 담을 넘어서 집주인 목에 칼을 들이댄 다음 돈이나 패물을 빼앗아 팔던 사람들이 있었지만, 지금 시대에는 밥 굶는 사람이 별로 없어서인지 그런 범죄를 저지르는 사람은 많이 줄어들었다. CCTV의 발달로 범인식별이 쉬워져서 절도나 강도 같은 범죄를 저질렀다 가는 얼마 못 가서 잡힐 위험이 커졌기 때문이기도 하다. 이렇게 절도·강도와 같은 범죄 건수는 매년 지속적으로 감소하는 반면, 사기범죄 건수는 매년 크게 증가하는 추세여서 최근에는 전체 형사사건의 약 25%를 사기죄라는 한 개의 죄목이 차지하는 상황에까지 이르렀다. 경찰은 해마다 경찰통계연보라는 통계자료를 통해 매년 국내에서 일어나는 범죄발생 건수를 발표하는데, 경찰통계연보의 추이를 살펴보더라도 위와 같은 현상을 발견할 수 있다. 옆 나라 일본의 인구는 우리나라의 두 배가 넘는데, 사기범죄 발생 건수로는 우리나라가 일본의 몇 배에 이른다는 불편한 통계자료도 있다.

그래서 그런지, 수사기관이나 법원은 물론이고 보통 사람들의 대화 중에서도 돈 가지고 조금만 문제가 생기면 "사기다!", "사기꾼이다!" 이런 말을 쉽게 들어볼 수 있다. 그런데 자세한 사정을 들어보고 일의 전후를 따져보면 사기죄에 해당하지 않는 경우가 많다. 형법 제347조의 사기죄가 성립하기 위해서는 일단 사람을 기망하는 행위가 있어야 하고, 기망행위로 인한 처분행위가 있어야 한다. 금전을 빌려줬는데 갚지 않고 있는 상태가 지속되고 있다는 이유로 무조건 사기죄가 성립하는 것은 아니라는 이야기다. 실제로 채무자가 돈을 갚지 않고 있으니 사기죄에 해당한다는 이유로 경찰서에 고소하러 갔다 가는 경찰서에서 아예 사건 접수조차 해주지 않을 가능성이 높다. 설령 경찰관이 사건 접수를 해서 수사를 한다고 해도 '민사적 책임은 별론으로 하고 기망행위에 대한 증거가 불충분하다고 보아 혐의없음'과 같은 짧은 답변이 적힌 종이만 받게 될 수도 있다.

그럼에도 불구하고, 여전히 돈을 받기 위한 수단으로 형사고소라는 수단을 취하는 사람이 많다. 대다수의 시민들은 민사와 형사를 제대로 구별하지 못하는 탓도 있고, 사기죄가 성립하지 않는다는 사실을 알면서도 일단 고소장이 들어오면 채무자는 사기죄로 처벌받을 가능성도 있다는 생각에 심리적으로 위축되어 채무관계를 서둘러 정리할 가능성이 높기 때문이다. 돈만 받을 수 있다면야 무엇이든 해보려고 하는 것이 인간의 당연한 심리이다 보니 이걸 가지고 국가가 강제적으로 '감 놔라 배 놔라.'라고 할 수는 없지만, 거시적으로 생각해보면 고소를 남발함으로 인해 낭비되는 시간과 돈은 생각보다 엄청나다. 이 또한 국민의 세금인데, 개개인이 조금 더 지혜롭게 판단하여 법의 판단을 받아

보아야 할 문제와 스스로 생각해서 해결해도 될 문제를 구별하는 자세가 필요하다.

다만, 온라인상으로 중고 물품을 거래하는 과정에서 판매자가 허위 매물을 올려 선입금을 받은 후 물건을 구매자에게 인도하지 않는 경우나, 반대로 돈을 줄 의사가 없음에도 불구하고 구매자가 물건을 먼저 받은 후 대금을 입금하지 않는 경우에는 재산상의 손해가 작다고 하더라도 명백한 사기죄에 해당하여 처벌을 면할 수 없다. 피해액이 몇 천 원 혹은 몇 만 원에 불과하다는 이유로 언론에서는 생계형 범죄라는 표현을 사용하기도 하는데, 이러한 범행도 어려운 사정 때문에 어쩌다 한두 번 한 사람들에게나 생계형 범죄라는 말을 쓸 수 있고, 소액인 데다 귀찮아서 신고하지 않는 피해자들 덕에 자꾸 범행을 반복하는 맛(?)을 들인 범죄자들은 그저 악질적 상습범일 뿐이다. 한때 검찰에서는 차용사기에 대한 남고소 문제를 해결하기 위해 민원실에서 고소장 내용까지 심사한 후 단순한 금전차용 관계여서 민사상의 문제로 보이는 사안에 대해서는 고소장을 접수하지 않고 반려시키는 방안을 논의하기도 했었다. 그러나 헌법 제27조 제1항에 따르면 모든 국민은 '헌법과 법률이 정한 법관에 의하여 법률에 의한 재판을 받을 권리'가 있는데, 이와 같은 권리가 박탈될 수 있다는 우려가 있고, 피해자 보호의 관점에서도 문제의 소지가 많다고 판단하여 결국 무산되었다.

보이스피싱 사기

앞의 장(章)에서 사기죄 성립이 생각보다 어렵다는 이야기를 하였는데, 이와 달리 명백히 사기죄가 성립하며, 언론이나 주변에서 쉽게 접할 수 있는 범죄가 바로 보이스피싱(Voice Phishing) 범죄이다. '보이스피싱'은 '전화를 이용해 개인정보를 알아낸 뒤 이를 범죄에 이용하는 전화금융사기 수법'으로 알려져 있다. 보이스피싱에는 여러 유형이 있지만, 가장 전형적인 수법은 금융감독원, 검찰, 경찰 등을 사칭하여 계좌가 도용되었으니(또는 특정인에 대한 수사결과 범죄에 연루되어 있는 것이 확인되었으니) 계좌에 있는 돈을 지정하는 계좌로 이체하거나 현금으로 인출하여 달라고 요청하고, 이에 속은 피해자들로부터 이체된 계좌의 돈을 현금인출하거나 피해자로부터 직접 돈을 전달받아 이익을 챙기는 형태로 이뤄진다.

이때 금융기관 등을 사칭하는 사람들이 피해자로부터 돈을 직접 받아 챙기는 경우는 거의 없다. 보통 차명계좌를 이용하거나 직원이라는 사람을 보내 돈을 받은 뒤, 이 돈을 다시 중간운반책에게 전달하게 하고, 또다시 최종적으로 보이스피싱 범행을 설계한 사람들에게 전달하여 그 이익을 귀속하게 하는 방식으로 진행된다. 이때, 계좌를 빌려주고 계좌에 입금된 돈을 인출하여 중간운반책에게 전달하거나, 금융감독원 또는 ○○캐피탈 직원이라고 하면서 피해자로부터 직접 현금을 건네받는 사람을 '현금수거책' 또는 '현금인출책'이라고 부른다. 주로 수사기관에 의해 검거되는 사람들이 이 현금수거책들이며, 보이스피싱 범행을 설계하고 총괄하는 총책이나 주범이 검거되는 경우는 드문 편이다. 널리 알려져 있듯이, 총책들은 주로 중국 등 외국에 본부나 콜센터를 두고, 팀장급 관리책, 모집책, 중간운반책, 현금수거책 등으로 역할 분담을 하여 조직적인 범행을 실행한다. 전체 보이스피싱 범행을 설계하고 사기단의 역할 분담을 조율하는 등 전체 범행을 장악하는 총책이나 이들의 지휘 하에 범행에 깊숙이 관여한 팀장급 관리책 등이 엄벌해야 할 중범죄자들인 것은 의심의 여지가 없다.

다소 애매한 것은 구인광고나 대출광고 등을 보고 현금인출에 가담한 현금수거책들의 형사책임 유무이다. 이들은 대개 자신이 채권추심 업무를 하는 회사 직원으로 고용된 것으로 알고 있어서 채무자로부터 추심하는 돈을 받는 것으로 생각했다고 하거나, 대출을 위해서는 은행계좌에 입출금 내역이 있어야 한다고 하여 이를 믿고 자신의 계좌에 입금된 돈을 인출해서 다른 사람에게 전달해준 것이라는 취지로 주장하며, 보이스피싱 사기범행 또는 방조행위의 고의를 부인하곤 한다. 즉, 자신이 하는 일이 보이스피싱 범행이라거나 그러한 범행을 돕는 행위라는 것을 몰랐다고 주장하는 것이다. 사람의 머릿속은 들여다볼 수 없기에 주장만으로 그 진위를 파악하기는 쉽지 않지만, 현금수거책들의 변명이 천편일률적이어서 수사기관이나 법원에서는 그와 같은 주장을 잘 받아들이지 않는다. 물론 아무런 근거 없이 "보이스피싱 범행에 가담하는 사람들은 다 나쁜 놈들이니 무조건 처벌해야 한다."라고 하는 것은 아니다. 보이스피싱 범행수법이 널리 알려진 점이나 상식에 비추어 쉽게 이해되지 않는 사실관계 등이 보이스피싱 범행에 대한 인식 여부 판단에 고려 요소가 된다.

또한, 현금인출책의 구체적인 행동을 근거로 하여 고의성 여부를 판단하기도 한다. 특정 사안에서 가명을 사용하거나 신분 또는 직위를 속이는 등 보이스피싱 범행임을 알고 가담했다는 것을 미루어 짐작할 수 있는 행동이 대표적인 예이다. 그럼에도 불구하고, 여전히 현금인출책이 실제 사기범행임을 알고 가담하였는지가 애매한 사건들은 무수히 존재한다. 이런 경우 '의심스러울 때는 피고인의 이익으로(in dubio pro reo)'라는 법언에 따라 무죄(또는 무혐의) 판단을 하는 것이 원칙이겠지만, 실무상으로는 이들의 변명을 잘 받아들이지 않는 경우가 많다. 현금수거책이 실제 보이스피싱 범행으로 인한 이익 편취에 있어 핵심적인 역할을 담당하고 있기 때문에 결코 그 죄책이 가볍지 않고, 한순간에 수백에서 수천만 원을 잃게 되는 피해자들의 눈물과 고통에 대해 누구에게 책임이 있는지 조금만 헤아려 본다면 현금인출책의 변명은 선뜻 받아들이기가 어렵다.

보이스피싱 범죄피해자들의 눈물과 고통을 이야기하였는데, '안타깝다'라는 말이 부족한 사례들은 차고 넘친다. 실제 다뤘던 사건 중에서는 아들 결혼자금으로 준비해둔 1억 3천만 원을 피해본 어머님, 박봉의 시간강사로 일하면서 8년 동안 모은 600만 원을 잃게 된 중년 여성, 단일 피해액으로 5억 원을 잃은 노신사 등과 같은 피해자들이 있었다. 얼마 전에는 보이스피싱으로 수백만 원 상당의 피해를 본 20대 취업준비생이 극단적인 선택을 해 많은 사람들의 안타까움과 분노를 자아내게 하기도 했다.

언론에서 보이스피싱 범행수법이나 보이스피싱 범죄로 인한 광범위한 피해에 대해 집중적으로 보도하고, 각종 정부기관, 금융기관, 미디어에서 보이스피싱 예방책에 대해 열심히 홍보하고 있지만, 보이스피싱 범죄로 인한 피해는 해가 갈수록 늘어나고 있다. 또, 많은 이들의 생각과는 달리 보이스피싱 범죄피해자는 연세 드신 분들에 국한되지도 않는다. 젊은 사람들이 보이스피싱의 마수에 걸리는 경우도 매우 많으며 학력, 지위, 성별 등에 무관하게 이 범죄의 희생양이 되곤 한다. 그렇다면 왜 보이스피싱 범죄는 줄어들지 않을까? 개인적인 생각으로는 두 가지 정도 원인이 있다고 본다.

첫째는 보이스피싱 사기는 '공포심'이라는 인간 본연의 감정을 이용하기 때문에 많은 사람들이 이 범죄의 마수에 쉽게 걸리는 것 같다. 최근에 개봉된 『보이스』라는 영화에서 보이스피싱 사기범죄단 총책으로 열연한 곽프로(김무열 분)의 대사 중에 "보이스피싱은 무식과 무지를 파고드는 게 아니라 상대방의 희망과 공포를 파고드는 거지."라는 대사가 있다. 나는 이 대사가 연령, 성별, 사회적 지위, 직업 등을 불문하고 많은 이들이 보이스피싱 범죄의 희생양이 되는 이유를 압축적으로 잘 표현했다고 생각한다. 공포심을 이용한 전형적인 예로 자녀가 납치되었으니 특정 계좌로 돈을 입금하라고 하는 것이다. 10여 년 전에는 어떤 법원장도 이 수법에 당해 아들이 실제 납치된 것으로 오인해서 보이스피싱 일당에게 수천만 원을 이체해주기도 하였다.

둘째는 범행 수법이 날로 교묘해지고, 보이스피싱 조직 또한 날이 갈수록 커지면서 치밀한 계획 하에 역할 분담이 이루어져 수사와 검거가 더 어려워졌기 때문인 것 같다. 요즘에는 과거와 같이 어눌한 조선족 말투로 전화해서 사기를 치려는 사람은 드물다. 인터넷에 보면 어눌한 말투와 어설픈 대사로 피싱을 하려다 오히려 전화 받은 사람으로부터 쌍욕만 얻어먹고 당황해 전화를 끊어버리는 음성파일도 올라오는데, 이제는 그런 고마운(?) 보이스피싱 사기꾼은 찾아보기 힘들다.

몇 년 전에 여름휴가를 갔다가 돌아오는 길에 사촌동생으로부터 전화 한 통을 받았다. 사촌동생은 내가 전화를 받자마자 다급한 목소리로 "형, ○○○ 검사 알아?"라고 물었고, 이후 자초지종을 들어보니 검사와 검찰수사관이라고 자신을 소개한 사람으로부터 전화를 받아 30분 이상 통화를 했고, 그들은 사촌동생에게 "사기단이 검거가 되었는데, 검거 당시 ○○씨(사촌동생) 명의의 통장이 발견되었다. 범죄에 연루되어 있지 않다는 것을 입증하려면 검찰청에 출석해서 소명해야 한다."라고 했다는 것이다. 사촌동생으로부터 위와 같은 이야기를 들은 지 20초도 채 안 되어 "전형적인 보이스피싱이니 더 이상 전화 받지도 대꾸하지도 말아라."라는 소리가 내 입에서 나왔고, 사촌동생은 내 말대로 그 이후에는 '그놈들' 전화를 받지 않아 다행히 피해를 입지는 않았다. 호기심으로 사촌동생이 녹음하였다는 '그놈들'과의 통화내용을 파일로 전송받아 들어봤다. 수사기관에서 근무하는 사람의 입장에서는 '되도 않는 소리'로 들리는 이야기들이 종종 있었지만, 그들이 쓰는 용어나 말투, 어조로 봤을 때 보통 사람을 속이기엔 충분할 것 같다는 생각이 들었다.

최근에는 사칭하는 금융기관이나 수사기관의 홈페이지까지 진짜처럼 만들어 피해자들에게 전송하기도 하고, 피해자와 통화하면서 악성 앱을 설치하게 한 뒤 피해자의 통화나 문자를 감시하고 수신·발신 통화를 가로채는 등 한층 더 진화된 범행수법을 사용한다. 따라서, 보이스피싱 예방과 관련된 홍보와 교육이 늘어나고 있지만, 그런 홍보와 교육을 숙지한 보이스피싱 사기꾼들은 우리의 생각을 뛰어넘는 범행수법을 개발하는 중이다.

이런저런 이야기를 다 떠나, 보이스피싱 범죄가 근절되기는 어렵다고 하더라도 지금의 반만이라도, 아니 반의 반만이라도 줄었으면 좋겠다는 생각을 한다. 모든 범죄는 나쁜 것이고 발생하지 않는 것이 최상이겠지만 지금도 누군가는 어딘가에서 무엇인가 범행을 저지르고 있을 것이다. 하지만 보이스피싱 사기와 같이 선량한 피해자들을 상대로 조직적, 계획적으로 자행되는 범행은 정말로 근절되어야 한다. 앞서 말한 영화 『보이스』에서 중국에 본거지를 둔 보이스피싱 사기범죄단을 검거한 뒤 기자회견을 하는 지능범죄수사팀장 이규호(김희원 분)의 마지막 대사가 귓가에 맴돈다.

"돈을 요구하는 전화는 무조건 끊으세요. 그리고⋯ 여러분의 잘못이 아닙니다."

검찰스토리 5

검찰청 밖에서 만난 사람들 (2)
- 변사체 검시 -

변사(變死) 또는 변사체라는 말을 많이 한다. 변사의 사전적인 의미는 '예기치 않은 사고나 재난으로 죽음'이고, 같은 맥락에서 변사체(變死體)의 사전적 의미는 '자연사나 병사(病死)가 아니라 사고, 재난, 자살 따위로 돌연히 죽은 사람의 시체'이다. 쉽게 이야기해서, 혹시 범죄로 인해 죽음을 당하게 된 것은 아닌지를 확인하는 절차가 변사체 검시라고 할 수 있다. 형사소송법은 변사자 검시에 대해 '변사자 또는 변사의 의심 있는 사체가 있는 때에는 그 소재지를 관할하는 지방검찰청 검사가 검시하여야 한다.'라고 규정하고 있다. (제222조) 해당 죽음이 범죄와의 연관성이 있는 것인지 여부를 판단하는 것이기 때문에, 공익의 대표자이면서 관내 수사를 지휘할 권한이 있는 검사에게 직접 검시할 권한과 의무를 부과한 것으로 이해된다. 관내에서 변사사건이 발생하면 경찰이 초동수사를 하여 검사에게 변사보고를 올리는데, 가끔씩 사인을 명백히 하기 위해 검사가 검찰수사관과 함께 직접 검시를 나가기도 한다.

솔직히 시체 보는 것이 썩 내키는 일은 아니다. 하지만, 검사실 근무 검찰수사관으로서 피해갈 수 없는 업무이기 때문에 직접 검시사건이 생기면 검시에 필요한 채비를 하고 출장을 나간다. 보통은 검찰수사관이 해당 변사사건을 초동수사한 경찰관에게 연락하여 약속을 잡은 뒤, 검사와 수사관이 관용차량으로 변사체가 있는 병원 장례식장으로 출장 가는 방식으로 진행된다. 병원에 도착하면, 먼저 변사사건을 수사하여 변사기록과 검시보고서를 검찰에 올린 경찰관을 만나 변사사건에 대해 잠시 이야기를 나눈다. 다시 경찰관의 안내로 병원 관계자를 만나서 영안실로 이동을 하여 변사체를 확인하는 절차를 거치는데, 대부분은 앞서 경찰이 올린 변사기록 내용과 크게 다르지 않기 때문에 육안으로 다시 한 번 확인해보는 정도에 그친다. 경우에 따라서는 사체를 이리저리 움직이면서 좀 더 세밀히 관찰하기도 하고, 미심쩍은 부분이 있으면 경찰이나 병원 관계자에게 추가 질문을 하기도 한다.

이후 영안실을 나오면, 필수적인 절차는 아니지만 유족을 만나서 이야기를 나누기도 한다. 당연한 말이지만 유족들은 그야말로 가족의 황망(慌忙)한 죽음에 비통해하면서 말을 잇지 못하는 경우가 대부분이다. 유족을 위로하면서 변사(자)나 부검 등에 대한 유족의 입장을 청취한다. 이런 변사체 검안절차와 유족면담이 끝나면 검사가 경찰관에게 구두로 변사체 처리에 대한 사항을 지시한다. 이때, 검사는 함께한 검찰수사관에게 의견을 묻기도 한다. 검사가 경찰관에게 지시하는 내용은 "어떤 부분이 미심쩍으니 추가수사를 하라."라는 것일 수도 있고, "자연사라고 단정할 수는 없는 것 같으니 부검을 통해 사망의 원인을 좀 더 세밀하게 밝혀보자."라는 부검지휘일 수도 있다. 또, 별다른 의혹이 없다고 판단하는 경우에는 "최초 검시보고서 올린 대로 처리하고 사체는 유족에게 인도하여 장례절차를 치를 수 있도록 하라."라고 지휘를 내린다.

검사실로 복귀하면, 영안실에서 목격한 바와 경찰관, 병원 관계자, 유족 등으로부터 들은 내용, 그리고 사체처리 등에 대한 검사의 지시사항을 토대로 검시조서를 작성한다. 검시조서의 상부 결재 및 사건과 송부 절차까지 끝나면 변사체 검시와 관련된 검찰수사관의 업무는 종료되는 것이다. 아무리 검찰수사관의 업무상 하나로 하는 일이라고는 하지만, 사무실에 앉아 종이 기록만 보던 사람이 갑자기 사무실 밖으로 나와서 시신, 그것도 범죄로 인한 죽음일 가능성이 있는 시신을 접한다는 것이 그리 유쾌한 일일 수만은 없다. 검사실에서 변사체 검시 참여 업무를 처음 했던 날이 생각난다. 스스로 생각하기에도 사체의 부패나 훼손 상태가 심하지 않았음에도 불구하고 변사체 검시를 위해 병원 영안실에 다녀온 순간부터 속이 계속 메슥거리기 시작했다. 다음날 아침 간신히 출근하기는 했는데, 그 전날의 증상에 더해 오한까지 왔다. 검사님에게 몸상태를 이야기하고 아무래도 어제 있었던 변사체 검시 때문인 것 같다고 했더니, 검사님은 엷게 웃으면서 "그래요? 그 정도 시체는 진짜 아무것도 아닌데… 여름에 익사한 시체 이런 거 보면 어쩌려고? 몸 너무 안 좋으면 그냥 오후에는 들어가 쉬세요."라고 했다. 결국 그날 하루는 오후 반가를 내고 집에서 쉰 다음에야 다음날 비교적 괜찮은 컨디션으로 출근할 수 있었다.

그 이후 검사실에서 근무하면서 은근히 자주 변사체 검시에 참여하게 되었고, 그 과정에서 다양한 변사체를 경험했던 것 같다. 처음 변사체 검시를 같이 나갔던 검사님이 말한 여름에 익사한 시체는 경험해보지 못했지만, 시신 일부가 불에 탄 시체, 낙상하여 훼손이 심한 시체, 사망한 지 한참 뒤 발견되어 부패가 심하게 진행되고 구더기가 들끓는 시체 등등 보고 나면 심란해지는 사체를 많이 보았다. 변사체 검시에 참여하는 일이 주기적으로나 자주 있는 업무는 아니기 때문에 이로 인해 스트레스를 받는다고까지 말할 수는 없다. 하지만, 검찰에서 근무하던 초창기에는 오전에 검사실 실무관으로부터 "계장님, 오늘 변사체 직접 검시 있네요. 검사님과 오늘 오후에 나가셔야 할 것 같아요."라는 말을 들으면, 그 순간부터 괜스레 오후 일정이 부담스럽게 느껴지고 점심 먹기가 싫어지는 것도 사실이었다.

그런데, 어느 순간부터 변사 및 변사자 검시에 대한 마음가짐을 달리하기 시작했다. 짧든 길든 한평생을 살다간 변사자가 말 그대로 황망(慌忙)하게 이 세상을 떠나면서 맺는 마지막 인연 중 하나가 바로 '나'라는 생각에 이르자, 피하고 꺼리기보다는 적극적으로 맞닥뜨려야겠다는 마음이 생겼다. 이런 발상의 전환을 하게 된 뒤부터는 병원 영안실에서 변사체를 마주하는 순간, 잠시 고개를 숙이고 망자(亡者)의 명복을 빌어준 뒤 일을 시작하는 나만의 의식을 치르게 되었다.

진실을 말해도 명예훼손?

법을 잘 모르는 사람들에게도 널리 알려진 이야기 중에 하나가 진실을 말해도 명예훼손죄로 처벌될 수 있다는 것이다. 우리 형법은 제307조 제1항에서 '공연히 사실을 적시하여 사람의 명예를 훼손한 자는 2년 이하의 징역이나 금고 또는 500만 원 이하의 벌금에 처한다.'라고 규정하고 있다. 널리 알려져 있기는 하지만, 여전히 많은 이들이 의문을 제기하는 것이 "사실을 말하는 게 왜 죄가 되는 것인가?" 하는 점이다. "어떤 사람에 대해 거짓사실을 말해 비방한 것도 아니고, 이유가 있어 그 사람에 대한 진실한 사실을 말한 것뿐인데 그게 어떻게 범죄인가?" 하고 의문을 품는 경우가 많다. 그런 의문은 충분히 공감이 간다. 또, 법을 집행하는 수사기관이나 수사관도 사실적시 명예훼손 행위를 하는 사람을 추궁하고 처벌해야 하는 입장이 버겁게 느껴질 때도 있다. 하지만, 피의자의 입장이 이해가 가고 적용하는 법의 정당성에 조금 의문이 든다고 하더라도 법을 집행하는 사람들이 법을 뛰어넘을 수는 없다.

　사실적시 명예훼손죄는 말하는 자의 표현의 자유라는 권리와 평가의 대상이 되는 사람의 인격권이나 사생활의 비밀과 자유 등이 정면으로 충돌하는 지점이다. 이를 헌법적으로는 '기본권 충돌'이라고 한다. 그런데 헌법이 개인에게 표현의 자유를 보장하고 있다고 하여 그것이 다른 사람에 대해서 평가를 하면서 거짓말을 할 자유까지 허용됨을 의미하는 것은 아니다. 그것은 표현의 자유라는 기본권의 핵(본질적 내용)을 벗어나는 행동이다. 그래서 우리 형법에서도 공연히 허위의 사실을 적시하여 타인의 명예를 훼손한 경우에는 5년 이하의 징역 또는 1천만 원 이하의 벌금 등으로 중하게 처벌함을 규정하고 있는 것이다. 문제는, 사실을 말하는 것도 타인의 인격권을 침해하는 명예훼손이라고 하면서 범죄가 될 수 있다고 하니, 표현의 자유에 대한 지나친 제약이 아닌지가 논의되는 것이다.

　진실을 말하는 것을 명예훼손이라고 하여 형사처벌까지 할 수 있도록 규정한 것에 대해서는 개인의 명예 보호에만 치중하여 표현의 자유를 과도하게 억압하는 위헌적 조항이라고 주장하는 학자들이 있다. 학자들뿐만 아니라 법조인, 입법자들도 이러한 주장에 동참하고 있다. 이들이 주장하는 논거 중 하나는 피해자나 제삼자가 피해 사실을 말하기 위해서 명예훼손죄로 형사처벌 받는 것까지 감수해야 한다는 것은 부당하다는 것이다. 예를 들어 성폭력을 당한 사람이 가해자를 포함한 피해사실에 대해서 이야기하는 것조차도 이 조항의 존재로 인해 억압될 수 있고, 이는 진실의 왜곡 또는 은폐라는 주장이다. 비슷한 맥락에서, 이 조항으로 인해 특정 사회적 이슈에 대해 말하는 것조차 권력층이나 자본가 등에 의해 통제되는 부당한 결과가 초래될 수 있다고 주장한다.

　사실적시 명예훼손을 처벌하는 규정이 위헌이라고 주장하는 사람이 늘어나고 있는 것은 틀림없지만, 여전히 피해자의 인격권 보호를 주요 논거로 해서 이 규정의 존치를 옹호하는 측의 주장도 만만치 않다. 결국, 말하는 자의 표현의 자유와 그 대상이 되는 자의 인격권과 사생활의 비밀과 자유 중 어떤 가치를 더 우위에 둘 것인지에 대한 우리 사회에서의 숙고와 논의를 거친 뒤에, 헌법재판소와 입법자의 결단에 의해 사실적시 명예훼손죄를 규정하고 있는 형법 제307조 제1항의 운명이 결정될 것으로 보인다. 틀림없는 사실은, 이 조항이 유지되는 한은 아무리 진실을 말하더라도 명예훼손죄로 고소당할 수 있는 위험은 감수해야 한다는 것이다. 실제 명예훼손으로 처벌을 받을 것인가는 별개의 문제이지만.

진실은 반드시 승리한다?!

 정치적인 수사(修司)로 많이 쓰일 것 같은 문구가 '진실은 반드시 승리한다.'라는 것이지만, 그런 의미에서 이 문구를 이 장의 제목으로 삼은 것은 아니다. 진실을 어떻게든 말하고 싶은 사람이 기댈 수 있는 개념이 우리 형법에 규정되어 있는 '공공의 이익'이다. 형법은 제310조 위법성의 조각(위법성이 없어진다는 뜻이다)이라는 제목 하에 '제307조 제1항의 행위가 진실한 사실로서 오로지 공공의 이익에 관한 때에는 처벌하지 아니한다.'라고 규정하고 있다. 특정인에 대한 사실을 말해 그 사람에 대한 사회적 평가가 떨어질 수 있지만, 그것이 오로지 '공공의 이익'에 관한 것이라면 위법하지 않은 것으로 보아 처벌하지 않는다는 의미이다. 개인의 명예 보호에 치우친 나머지 진실이 은폐되고 건전한 비판까지 봉쇄되어 사회발전을 저해하는 것을 막고자, 사익과 공익의 조화를 꾀하고 있는 것이다.

여기서 '공공의 이익'은 국가나 사회, 기타 다수인 일반의 이익을 의미한다고 보는 것이 일반적 견해이다. 또 조문에는 '오로지' 공공의 이익에 관한 때라고 규정되어 있지만, 이 '오로지'는 문언 그대로 '다른 것은 있을 수 없고 오직'을 뜻하는 것이 아니라 '주로'로 해석된다. 추상적인 개념들을 백 번 설명하는 것보다 구체적인 예를 드는 것이 이해를 위해 더 좋을 것 같다. 몇 년 전에 이 조항의 적용을 주장하여 받아들여진 유명한 사례가 있다.

임신 및 육아로 유명한 인터넷 카페와 자신의 블로그에 산후조리원 이용후기를 올린 행위 때문에 문제가 된 사안이었다. 이용후기에는 해당 산후조리원이 친절하고 좋은 점도 많이 있다는 것을 언급하였고, 출산 예정인 임산부들의 신중한 산후조리원 선택에 도움을 주고자 글을 작성한다고 밝히기도 했다. 판결문에 나와 있는 사실관계를 보도록 하겠다.

「피고인이 게시한 글의 주요 내용은 온수 보일러 고장, 산후조리실 사이의 소음, 음식의 간 등 피고인이 13박 14일간 이 사건 산후조리원에서 지내면서 직접 겪은 불편했던 사실을 알리는 것이거나, 환불을 요구하며 이용후기에 올리겠다는 피고인의 항의에 피해자 측이 "막장으로 소리 지르고 난리도 아니다."라며 이용후기로 산후조리원에 피해가 생길 경우 피고인에게 손해배상을 청구하겠다는 취지로 대응했다거나, 피고인의 이용후기가 거듭 삭제되는 것을 항의하는 것이다. 인터넷 카페에 게시된 피고인의 글에 대하여 카페 회원들이 댓글을 다는 방법으로 피고인에게 공감을 표시하거나, 피고인이 너무 예민하게 반응한 것이라며 피고인과 함께 산후조리원에서 지낸 카페 회원들이 신생아실에서 언성을 높인 피고인의 태도를 나무라기도 하는 등 활발한 찬반 토론이 이루어지기도 했다.」

이에 대해 대법원(2012. 11. 29. 선고 2012도10392)은 '산후조리원 이용에 불편을 겪었다는 내용의 글로 피해자의 사회적 평가가 저하한 정도는 인터넷 이용자들의 자유로운 정보 및 의견 교환에 따른 이익에 비해 더 크다고 보기 어려운 점 등의 제반 사정을 앞서 본 법리에 비추어 보면, 피고인이 적시한 사실은 산후조리원에 대한 정보를 구하고자 하는 임산부의 의사결정에 도움이 되는 정보 및 의견 제공이라는 공공의 이익에 관한 것이라고 봄이 타당하고, 이처럼 피고인의 주요한 동기나 목적이 공공의 이익을 위한 것이라면 부수적으로 산후조리원 이용대금 환불과 같은 다른 사익적 목적이나 동기가 내포되어 있더라도 그러한 사정만으로 피고인에게 비방할 목적이 있다고 보기는 어렵다.'라고 판시하면서 피고인에게 유죄라고 한 원심의 판결을 뒤집었다.

대법원의 입장을 정리하면 '피고인이 산후조리원에 대한 부정적 평가가 담긴 이용후기를 쓴 행위가 산후조리원의 사회적 평가를 다소 떨어뜨릴 수 있는 것은 사실이지만, 피고인의 행위가 임산부들의 의사결정에 도움이 되는 정보를 제공한다는 공공의 이익을 위한 것으로 인정되는 이상 부수적으로 사익적인 목적이 있다고 하더라도 형법 제310조를 적용하여 이를 처벌할 수 없다.'라는 것이다. 결국 특정인에 대한 사실을 이야기해서 명예훼손죄가 성립하더라도, 그 명예훼손적인 발언이 (주로) '공공의 이익'을 위한 것이라는 점을 입증해서 처벌을 면할 수는 있을 것이다. 하지만, 형사고소를 당하고 수사기관과 법원에 불려가서 자기가 왜 그런 말을 했는지, 또는 왜 그런 글을 썼는지 한참을 설명하고 설득해야 하는 불편과 번거로움을 겪게 될 가능성이 높다. 또 자신의 행동이 (주로 또는 오로지) 공공의 이익을 위한 행동이었다는 점을 입증하기 위해 관련 자료를 열심히 찾아서 제출해야 할지도 모른다. 그런 불편함 등을 모두 다 감내할 자신이 있는 자라면, 입을 열거나 펜을 들어 또는 키보드를 두드려 누군가에 대한 '사실'을 이야기해도 좋을 것이다. 그런 의미에서 사실적시 명예훼손을 처벌하고 있는 형법 제307조 제1항이 표현의 자유에 대한 억제기 역할을 하고 있는 것은 부인할 수 없는 사실로 보인다.

다수에게 까발려져야?

특정인에 대해 사실을 이야기하는 것을 명예훼손으로 의율해서 처벌하는 것이 합당한가에 초점을 맞춰 이야기를 전개했는데, 이는 헌법학, 형사정책학 영역에서 자주 언급되는 논의이기는 하다. 그런데 실무에서는 이런 고민을 할 여유가 없다. 법집행을 하는 사람들은 특정 법령의 위헌 여부에 대한 판단보다는 특정 사실관계에 해당 법조문을 적용할 수 있는지만을 중점적으로 고민해야 하기 때문이다.

명예훼손의 성립과 관련하여 실무에서 자주 문제가 되는 것은 바로 '공연성(公然性)' 요건이다. 명예훼손은 사람의 외부적 명예, 즉 어떤 사람에 대한 사회적 평가를 저하시키는 것이기 때문에 사실을 말하는 것이 '공연히' 행해질 것이 요구된다. '공연히'라는 것은 '불특정 또는 다수인이 인식할 수 있는 상태'를 의미한다고 보는 것이 일반적이다. 여기서 '불특정'의 경우에는 사람 수가 많은지 여부를 따지지 않고, '다수'인 경우에는 비록 행위자의 언사를 듣게 되는 사람들이 가족관계, 친구 사이, 연인관계 이런 식으로 행위자와 특정되어 있더라도 공연성을 갖는다는 뜻이다.

그런데, 우리 판례는 특정된 1인이나 특정된 소수인에게 사실을 적시(이야기)한 경우에도 그 사람에 의해서 외부의 불특정 또는 다수인에게 전파될 가능성이 있으면 공연성을 인정할 수 있다고 보고 있다. 이를 '전파가능성 이론'이라고 한다. 좀 더 쉬운 말로 표현하면 '내가 특정인에 대해 욕하고 있는 것을 듣는 사람이 그 말을 다른 사람들에게 조잘조잘 말하고 다닐 가능성이 있으면 나를 명예훼손으로 처벌하고, 그럴 가능성이 별로 없으면 처벌하지 않는다.'라는 것이다. 이런 논리 하에, 판례는 '피해자인 며느리의 시어머니 및 동네 사람 1명이 있는 자리에서 며느리에 대한 험담'을 하거나 '개인 블로그의 비공개 대화방에서 상대방으로부터 비밀을 지키겠다는 말을 듣고 일대일로 대화한 경우' 등의 사례에서 전파가능성 및 공연성이 있다고 보아 명예훼손죄 성립을 인정한 바 있다. 반면, '이혼소송 계속 중인 처가 남편의 친구에게 서신을 보내면서 남편의 명예를 훼손하는 문구가 기재된 서신을 동봉한 경우' 또는 '중학교 교사에 대해 전과범으로서 교사직을 팔아가며 이웃을 해치고 고발을 일삼는 악덕 교사라는 취지의 진정서를 그가 근무하는 학교법인 이사장 앞으로 제출한 행위' 등에 대해서는 전파가능성 및 공연성을 인정하지 않았다.

이러한 판례의 '전파가능성 이론'은 어떤 말을 듣는 사람의 성향에 따라서 범죄 성립 여부가 달라질 수 있는 부당한 면이 있다는 점과 표현의 자유를 본질적으로 침해하는 내용을 담고 있다는 등의 비판을 받고 있다. 어쨌든, 명예훼손은 특정인에 대한 외부적 평가를 저하시키는 행동이기 때문에 공연성의 요건이 필요한 것은 당연하다. 그런데,

앞서 본 판례에서 일대일 대화방의 경우에서조차도 공연성을 인정하였듯이, 최근 자주 발생하는 사이버상 명예훼손의 경우에는 공연성 요건이 비교적 쉽게 인정되는 추세이다. 온라인 커뮤니티, SNS, 단톡방, 웹사이트 등 사이버 공간의 경우에는 그 특성상 정보의 전파성이 매우 강하기 때문에 공연성이 쉽게 인정된다. 아무래도, 공연성이나 판례의 논리인 전파가능성 이론은 주로 말로 전달되는 고전적인 형태의 명예훼손에서 특히 더 논란이 될 것으로 보인다.

명예훼손과 모욕 사이

　명예훼손과 구별되지만 법을 잘 모르는 일반인들은 종종 헷갈려 하기도 하고, 명예훼손과 혼용하기도 하는 모욕에 대해서 알아보도록 하겠다. 모욕은 명예훼손과 달리 구체적인 '사실의 적시가 없이' 사람에 대하여 '경멸의 의사나 감정을 표현'하는 일체의 행위를 말한다. 일체의 행위이기 때문에 그 방법이 언어에 국한되지 않고 그림이나 거동 등에 의한 방법으로도 모욕죄가 성립할 수 있다. 인분(人糞)을 퍼붓거나 재수가 없다고 소금을 뿌리는 행동, 또는 욕설의 의미로 가운데 손가락을 들어 보이는 행위가 거동에 의한 모욕의 예이다. 모욕은 추상적인 경멸의 의사나 감정을 표현하면 되므로, '병신 같은 놈', '저 망할 년', '쓸개 빠진 놈' 등 우리가 흔히 욕설이라고 생각하는 표현들이 일반적으로 이에 해당될 수 있다. 요즘에는 온라인, 오프라인을 가리지 않고 비하나 조롱하려는 대상에 벌레를 뜻하는 충(蟲)자를 붙여서 모욕하는 경우가 많다. 진지충, 설명충, 급식충, 맘충, 틀딱충 등이 대표적인 예이다.

사실적시 여부에 의해 명예훼손과 모욕을 구별한다고 해도, 실무상 항상 명확하게 양자가 구분되는 것은 아니다. 예를 들어, 판례 사안 중에는 "아무것도 아닌 똥꼬다리 같은 놈이 들어가서 잘 운영되어 가는 어촌계를 파괴하려는데 주민들은 이에 동조 현혹되지 말라."라고 마을에 방송을 한 것이 모욕이나 명예훼손에 해당되는지 문제가 된 경우가 있었다. 명예훼손은 피해자의 사회적 가치 내지 평가가 침해될 가능성이 있을 정도의 구체적인 사실의 적시가 있어야 하므로, 위와 같은 표현이 명예훼손죄에는 해당하지 않는다는 것이 당시 재판부의 입장이었다. 다만, '아무것도 아닌 똥꼬다리 같은 놈'이라는 표현은 모욕적인 언사로 모욕죄에 해당할 수 있다고 판시하였다.

모욕죄는 법정형이 1년 이하의 징역 또는 200만 원 이하의 벌금으로 앞에서 본 사실적시 명예훼손죄(2년 이하의 징역 또는 500만 원 이하의 벌금)보다는 형이 낮은 편이다. 실제로는 모욕죄나 명예훼손죄로 징역형이나 집행유예를 선고받는 경우는 극히 드물다. 혐의가 인정되어 기소를 하더라도 벌금으로 약식기소하는 경우가 대부분이며, 그 정도가 심하지 않거나 초범인 경우에는 검사가 기소유예 처분을 하기도 한다.

또한, 두 범죄 모두 피해자의 사회적 평가를 침해하는 것을 처벌하는 것이기 때문에, 피해자 본인이 이에 대해서 처벌을 원하지 않는다면 본인의 의사를 존중하여 처벌하지 못하도록 법에 규정되어 있다. 모욕죄는 피해자의 고소가 있어야만 처벌할 수 있는 친고죄, 명예훼손죄는 피해자의 고소가 없어도 처벌은 가능하지만 피해자의 의사에 반해서는 처벌할 수 없는 반의사불벌죄의 형태로 규정되어 있다. 그래서, 수사 중에 당사자 간 합의가 되고 처벌불원서 등이 제출되면, 검사는 해당 사건에 대해 '공소권없음' 처분을 내리게 된다.

한편, 수사환경이라는 관점에서는 명예훼손이나 모욕범죄 수사가 예전에 비해 훨씬 용이해진 측면이 있다. 인터넷이나 SNS가 활성화되기 전에는 명예훼손이나 모욕적 언사가 주로 얼굴을 맞댄 상태에서 행해졌다. 즉, 가해자가 피해자 앞에서 직접 말을 하든, 가해자가 다른 사람과 있는 장소에서 피해자에 대한 험담을 하든 사람이 사람을 상대로 말을 전하는 형태였다.

말은 한 번 내뱉는 순간 증발해버리고 흔적이 남지 않는다. 그렇기 때문에 어떤 말을 했다고 의심받는 사람이 그러한 말을 진짜로 했는지 여부를 다투는 경우가 많았다. 그래서 그 말을 진짜로 했는가 안 했는가를 밝히기 위해 그 말을 들었다는 사람들을 참고인으로 불러 조사를 하기도 했었지만 '어떤 말을 했니, 안 했니', '들었니, 못 들었니', '직접 들었니, 전해 들었니' 이런 이야기들로 한참을 싸우다가 결론을 못 내리는 경우도 많았다. 피의자와 고소인이 어떤 집단이나 단체에 속해 있고, 그 내부에서 각 피의자나 고소인을 따르는 무리가 있는 경우에는, 검사실에 와서도 각자의 무리나 파벌의 자존심이나 명예를 지키기 위해 자신이 경험한 게 틀림없이 맞다고 하면서 버럭버럭 우기기도 하고, 상대방과 고함을 지르며 싸우기도 한다.

반면에 인터넷이나 SNS를 통해 행해진 명예훼손이나 모욕적인 발언은 증거가 박제되어 있으니, 사람을 불러서 악다구니 쓰는 것을 듣지 않아도 되니까 참 좋다. 사이버 공간에서 이뤄진 것은 한 번 내뱉은 말과 달리, 삭제를 한다고 해도 소용이 없다. 누군가가 그것을 캡처하거나 서버에 증거가 다 남아 있어서 디지털 포렌식(Digital Forensic)을 통해 복원이 가능하기 때문이다. 과학기술의 발달로 인해 범죄수사가 한결 편해진 사례라 할 수 있다.

형량이 낮든 합의가 되어 고소취하서를 제출할 가능성이 있든, 아니면 증거 보존의 용이성으로 수사가 쉬워졌든, 명예훼손죄나 모욕죄 사건기록을 그만 배당받으면 좋겠다는 생각이 든 적이 여러 번 있었다. 범죄와 범죄자를 다루는 사람으로서 어떤 범죄든 달가운 것은 없지만, 명예훼손에 관한 범죄들은 비슷한 법정형이 규정되어 있는 여타 범죄에 비해 피해자의 정신까지 갉아먹는 측면이 있기 때문이다. 아마 헛된 바람일 것이다. 시간이 지날수록 사이버 공간은 계속 확장될 것이고, 그럴수록 피해자에게 상처를 주는 언사들이 난무할 가능성은 더더욱 커질 것이다.

사이버 모욕죄,
사이버 명예훼손죄가 없다고요?

　명예훼손, 모욕 관련하여 법을 잘 모르는 일반인들이 많이 헷갈려 하는 부분이 하나 더 있다. 바로 '사이버 모욕죄'라는 별도의 죄명이 있다고 알고 있는 것이다. 결론부터 이야기하면 사이버 모욕죄라는 죄명은 없다. 거기에 더해 사이버 명예훼손죄라는 죄명 역시 없다. 단지, 「정보통신망 이용촉진 및 정보보호 등에 관한 법률」(이하 '정보통신망법')상 정보통신망을 통한 명예훼손을 처벌하는 조항이 있고, 이를 편의상 사이버 명예훼손죄라고 부르는 것뿐이다. 정보통신망법이나 다른 법률에 정보통신망을 통한 모욕을 처벌하는 규정이 있다면 그것이 '사이버 모욕죄'라고 불렸을 것이다. 그와 같은 형태의 사이버 모욕죄를 규정하려는 입법 시도가 없진 않았지만 여러 논란 끝에 무위에 그쳤다. 그래서 현재는 인터넷 같은 정보통신망을 통해 모욕을 하면 형법상의 모욕죄(제311조)로 처벌받게 되는 것이다. 하도 사이버상에서 사이버 공간의 익명성이라는 특성에 기대 다른 사람을 비방하고 조롱하고 경멸하는 표현을 쓰는 행위가 많고, 이런 사이버 공간에서 일어나는 모욕을 통상 '사이버 모욕'이라고 부르니 사이버 모욕죄라는 정식 죄명이 있는 것으로 착각할 정도이다. 사이버 명예훼손죄나 사이버 모욕죄 모두 우리 법에는 규정되어 있지 않고, 정보통신망을 이용한 사이버 공간에서의 명예훼손이나 모욕을 편의상 사이버 명예훼손, 사이버 모욕으로 부르는 것이지만, 이 장에서는 그와 같은 범례에 따라 사이버 명예훼손, 사이버 모욕으로 칭하도록 하겠다.

사이버 명예훼손이나 모욕도 엄연히 특정인의 외부적인 평가를 침해하는 것이기 때문에 '공연성'을 성립요건으로 한다. 다만, 사이버 공간의 특수성 때문에 그 요건이 인정되기가 일반적인 명예훼손죄나 모욕보다는 용이한 편이라는 점은 앞서 『다수에게 까발려져야?』에서 본 바와 같다. 한편, 사이버 공간이 가진 높은 전파성으로 인해 일반 명예훼손보다는 사이버 명예훼손의 불법성이 더 크다는 것이 입법자의 판단인 것으로 보인다. 그래서, 정보통신망법은 사실적시 명예훼손과 허위사실에 의한 명예훼손 모두 형법상의 일반 명예훼손죄보다 더 중하게 처벌하고 있는 것이다. 지금까지 이야기한 내용들을 표로 정리하면 다음과 같다.

구분	일반	사이버 공간
사실적시 명예훼손	형법 제307조 제1항(2년 이하의 징역이나 금고 또는 500만 원 이하의 벌금)	정보통신망법 제70조 제1항 (3년 이하의 징역 또는 3천만 원 이하의 벌금)
허위사실 명예훼손	형법 제307조 제2항(5년 이하의 징역, 10년 이하의 자격정지 또는 1천만 원 이하의 벌금)	정보통신망법 제70조 제2항 (7년 이하의 징역, 10년 이하의 자격정지 또는 5천만 원 이하의 벌금)
모욕	형법 제311조(1년 이하의 징역이나 금고 또는 200만 원 이하의 벌금)	별도 규정 없음 형법상 모욕죄로 처벌

사이버 명예훼손, 사이버 모욕 모두 특정 피해자에 대한 외적인 평가가 침해될 수 있을 정도로 구체적이어야 하기 때문에, 사이버 공간에서 해당 표현을 본 사람은 그 피해자가 누구인지 알 수 있어야 한다. 즉, 그 피해자가 누구인지 특정 가능해야 한다. 피해자의 성명을 명시하는 경우에는 큰 문제없이 피해자가 특정될 수 있을 것이다. 그러나 사이버 공간에서는 실명을 쓰기보다는 닉네임이나 아이디 등으로 특정인의 정체성을 나타내는 경우가 많기 때문에 닉네임 등을 지목하여 명예훼손이나 모욕을 한 것이 피해자 특정이라는 요건을 충족하였는지 여부가 종종 문제된다. 이때, 법원에서는 어떤 사안에서는 피해자가 특정되었다고 보아 사이버 명예훼손이나 모욕의 성립을 인정하는 반면, 또 다른 사안에서는 피해자 특정을 부정하고, 사이버 명예훼손이나 모욕 성립을 인정하지 않기도 한다. 그렇다고 해서 법원의 태도가 일관성이 없다고 볼 것은 아니고, 사안별로 구체적인 사실관계가 세세하게 달라 피해자 특정 여부에 대한 판단이 달라지는 것으로 보아야 할 것이다.

> 검찰스토리 6

검찰청 밖에서 만난 사람들 (3)
- 압수·수색 -

　많은 사람의 머릿속에 검찰수사관 하면 떠오르는 이미지 중 하나가 기업 사무실이나 유명인의 자택 등에 들어가 압수·수색을 한 뒤 압수물을 담은 큰 박스를 들고 나오는 장면일 것이다. 마치 전리품처럼 압수한 물건들을 담은 박스를 의기양양하게 운반하는 모습은 검찰수사관의 상징처럼 되어버렸다. 그래서 이 상징적 이미지에 부합하려고 했었던 것인지, 아니면 기자들에게 좋은 소스를 제공해주고 싶어서였는지는 몰라도, 어떤 현장에서는 검찰수사관들이 빈 박스를 들고 나오는 것 같은 모습을 보였다 하여 논란이 일기도 했었다. 수사를 하다 보면 증거확보를 위해 압수수색에 나가는 경우가 생기기도 한다. 하지만, 이 압수물 운반 또는 압수수색 영장 집행 자체가 검찰수사관의 주된 업무라고 볼 수는 없다. 특히 7급 이상의 검찰수사관 중 상당수가 근무하는 형사부 검사실은 경찰에서 송치한 사건을 주로 담당하기 때문에 압수수색을 나가는 경우가 흔하지 않다. 하지만, 특수부, 금융조사부나 수사과 같은 인지부서에서 근무하는 경우에는 수사 중 증거확보를 위해 법원으로부터 압수수색 영장을 받아 집행에 나서는 일이 왕왕 생긴다. 물론 형사부에서도 부 차원의 인지수사를 하거나 특정 검사실에서 증거확보를 위해 압수수색을 할 필요가 있다고 판단하는 때에는 압수수색을 하기도 한다.

어쨌든 법원으로부터 발부받은 압수수색 영장을 들고 집행을 위해 압수수색 장소에 가면 많은 사람들을 만나게 된다. 검찰에서 수사의 대상으로 지목된 사람일 수도 있고, 수사 대상인 사람의 가족이나 동거인 또는 회사 직원일 수도 있다. 이들에게 검찰수사관의 소속과 신분을 밝히고 영장을 제시하면서 영장 집행에 협조할 것을 요청한다. 집행하는 시간은 사건마다 천차만별이기 때문에 일률적으로 말할 수 없는데, 1시간 이내에 끝나기도 하지만 하루 종일 걸리기도 한다. 그래도 아직까지는 멀끔한 양복을 차려입은 검찰청 직원들이 지방법원 판사가 발부한 압수수색 영장을 들고 나왔다고 하면, 대상자는 큰 저항이나 이의 없이 압수수색 절차에 순순히 협조하는 것이 일반적인 태도이다. 그러나 말 그대로 일반적으로 그렇다는 것이지 어딜 가든 예외는 존재한다. 압수수색을 당하는 사람의 입장에서는 자신들의 평온한 사생활 및 재산권이 심각하게 위협당한다고 생각할 수 있다. 게다가, 그 압수수색이 부당하다고 여기는 경우에는 온 힘을 다해 저항하기도 한다. 그래서 압수수색 영장을 집행하는 현장에서는 가끔 위험한 상황이 연출되기도 한다. 노동조합 사무실, 대기업 사옥, 정치인 자택 등을 압수수색하는 과정에서 조합원, 직원, 비서 등이 영장 집행을 하려는 검찰수사관과 몸싸움을 벌였다느니, 험악한 분위기 속에 일단은 집행을 보류했다는 등의 내용이 그런 것들이다.

    나도 한 번은 변호사법 위반 혐의가 있는 피의자의 주거지에 선임 수사관 한 명과 팀을 이뤄 압수수색을 나갔다가 봉변을 당할 뻔한 적이 있다. 나중에 생각해보니, 법원으로부터 압수수색 영장만 발부받고 체포영장은 발부받지 않아 신병 확보에 대한 부담감이 거의 없다는 점과 피의자의 연령이 당시 60살이 조금 넘은 고령자라는 사실 때문에 다소 방심한 측면이 있기는 했다. 피의자의 주거지에 도착하여 동행한 관용차량 운전원 분에게 피의자의 집 벨을 누르고 안에 있는 사람에게 문을 열어달라고 요청해달라고 부탁했다. 피의자의 동거인이 현관문을 열자마자, 우리는 신분증을 제시하면서 "김○○씨 계시나요? 서울중앙지검에서 나왔습니다. 법원에서 압수수색 영장 받아서 왔으니 협조해주세요."라고 하였다. 피의자의 동거인이 집 내부를 향해 "검찰에서 오셨다는데요."라는 소리를 치자마자, 피의자가 2층 계단에서 쿵쿵쿵 소리를 내며 서둘러 내려오는 소리가 들렸다. 그러면서 신경질적으로 "검찰에서 왔다고잉? 시방 여기 가위 어디 있냐? 아! 여기 가위 어디 있냐고?"라고 소리치더니 다짜고짜 부엌 쪽으로 뛰어갔다.

    당시는 검찰수사관으로 근무한 지 얼마 되지 않았을 때이기도 하고 해당 사건은 내가 주무(담당)도 아니어서, 순간 어떻게 대처해야 할지 몰라 당황스러웠다. 그런데, 동거인이 '검찰'이라는 말을 꺼내자마자 반사적으로 짜증스럽게 반응하면서 흉기를 찾는 등 거칠게 행동하는 모습을 보니, '피의자도 검찰의 습격(?)에 적잖이 당황해서 어떻게 할 줄을 모르는구나. 저 사람이 지금 정서적으로 엄청 불안한 상태구나.'라는 생각이 스쳐갔다. 이런 찰나 경험 많은 선임 수사관이 피의자를 진정시키고 영장을 제시하면서 피의사실과 압수수색의 필요성에 대해서 간략히 설명했다. 피의자도 잠시 숨을 고르더니 곧 진정되었는지 이후 영장 집행에 순순히 협조했다. 나중에 피의자가 검찰조사에서 말하기를 "안 그래도 ○○○(진정인)이 검찰에 들어가서 제 범죄사실에 대해서 불었다는 이야기를 듣고 신경이 예민해져 있었습니다. 검찰청에서 압수수색 나오기 며칠 전부터 계속 '이 일을 어떻게 처리하지?' 하면서 고민하고, 수사관님들이 우리 집에 오는 순간에도 검찰 수사받을 생각에 가슴이 답답했는데 갑자기 검찰에서 나왔다는 소리를 들으니 저도 모르게 흥분해서 그런 행동을 한 것 같습니다. 죄송합니다."

앞에서 빈 박스 논란에 대해 언급했었는데, 설령 검찰수사관들이 실제로 빈 박스를 나른다고 해서 압수수색이 실패했음을 뜻하는 것은 아니라는 이야기를 하고 싶다. 과거에는 피의자의 사무실이나 자택 등 압수수색 장소에 들어가 서류뭉치, 통장, 현금다발 등등을 박스에 가득 담아 나오는 검찰수사관의 모습을 흔하게 볼 수 있었다. 물론 이는 압수수색을 성공적으로 집행하였음을 전제로 하는 이야기이다. 피의자가 압수수색을 예상해서 중요 증거물을 숨겼거나 파괴해버려서 허탕칠 때도 있고, 압수수색 장소가 피의자의 주거지나 사무실이 아니어서 압수수색의 집행 자체를 못할 수도 있다. 이렇게 압수수색이 실패하면 당연히 빈 박스를 가지고 나올 수밖에 없다.

그런데, 요즘에는 컴퓨터 하드디스크나 USB 등 외장하드에 범죄와 연관성이 있는 데이터들이 저장되어 있는 경우가 많기 때문에, 성공적인 압수수색 집행이라고 하더라도 반드시 종이 서류 같은 유형의 증거물을 잔뜩 수거해오는 것은 아니다. 과거 같으면 압수수색 집행 처음부터 끝까지 열심히 압수할 물건을 수색하고 있을 검찰수사관들은 처음 영장 제시하고 초반 한동안만 분주하고, 그 이후부터는 디지털 포렌식(Digital Forensic) 수사관들이 하드 등에서 데이터 추출하는 작업이 빨리 마무리되기를 기다리고 있는 장면도 종종 볼 수 있다. 이는 집행이 종료되고 검찰청으로 돌아와 압수물을 분석할 때도 마찬가지이다. 전통적인 의미의 압수물이 거의 없는 경우도 많아, 포렌식 수사관의 압수물 분석결과 회신만을 학수고대하기도 한다. 그래서 요즘에는 점점 일반 검찰수사관보다는 디지털 포렌식 분야에서 전문성을 갖춘 디지털 포렌식 수사관들의 비중과 역할이 커지고 있다.

무고한 자를 무고하는 이유?

 무고한 자를 무고한다? 이게 무슨 말인가? 10여 년 전에 KBS 개그 콘서트의 어느 코너에서 유행했던 '유상무 상무'처럼 말장난 같은 느낌도 든다. 앞에 '무고'는 한자로 쓰면 '無辜', 즉 '아무런 잘못이나 허물이 없다.'라는 뜻이고 영어로 표현하면 'innocent'가 적당할 것 같다. 뒤에 '무고'는 한자로는 '誣告', 영어로는 'false accusation'으로 표기 가능하고, 우리말로 풀이하면 '거짓으로 고한다.' 정도가 될 것 같다. 용어 풀이는 이 정도로 하고 무고죄에 대해서 규정하고 있는 형법 조문을 살펴보면, 우리 형법 제156조는 '타인으로 하여금 형사처분 또는 징계처분을 받게 할 목적으로 공무소 또는 공무원에 대하여 허위의 사실을 신고한 자'를 무고죄로 처벌하고 있다.
 범죄피해자에게는 가해자에 대하여 국가형벌권의 발동을 촉구하는 고소권이 있다. 원칙적으로 자력구제(自力救濟)가 금지되는 현대 문명의 형사사법체계 아래에서 이 고소권은 피해자의 권리를 지킬 수 있는 귀중한 수단이다. 그러나 이 고소권을 남용하거나 악용함으로써 아무 잘못도 없는 사람을 곤란에 빠뜨리고 수사기관으로 하여금 쓸데없는 시간과 인력 낭비를 야기하는 등 국가형벌권 행사를 그르치는 경우에는 그에 상응하는 대가를 치러야 한다. 그래서 우리 형법도 무고범죄를 저지른 경우 10년 이하의 징역 또는 1,500만 원 이하의 벌금으로 중하게 처벌하고 있다. 주의할 것은 자신의 범죄피해 사실을 알리고 가해자에 대한 형사처벌을 구하는 목적으로 형사고소를 하였을 때, 이에 대해서 검사의 무혐의 처분이 나왔다고 하더라도 그것이 곧 다른 사람을 무고했음을 의미하는 것은 아니라는 점이다. 간혹 고소했다가 검사의 '혐의없음' 처분을 받게 되면 상대방으로부터 무고죄로 역고소를 당하거나 검사로부터 무고죄로 처벌받는 것이 아닌지 걱정하는 사람들이 있는데, 범죄 혐의가 있는 것으로 의심은 되지만 증거가 불충분해서 불기소 처분을 하는 경우도 많이 있기 때문에 검사의 '혐의없음' 처분이 곧 고소인에게 무고 혐의가 있음을 의미하는 것은 아니다. 법원은 피해자의 실질적인 고소권을 보장한다는 의미에서, 피해자가 피해사실에 대해 약간의 과장을 하였다거나 사실과 다소 다른 점을 고소장에 포함하였다고 해서 무고죄로 보지 않고 있다.

'고소의 내용이 터무니없는 허위사실이 아니고 사실에 기초하여 그 정황을 다소 과장한 데 지나지 아니한 경우에는 무고죄가 성립하지 아니한다.'(대법원 2007. 9. 20. 선고 2007도4450 판결)

인간은 누구나 자신에게 유리한 부분은 부각하고 불리한 부분은 축소하려고 하는 본능이 있다는 점을 반영된 것이 아닌가 싶다. 그래서,

범죄의 피해 정도를 약간 부풀리거나 사건 경위와 같은 정황을 실제 사실과 다소 다르게 진술한 경우 무고죄를 구성하지 않는다고 보고 있다. 물론 범죄성립 판단에 핵심적인 부분을 허위신고하였다면 무고죄 성립이 가능하다. 그렇다면, 사람들은 왜 무고죄를 저지르는 것일까? 검사실에서 무고죄를 수사하다 보면 무고죄에는 대략 3가지 정도의 동기가 있는 것 같다.

먼저, 자신에게 쏟아질 비난이나 책임추궁을 피하기 위해서 무고를 하는 경우가 종종 있다. 배우자나 사귀는 사람이 있는 사람이 자신의 배우자나 교제하고 있는 연인 외의 사람과 합의하여 성교를 하였음에도, 배우자나 사귀는 사람으로부터 추궁을 받자 상대방으로부터 강간이나 추행을 당했다고 주장하며 경찰에 신고하는 예가 대표적이다. 아래 'news1' 2015. 7. 22.자 기사를 보도록 하겠다.

전주지방법원 형사4단독(송호철 판사)은 22일 합의 하에 성관계를 갖고도 "성폭행을 당했다."며 상대 남성을 경찰에 신고한 혐의(무고)로 기소된 A(35·여)씨에게 징역 6월에 집행유예 2년을 선고했다고 밝혔다. A씨는 지난해 11월 30일 새벽 2시께 전북의 한 경찰지구대에 "B(55)씨로부터 수차례 성폭행을 당했다."고 신고하고, 이날 경찰서에 같은 취지의 고소장을 낸 혐의로 기소됐다.

조사 결과 A씨는 B씨와 모텔 등에서 합의 하에 성관계를 가졌으나, 이를 알게 된 남편이 그 경위를 추궁하자 성폭행당한 것이라고 거짓말을 하면서 고소에 이르게 된 것으로 밝혀졌다. 재판부는 "무고는 국가의 사법기능 및 국가형벌권의 적정한 심판기능을 해하고 피무고자로 하여금 부당한 형사처분을 받을 위험에 처하게 하므로, 그 죄질이 좋지 않은 점 등에 비춰 피고인을 엄히 처벌함이 마땅하다."고 강조했다. 이어 "그러나 피고인의 자백으로 피무고인(B씨)이 혐의없음 처분을 받은 점, 피고인이 자신의 잘못을 깊이 뉘우치고 있는 점 등을 감안해 형을 정했다."고 덧붙였다.

개인적으로는 모든 무고범죄는 다 나쁘지만 특히 이 유형의 무고가 가장 죄질이 좋지 않다고 생각한다. 위 사례에서 피고인은 유죄판결의 일종인 집행유예를 선고받았지만 이후 집행유예가 취소나 실효되지 않는 이상 교도소에 갈 일은 없다. 위 사례의 피고인이 실형을 선고받아 징역살이를 하는 것이 정의관념에 부합하다는 말을 하려는 것이 아니다. 또, 판사가 피고인을 너무 봐주었고 양형이 부당하게 관대해 잘못된 판결이라는 말을 하는 것도 아니다. 누구나 자신의 범죄행위에 대해서는 그에 상응하는 형벌을 받아야 하고, 위 판결에서 무고 피고인에 대한 집행유예라는 형벌은 적정한 형벌일 수도 있다.

그런데, 애초 성폭력 범죄로 고소당해 수사를 받은 남성은 어떻게 되었을까? 위와 같은 부류의 기사에서 무고 피해자라고 할 수 있는 남성의 입장에 대해서는 후속 기사를 찾아보기가 어렵다. 피의자는 이미 성폭력 혐의로 쓰레기로 매장당하고 성범죄자로 낙인까지 찍혀 정상적인 사회생활이 불가능할 정도에 이르렀을 가능성이 크다. 설령 나중에 혐의가 벗겨지더라도 이미 추락한 이미지와 직장생활을 비롯한 인간관계에서의 배제 등의 손해는 회복할 수가 없다. 그래서 종종 극단적 선택을 하기도 하는 것이 현실이다. 이런 유형의 무고는 한 남자의 인생을 절망과 극단으로 몰고 갈 수도 있는 만큼 법원에서 특히 엄하게 다스려야 한다는 것이 개인적인 생각이다.

이해관계 또는 이욕 때문에 무고죄를 저지르기도 한다. 수사기관에서 근무하다 보면 복잡한 이해관계와 감정 문제가 엮여 있어 사건처리하는 데 애를 먹는 부류의 사건이 몇 가지 있는데, 『종중사건』과 『재건축·재개발 등 조합사건』이 대표적인 예이다. 종중원과 조합원 사이에서 파벌이 생기고 재산상 다툼으로 시작하여 서로 감정이 악화되어 명예훼손, 폭행, 횡령, 배임, 사문서위조 등으로 서로 고소를 남발하는 경우가 비일비재하다. 그 과정에서 단순한 정황의 과장이 아니라 없는 사실을 날조하여 고소하여 무고죄를 범하게 되는 것이다. 또 다른 예로, 고의사고를 내고도 우연히 보험사고를 당한 것처럼 상대방 운전자를 「교통사고처리특례법」 위반 등으로 경찰에 신고하고 보험회사로부터 보험금을 편취하는 방식의 보험사기도 이욕(利慾)이라는 동기로 무고죄를 저지르는 경우에 해당한다.

또, 원한관계 등 감정 문제 때문에 무고죄를 저지르기도 한다. 가령, 이웃과 소음 문제 등으로 좋지 않은 관계를 유지하던 사람이 "○○○가 우리 집 강아지를 때려죽였다.", "□□□가 날카로운 물건으로 내 차를 긁고 도망갔다." 등등 없는 사실을 만들어 고소하는 경우가 대표적인 예이다.

이 무시무시한 범죄인 무고죄를 큰아들이 저지를 뻔한 바람에 당황했던 적이 있었다. 큰아들이 만 3세가 조금 넘은 어느 날, 큰아들과 유치원 생활에 대해서 이야기를 나누고 있었다. 갑자기 아이가 "동오는 싫어요. 동오가 내가 놀고 있는데 장난감 뺏어가고 막 꼬집었어요."라고 자못 진지하게 이야기를 하는 것이었다. 큰아들은 이런 이야기를 이후에도 수차례 했다. 나와 아내는 아이의 이야기를 꽤 심각하게 받아들였다. '애가 말이 느려 친구에게 괴롭힘을 당하고도 억울함을 하소연 못하고 있는 것은 아닐까?', '동오라는 친구는 도대체 왜 우리 아이 장난감을 뺏어갔을까?', '선생님을 통해 그 아이의 엄마에게 어떻게 이야기를 전달해야 할까?' 등등의 고민을 하고 아내와 의논한 끝에 조심스럽게 아이의 유치원 등하원을 맡은 선생님과 담임선생님에게 동오 이야기를 했다. 그런데 두 선생님 모두 유치원에는 동오나 그와 비슷한 이름을 가진 아이가 없고, 최근 누가 아이를 꼬집은 사실 자체가 아예 없다고 했다. 결국 우리는 큰애가 부모님과 선생님의 관심을 끌기 위해 가상의 아동으로부터 괴롭힘을 당했다는 거짓사실을 고한 것으로 잠정 결론을 내렸다. 이런 식으로 존재하지 않는 사람, 즉 허무인(虛無人)을 무고하면 무고죄가 성립하지 않는다. 만약 큰애가 역시 부모나 선생님의 관심을 끌겠다는 비슷한 이유로 자기가 다른 친구를 때린 적이 없음에도, "내가 어린이집에서 ○○를 때려주었어요."라고 말을 했다면 어떻게 될까? 이런 식의 자기(自己) 무고 역시 처벌되지 않는다.

공정사회

　나는 대학에서 영어영문학을 전공했다. 막 21세기로 전환되던 무렵 대학에서 《영국문학배경》이라는 수업을 수강하고 있었다. 교수님이 중간 과제로 토마스 모어의 '유토피아'를 읽고 리뷰하는 리포트 과제를 내주었다. 교수님은 과제를 내주시면서 자신이 '유토피아'에 관한 서적이나 논문은 모두 꿰뚫고 있으니 그런 전문가의 글을 베낄 생각은 꿈도 꾸지 말라고 했다. 표절이 발각되면 해당 리포트가 'F' 처리가 되는 것은 물론 과목 학점에도 매우 부정적 영향을 끼칠 것이라고 경고하였다. 교수님의 말은 너무나 당연한 이야기라고 생각했다. 특정 분야의 전문가이고 권위자인 교수보다는 부족하겠지만, 어떤 글을 읽고 자신의 생각을 자신만의 스타일로 표현하여 리포트를 작성하는 것이 정도(正道)라는 점은 이의가 없을 것 같았다. 그런 마음가짐으로 유토피아를 읽고 작성한 리포트를 제출하였고, 며칠 뒤 돌려받은 리포트에 적혀 있는 내 성적은 B였다. A가 아니어서 조금 아쉽기는 했어도 교수님 기준에 내 리포트는 그 정도 수준인 것으로 생각했다. 그런데 리포트를 돌려받은 날 수업시간에, 같은 과 동기와 이야기를 나누면서 뭔가 이상한 점을 느꼈다. 동기가 먼저 내게 질문했다.

"너 리포트 어떻게 썼어?"

"뭘 어떻게 써? 유토피아 읽어보고 그냥 내가 생각하는 대로 썼지. 내용이 좀 어려워서 읽는 것만 5시간, 리포트 쓰는 데 5시간 해서 총 이틀 걸렸다. 너는?"

"난 유토피아를 쓱 봤더니, 무슨 말인지 전혀 모르겠던데. 그래서 그냥 도서관에서 유토피아에 대해서 해설해놓은 책이 있길래 그냥 그 거 베껴서 냈어. 너도 알잖아? 나 고시 공부해서 시간도 별로 없는 거."

"책 베껴서 제출했다고? 교수님이 베껴서 내면 무조건 F라고 했잖아? 그럼 너 성적 뭐 받았어?"

"교수님이 그런 말을 했어? 난 못 들었는데? 어쨌든 나 리포트 A+ 받았어. 난 그냥 통째로 베꼈어."

순간 나는 바보가 된 것 같은 생각이 들었고, 더 이상 아무 말도 하지 않았다. 어느 정권에서나 '공정사회' 구현을 표방해왔다. 용어의 차이는 조금씩 있었지만, 큰 틀로는 공정한 사회를 크게 벗어나지 않았다. 그런데 도대체 '공정사회'라는 것이 어떤 사회일까? 인터넷 어학사전에는 공정사회를 '출발과 과정에서 공평한 기회를 주고, 개인의 자유와 개성, 근면과 창의를 장려하며, 패자에게 또 다른 기회를 주는 사회'라고 정의하고 있다. 이 사전의 정의를 보고 있으면 뭔가 멋진 말들이 줄줄이 나열되어 있어서 좋은 뜻인 것 같다는 생각이 들기는 하지만, 딱히 가슴에 와닿지는 않는다. 사회학자, 경제학자 같은 학자나 정치인, 그리고 시민단체 간부 등 소위 우리나라의 오피니언 리더라고 할 수 있는 사람들이 각자 나름대로 기준을 갖고 공정사회에 대해서 정의 내리고 있다. 이들은 기회의 균등에 초점을 맞추기도 하고, 부의 분배 등 정의로운 결과를 강조하기도 한다. 또, 그 기준이라는 것이 개인의 자유를 더 중시하는 자유주의적 관점일 수도 있고, 사회와 국가의 개입에 더 무게를 두기도 한다.

13년간 검찰수사관으로 근무하는 동안 많은 범죄와 범죄자를 접하면서, 나도 '공정사회'에 대해서 많은 생각을 해보았고, 그 개념을 범죄 현상과 연관 지어 정의 내려 보게 되었다. 개인적으로는 '절차나 규칙 등 사회에서 합의된 바를 준수하면서 성실히 사는 사람을 존중하는 사회'라면 '공정사회'이고, 그런 사람들이 기울였던 노력을 비웃고 오히려 바보 취급하는 사회는 공정하지 못한 사회라고 생각한다. 앞서 든 일화에서, 절차나 규칙을 지키면서 최선을 다해 노력한 나보다 목표 달성을 위한 노력을 기울이지 않고 반칙과 편법을 쓴 동기가 오히려 더 좋은 성적을 받았다. 이 일화는 나(개인)의 억울함, 또 다른 개인인 대학 동기의 표절이라는 부정행위, 그리고 이를 부주의로 적발하지 못한 교수의 문제로 도식화할 수도 있겠지만, 그러한 잘못된 관행이 근절되지 않은 채 반복되는 것이 일상인 사회라면 그 사회는 공정하지 못하다고 할 수 있을 것이다.

이런 정의에 입각해서 봤을 때, 대한민국이라는 큰 사회가 공정사회라고 진단하는 것을 가로막는 현상들을 우리 주위에서 쉽게 접할 수 있다. 특히, 단순한 불공정과 억울함의 문제가 아니라 범죄의 영역에서 다뤄야 하는 사회현상들이 있는데, 채용비리, 입시부정, 병역비리, 정부보조금 편취, 보험사기 등이 대표적인 예이다. 검찰수사관으로 근무하면서, 앞에서 예로 든 유형의 범죄들을 각 한 건 이상씩은 다뤄봤는데, 모두 앞서 정의 내린 틀에서 설명이 가능할 것 같다. 채용비리를 예로 들어 설명해보겠다.

「A라는 젊은이는 모자라는 집안 형편에 알바를 뛰어가며 어렵게 공부하여 대학을 졸업한 학생이다. 밤마다 감겨오는 눈을 부릅떠가며 공부하고 피땀 흘려 스펙을 쌓아서 한 회사에 입사지원서를 넣었다. 숱한 고민과 수정 끝에 완성한 자기소개서와 이력서를 제출하고 합격을 가슴 졸이며 기다렸다. B라는 젊은이도 있다. 이 젊은이는 학점도 토익점수도 바닥이고, 특별한 자격증 하나 없지만 아버지가 회사 대표와 친구라는 이유 하나만으로 A가 지원한 회사에 A 대신 합격한다. A는 B 때문에 불합격한 사실을 꿈에도 알 수가 없다. 빽 좋은 친구 때문에 불합격한 사실은 모른 채 자신의 부족한 실력과 스펙 탓을 하면서 도서관에서 더 공부하고 인턴 경력을 추가하기 위해 수십 장의 입사지원서를 넣을 뿐이다.」

보험사기 범죄를 하나 더 예로 들어 설명하면, 고의의 보험사고를 일으켜 사고 확률을 조작하는 사람들은 보험의 본질이라고 할 수 있는 '보험사고의 우연적 발생'을 조작하는 행동을 하는 것이다. 이렇게 확률을 조작하여 보험사를 속이고 보험금을 타게 되면, 성실하게 보험료를 납입하고 우연히 발생하는 보험사고로 보험금을 받는 대다수의 선량한 보험가입자들이 오롯이 그 손해를 떠안아야 한다. 입시부정, 병역비리, 정부보조금 편취 같은 유형의 사건들도 반칙과 불법을 저지르는 사람들이 대다수의 선량한 시민들(대학지원자, 병역의무자, 중소기업

사장 등)의 노력과 선의를 우습게 만들고, 그들에게 피해를 입히는 구조라는 점에서 유사하다.

검찰수사관으로 근무하면서 앞서 언급된 유형의 사건들을 수사할 때에는 항상 이 점을 염두에 두고 임했다. 비록 형식적인 피해자는 아니지만, 형식적인 피해자보다도 더 큰 피해를 입고 고통받는 다수의 실질적인 피해자들의 심정을 생각하지 않을 수 없었다. 사실, 앞에서 공정사회로 가는 길을 가로막는 현상들이라고 언급한 범죄들은 형식적으로는 법인이나 국가가 피해자인 경우가 많았다. 하지만, 실제로 피해를 입는 사람들은 공정한 경쟁이나 구조였다면 자신이 지원한 학교나 기업에 들어갈 수 있었던 사람들, 또는 정부로부터 보조금을 제대로 지원받거나 보험회사로부터 보험금을 받을 수 있었던 사람들이 아닐까?

한 사립학교에서 일어난 계약직 교사 채용비리 사건을 수사하면서도 이러한 점을 여실히 느꼈다. 교감의 지시로 부장교사 이하 면접위원들이 특정 지원자에게 점수를 몰아주려고 시도하였고, 이러한 지시에 따르지 않는 몇몇 위원들 때문에 특정 지원자의 합격이 여의치 않게 되자 교감(피의자)이 직접 주도하여 평가집계표까지 조작한 사건이었다. 이 학교의 채용전형은 1차 면접전형(수업 시연)과 2차 면접전형으로 구성되어 있었다. 1차 전형에서는 면접위원이 아닌 교감의 지시를 따르지 않은 면접위원들이 몇 있었고, 그 결과 객관적으로 미숙한 시연을 보였던 지원자가 낮은 점수를 받았으나 상대적으로 낮은 경쟁률 덕분에 1차 전형을 커트라인으로 통과할 수 있었다. 2차 전형에서는 교감이 직접 면접위원으로 참여하여 점수 몰아주기 분위기 조성 등 적극적인 방법으로 특정 지원자를 최종 합격시킨 것이었다.

　하지만, 피의자 신분으로 조사를 받게 된 교감은 학교가 추구하는 인재상에 부합하는 지원자를 채용하고 싶어 하는 것은 사립학교 특성상 불가피하다고 했다. 그래서 자신이 사전에 지원자들 이력서를 검토하는 과정에서 해당 지원자가 학교의 인재상에 가장 부합하는 인물이라고 판단해서 면접위원들에게 그 사람을 "잘 살펴보라."라고 한 것 뿐이라는 취지로 진술하였다. 아울러 평가집계표를 조작한 점에 대해서는 기억이 잘 나지 않고, 해당 지원자와는 어떠한 친분도 없으며, 해당 지원자의 채용과 관련하여 청탁을 받거나 대가를 수수한 적은 전혀 없다고 주장했다. 설령 피의자의 말이 사실이라고 하더라도, 특정인을 지목하여 면접위원들에게 신경 써 봐달라고 요청 내지 지시한 것은 면접전형의 공정성을 해친 것은 틀림없었다. 또, 이로 인해 더 뛰어난 지원자가 아무 영문도 모른 채 불합격하고, 어쩌면 자신의 인생을 비관하며 살아갈지도 모른다는 생각이 들었다. 이러한 점을 들어 피의자를 추궁하였다. 하지만 피의자는 학교의 인재상에 적합해 보이는 인물을 끌어오기 위한 불가피한 처사였다는 기존 입장을 고수했다. 이에 더해, 최종 합격한 지원자도 얼마 지나지 않아 학교를 그만뒀다는 말과 그 문제되는 지원자로 인해 떨어진 사람도 다른 더 좋은 학교에 취직을 해서 잘 살고 있을 거라는 궤변에 가까운 말을 덧붙였다.

　교감과 문제가 된 최종합격자 간에 유착관계가 있었을 것이라는 심증은 있었으나 객관적인 증거가 부족하여 이를 최종적으로 규명해내지는 못하였다. 다만, 교감이 면접과정에서 부당한 지시를 하였고, 평가집계표 조작에 관여하였다는 참고인들의 진술이 있어서 업무방해죄에 따른 처벌까지는 피할 수 없었다.

　어쩌면, 완벽히 공정한 사회라는 것은 이번 장의 이야기를 시작하면서 들었던 개인적인 일화에 나오는 유토피아(Utopia)의 원래 뜻인 '어디에도 없는 장소'처럼 이상 속에서만 존재하는 사회일지도 모른다. 검찰수사관으로서 공정사회를 멀게 느껴지도록 만드는 사건들을 수사하면서 공정사회 구현에 조금이나마 기여하기 위해 최선을 다했다고 자부한다. 비록 지금은 멀게 느껴지는 유토피아일지라도, 룰과 합의를 지키면서 최선을 다하는 사람이 가장 존중받는 사회를 만드는 데 미력한 힘을 보태야겠다는 다짐을 해본다.

승부조작

개인적으로 축구를 무척 좋아한다. 운동을 썩 잘하는 체질은 아니어서 직접 공을 차는 것을 즐겨 하지는 않지만 가끔씩 검찰청 축구 동호회 사람들과 축구나 풋살을 하기도 했다. 축구게임도 좋아해서, 과거 오락실에서 유행했던 축구 시리즈(세이브 축구, 버츄어 스트라이커)부터 PC방 FIFA 게임과 플스방 '위닝 일레븐'까지 축구 관련된 온갖 게임을 두루 섭렵하였다. 덕분에 시력이 급격히 나빠져서 몇 해 전부터는 축구게임을 거의 하지 않고 있다. 축구경기 관람하는 것은 더욱 좋아해서 시간이 날 때마다 경기장을 찾아 K리그 팀을 응원하기도 하고, 해외축구 경기도 늦은 밤 또는 새벽 시간대에 챙겨보는 편이다. 이렇게 취미로 좋아하는 축구는 마냥 즐길 수가 있지만, 막대한 자본력이 동원되는 프로의 세계에는 앞의 글 『공정사회』에서 본 것처럼 열심히 노력하는 자들을 비웃고 바보로 만드는 행태가 가끔씩 벌어지고 있다. 바로 승부조작 사건들이다. 운동선수, 감독 등이 브로커로부터 청탁과 금전을 받거나 약속받고, 직접 승부조작 행위를 하거나 다른 사람에게 승부조작 행위를 하도록 시키는 식이다.

한국 프로축구의 경우에는 2011년에 K리그 선수 한 명의 자살사건을 계기로 대대적인 수사가 진행되었고, 당시 K리그 선수로 등록된 600명 남짓 중 무려 8퍼센트에 이르는 50명 이상이 승부조작에 연루된 것으로 밝혀져 엄청난 충격과 파문을 일으켰었다. 승부조작에 관여한 것으로 밝혀진 K리그 소속 선수들 대부분 형사처벌을 받았음은 물론, 이후 한국프로축구연맹으로부터 중징계를 받게 되었다. 이후로도 잊을 만하면 승부조작이나 심판매수와 같은 불미스러운 일들이 터져 팬과 국민들을 실망시킨 바 있다. 검찰에서 발표한 프로축구 선수들의 승부조작 가담행위 실태는 다음과 같다.

- 수비수와 미드필더는 상대팀 공격수로부터 공을 빼앗을 수 있음에도 불구하고 빼앗지 않고 형식적으로 수비하는 시늉만 하거나 적극적으로 상대방 공격수를 따라가지 않고 고의 파울 유발로 퇴장을 유도
- 수비수는 다른 수비수와 조율된 수비방법을 취하지 않고 독자행동으로 소속팀의 수비라인을 흐트러뜨림
- 공격수는 득점 기회에도 골을 넣지 않는 등 적극적인 공격을 하지 않고, 슈팅도 고의로 골대 바깥으로 나가도록 공을 차면서 실축인 것처럼 가장
- 골키퍼는 슈팅을 막으려면 상대팀 공격수를 향해 달려 나가 슈팅 각도를 좁혀야 하지만 골대 근처에 머물러 상대팀 공격수의

슈팅을 허용

개인적으로 가장 좋아하는 스포츠인 축구에서 자꾸 승부조작 사건들이 일어나 안타까운 마음에 축구를 예로 들었지만, 승부조작은 프로야구, 프로농구, 프로배구 등 다른 스포츠에서도 자주 일어나고 있다. 공정한 경쟁이 생명인 승부의 세계에서 공정이 훼손되는 일은 절대 일어나서는 안 된다. 한쪽이 임의로 승부의 결과를 좌지우지한다면 상대 선수나 상대방 팀, 그리고 단체경기의 경우 동료 선수들의 땀에 대한 모욕이자 배신이기 때문이다. 또한, 공평한 룰에 따라 공정한 방법으로 정정당당하게 승부를 겨루기를 바라는 프로스포츠 팬들의 기대를 저버리는 기만행위이기도 하다. 이에 더하여 승부조작이 문제가 된 한두 경기가 아니라 해당 스포츠의 리그 전체, 더 나아가서는 프로스포츠 전반에 대한 국민의 신뢰를 떨어뜨리는 저열한 행위이다. 이와 같이 프로스포츠 세계(「국민체육진흥법」에서는 '전문체육에 해당'이라고 표현하고 있다)에서 규칙을 준수하며 열심히 노력하는 자들을 비웃고 꼼수와 반칙을 사용하여 우리 사회가 공정사회로 나가는 것을 방해하는 사람들에 대해서는, 「국민체육진흥법」에서 범죄행위로 규율하고 다스리고 있다.

국민체육진흥법 제14조의 3

① 전문체육에 해당하는 운동경기의 선수·감독·코치·심판 및 경기단체의 임직원은 운동경기에 관하여 부정한 청탁을 받고 재물이나 재산상의 이익을 받거나 요구 또는 약속하여서는 아니 된다.

국민체육진흥법 제47조

다음 각 호의 어느 하나에 해당하는 자는 7년 이하의 징역이나 7천만 원 이하의 벌금에 처한다.

1. 제14조의 3 제1항을 위반하여 부정한 행위를 한 운동경기의 선수·감독·코치, 심판 및 경기단체 임직원

얼마 전에 K리그 축구선수인 이한샘 선수가 전직 축구선수의 승부조작 제안을 거절하고 바로 구단에 신고하여 미담사례로 기사가 난 적이 있다. 이와 같은 일이 미담으로 소개되는 것이 아니라, 지극히 당연한 일이어서 기사화되지 않기를 기원하면서 글을 마친다.

검찰스토리 7

미국 수사기관에 전화 건 사연

검찰생활 내내 주로 검사실에서 근무하였지만, 조사과에서 근무한 적이 있다. 조사과는 검찰청 내에서 경찰서의 수사과 경제팀, 지능팀 같은 기능을 하는 부서라고 이해하면 된다. 고소장, 진정서 하나에서 시작하여 고소인(진정인) 조사, 피고소인(피진정인) 조사, 필요한 경우 대질조사 및 기타 증거 확보 등의 수사를 한 뒤 마지막으로 사건에 대한 의견서를 작성하여 검사실에 송치하는 것이다.

조사과에서 근무할 때 배당받은 진정사건을 처리하면서 생긴 일이다. 진정인은 당시 30대 후반의 여성이었고, 진정서 내용은 '오랫동안 불상(不詳)의 사람으로부터 스토킹을 당하고 있으니 가해자를 적발해서 처벌해달라.'는 취지였다.

진정서는 두서없이 중언부언 쓰여 있는 데다가 스토킹 등 범죄로 특정할 만한 구체적인 내용이 들어 있지 않았다. 그런데, 진정 내용 중에 자신의 페이스북 아이디가 해킹당해 누군가가 자신의 아이디로 페이스북 접속을 한 흔적이 확인된다는 이야기가 들어 있었다. 이는 입증만 되면 「정보통신망 이용 촉진 및 정보 보호 등에 관한 법률」상 정보통신망 침입죄로 처벌할 수 있는 내용이었다. 문제는 페이스북 사이트의 서버가 미국에 있어 행위자를 특정하기가 쉽지 않다는 것이었다. 그런데, 진정인이 진정서에 '이에 대해 협조하겠다고 한 FBI 수사관 한 명과 통화를 하였고, 이메일도 주고받았다.'라고 하면서 그 수사관의 연락처와 이메일 주소를 기재해놓은 것이 눈에 띄었다.

사실, FBI 수사관이 한국의 수사기관도 아니고 한 명의 개인에게 그와 같은 협조를 약속한다는 것이 믿기지는 않았지만, 그래도 정말 혹시 모르는 일이라 생각하고 진정서에 기재되어 있는 연락처로 연락을 시도해보기로 했다. 그렇게 마음은 먹었지만, 무척 긴장이 되었다. 학부에서 영문학을 전공하기는 했어도, 네이티브 미국인과 전문적인 분야에 대해 영어로 대화할 자신은 없었던 것이다. 물론, 사전에 현재 상황이나 요구사항 등을 준비하고 메모를 해놓긴 했지만, 대화가 내 뜻대로 흘러가리라고 장담할 수는 없었다. 몇 차례 심호흡을 한 뒤 사무실 전화기를 들고 번호를 눌렀다.

"The number you have dialed is wrong number."

꽤 오래전 일이라 안내 메시지의 정확한 표현은 기억이 나지 않는다. 어쩌면, 그때도 히어링의 한계로 정확한 표현은 파악하지 못했을 수도 있다. 어쨌든 그때 수화기 너머로 들려오는 안내 메시지는 대충 '잘못 걸었다.'라는 취지였다. 안도의 숨을 내쉬고 그때까지의 진행상황을 보고서로 남겼다. 그리고, 다른 방법으로 수사한 바로는 진정인의 페이스북 계정으로 접속한 제삼자는 확인되지 않았다. 진정인을 불러서 진행된 사항을 설명해주려고 하는데, 약 5분 정도 지났을 때 진정인이 "결국 아무것도 하지 않았다는 말이네요."라고 화를 내며 자리를 떠났다. 영어 준비도 많이 하고, 얼마나 많은 품을 들이고 노력을 했는데, 아무것도 하지 않았다니! 진정인 입장에서는 자신이 원하는 결과가 나오지 않아 그렇게 표현을 했을지도 모르지만, 다소 억울한 감정이 들기는 했다. 그래도 수사기관에서 근무하다 보면, 이런 일들을 워낙 자주 겪기 때문에 비교적 담담함을 유지할 수 있다. 어쨌든 그동안의 수사 진행과정을 수사지휘하던 검사에게 보고하고 해당 사건을 '공람종결 처분'했다.

제목에서 『미국 수사기관에 전화 건 사연』이라고 표현을 했는데, 미국 수사기관과 통화를 했을 뻔했는지는 몰라도 실제로 통화하지는 못했다. 참고로, 만약 실제로 미국 수사기관과 연락이 되었다면 이후에는 대검찰청 국제협력단 등을 통해 정식의 수사협조로 수사가 진행되었을 가능성도 있었다.

내 것을 처분해도 범죄?

 재산범죄는 대부분 다른 사람의 재물이나 재산상 이익을 침해해야 성립한다. 남의 것을 뺏거나(절도 또는 강도), 남의 것을 부수거나(손괴), 자기가 보관하고 있는 남의 것을 가져가거나(횡령), 배신행위로 남한테 손해를 입히고 자기가 이익을 얻는(배임) 등의 방식이다. 그런데, 자신의 물건을 가져가거나 숨기거나 부수는 경우에도 처벌되는 경우가 있다. 일반인들에게는 조금 생소하게 느껴질 수 있는데, 바로 권리행사방해죄라는 것이다. 물론 온전히 자기의 것을 마음대로 처분하였다고 하여 범죄로 다스린다는 것이 선뜻 이해가 가지 않을 수도 있다. 자기의 물건이기는 하되 그것이 다른 사람이 권리의 목적이 된 경우와 같이, 처분하는 데 일정한 제한이 걸려 있는 경우에 그 처분행위가 문제 되는 것이다. 그래서 우리 형법은 '타인의 점유 또는 권리의 목적이 된 자기의 물건 또는 전자기록 등 특수매체 기록을 취거, 은닉 또는 손괴하여 타인의 권리행사를 방해한 자는 5년 이하의 징역 또는 700만 원

이하의 벌금에 처한다.'라고 규정하고 있다. (제323조)

　이렇게 설명을 해도 여전히 권리행사방해죄는 생소하게 느껴질 수 있다. 수사실무에서 이 죄명이 많이 문제가 되는 경우는 자동차 할부구매와 관련된 권리행사방해죄이다. 자동차는 고가(高價)의 물건이므로 금융회사로부터 대출받아 매수대금으로 충당하면서 매매계약을 체결하는 경우가 많다. 이때, 보통 ○○○ 캐피털과 같은 금융회사는 그 신용을 담보하기 위해 매매의 목적물이 되는 자동차에 근저당권을 설정한다. 추후에 대출자가 할부금을 납부하지 못하면 저당권을 실행하고 환가한 뒤 회사의 채권을 만족시키기 위한 조치이다. 그러다가, 생각보다 많은 사람들이 차량 매수 후 할부금을 제때 납부하지 못해 연체를 하게 되고, 이렇게 되면 채권자는 일정한 절차를 거쳐 근저당권을 실행하게 된다.

　그런데 대출자가 할부금을 연체할 정도의 상황이라면, 돈이 부족해서 여기저기서 현금을 융통해야 하는 지경에 이른 경우가 많다. 그래서 이미 해당 차량을 다른 사람에게 넘겨주고 그 대가로 돈을 받아 썼을 가능성이 높다. 현금을 융통하기 위해 해당 자동차에 다른 담보권을 설정하고 돈을 빌린 것이라면 큰 문제가 없겠지만 이미 근저당권이 설정되어 있어 담보가치가 현저히 떨어지는 자동차를 담보로 돈을 빌려주는 사람이 있을 리 만무하다. 설령 돈을 빌려준다고 하더라도 극히 소액이어서 대출자가 거래를 하지 않을 가능성도 높다. 그래서 많은 경우에 있어 대출자가 제삼자에게 차량 자체를 인도해주고 돈을 받는 것이다. 제삼자는 대부업자나 사채업자일 수도 있고, 중고자동차 매매업자 등 자동차 관련 종사업자일 수도 있다. 이때 차량을 인도해주면서 그 제삼자의 인적사항이나 연락처 등을 확보하지 않는 경우가 많다. 또, 상당히 많은 경우에 인도된 차량은 대포차량으로 탈바꿈하여 범죄수단으로 이용되기도 한다. 이렇게 되면, 원래 할부금 대출을 해주었던 금융회사가 대출자의 채무불이행(할부금 연체) 사실에 기반하여 근저당권을 실행하려고 할 때 어려움에 빠지게 되는 것이다. 돈을 빌려주었던 금융회사 입장에서는 자동차의 소재가 파악되지 않으면 근저당권 실행 및 환가처분이 어려워지기 때문에, 자신의 권리행사가 방해되었다고 주장하면서 대출자를 형사고소하게 된다. 이런 사실관계를 앞서 본 권리행사방해죄의 법조문에 적용시켜 보면, 『타인(금융회사)의 근저당권이라는 권리의 목적이 된 자기의 물건인 자동차를 그 소재를 발견하기 곤란하게 하는 은닉행위를 통해 금융회사의 근저당권 실행이라는 권리행사를 방해한 것』이라고 할 수 있다.

자동차 권리행사방해로 조사하다 보면, 이 죄로 조사받는 대부분의 피의자들이 "자동차를 처분하면 권리행사방해로 처벌된다는 사실을 알지 못했다.", "권리행사방해죄라는 범죄 또는 말 자체를 처음 들어본다.", "내가 한 행동이 은닉이라고는 생각하지 못했다."라는 식으로 항변을 한다. 물론, 이러한 항변은 인정받기 어렵다. '법률의 부지(不知)는 용서받지 못한다.'라는 유명한 법언(法諺)도 있지만, 그걸 떠나서 비록 내 것이라고 할지라도 그것을 다룰 때는 다른 사람을 위해 설정되어 있는 근저당권 등 권리의 행사를 방해하지 말아야 하는 것은 상식에 속하는 내용이기 때문이다. 그래서 이런 상식에 입각한 내용을 피의자에게 설명해주면, 처음에는 다소 억울해하던 피의자도 대부분 고개를 끄덕이며 수긍한다.

그런데, 자동차 권리행사방해죄는 법원에서 무죄판결을 하는 경우가 많다. 앞에서도 이야기했듯이 권리행사방해죄는 재산범죄 중 유일하게 소유자가 행위의 주체가 되는 범죄이다. 소유권에는 사용·수익·처분 권능이 있다. 비록 다른 사람의 권리의 목적이 되기 때문에 그 권능에 제한이 따르기는 하지만, 기본적으로 소유권은 배타성을 띤 시원적(始原的)인 권리이다. 따라서, 법원에서는 대출자가 자신의 권리행사의 일환으로 다른 사람에게 돈을 빌리면서 차량을 인도하는 것을 권리행사방해죄로 의율하는 데 다소 신중한 태도를 보이고 있다. 그래서 제삼자에게 차량을 인도해준다고 하더라도, 자동차의 소재를 도저히 파악할 수 없을 정도로 무심히 방치했거나 자동차가 대포차량으로 이용될 것을 능히 예상할 수 있었던 것이 아닌 이상 권리행사방해죄를 거의 인정하지 않는다. 그런 의미에서, 제삼자와 계약을 체결하고 차량을 인도할 때 그 제삼자의 인적사항 파악을 비롯하여 차량 회수를 위한 조치가 보장되었다고 판단되는 경우라면 권리행사방해죄로 처벌받는 것은 피할 수 있을 것으로 보인다.

참고로, 일반인들에게 권리행사방해죄라는 개념이 생소할지 몰라도 권리행사방해라는 말은 언론에서도 많이 사용되고 있다. 우리 형법전에는 '권리행사방해'라는 표현이 나오는 곳이 세 군데가 있는데, 이 장에서 다룬 권리행사방해죄 외에 제123조의 직권남용죄와 제324조의 강요죄이다. 이중 직권남용죄는 '공무원이 직권을 남용하여 다른 사람에게 의무 없는 일을 하게 하거나 사람의 권리행사를 방해한 때' 성립하는 범죄이다. 직권남용권리행사방해죄라는 죄명으로 불리기도 한다. 물론, 지금 이야기하고 있는 권리행사방해죄와는 성격이 많이 다르다. 구성요건에 '권리행사를 방해'한다는 표현이 있다는 점만 공통될 뿐 주체, 보호법익, 행위태양 등이 형법 제323조의 권리행사방해죄와는 판이한 별개의 범죄이다. 직무유기죄와 더불어 공무원 범죄 발생 건수 중 압도적으로 높은 비율을 차지하는 범죄 중 하나이며, 직무유기죄와 마찬가지로 수사단계에서 불기소 처분을 받는 비율 또한 95퍼센트 안팎으로 상당히 높은 편이다. 2016년 국정농단 사건에서 많은 공직자들이 바로 이 죄명으로 수사를 받고 재판을 받았다.

'준'이 들어간 범죄들

일반적으로 어떤 명사 앞에 '준'이라는 접두사가 붙으면 뒤에 따라오는 명사에 비해 순위나 가치 등에서 열위에 있는 것처럼 인식된다. '준우승', '준결승', '준회원' 등이 대표적인 예이다. '준'의 사전적 의미는 '구실이나 자격이 그 명사에는 못 미치나 그에 비길 만한'이라는 것이다. 여기서 '그에 비길 만한'이라는 의미에 주목해보면, 우리 형법전에도 범죄 앞에 '준'자가 붙는 죄명을 몇 개 찾을 수 있다. 준강간(강제추행), 준강도, 준사기 같은 범죄들이 대표적인 예이다. 하지만, 똑같이 '준'자가 붙었다고 해도, 각 범죄에서 '준'이 의미하는 바는 각기 다르다.

먼저, 준강간, 준강제추행은 사람의 '심신상실' 또는 '항거불능'의 상태를 이용하여 간음 또는 추행을 한 자를 강간, 강제추행에 버금가게 처벌하는 것이다. 쉽게 생각할 수 있는 예가 술에 만취해 있거나 약에 취해서 몸도 제대로 못 가누는 상태에 있는 사람을 간음하거나 강제추행하는 것이다. 이는 폭행이나 협박이라는 강제적 수단을 쓰지 않았을 뿐이지 그 불법성이 강간, 강제추행과 본질적으로 다르지 않기 때문에 강간이나 강제추행과 유사하게 취급하는 것이다. 이때, 피해자의 심신상실이나 항거불능의 상태는 피해자 스스로 만든 것이거나 다른 원인에 의해서 만들어진 것이어야지, 가해자가 그와 같은 상태를 야기한 다음에 간음이나 추행을 하는 경우에는 강간이나 강제추행으로 처벌받게 된다. 회식자리에서 만취한 동료를 간음하거나 추행하는 것이 준강간과 준강제추행으로 처벌받는 전형적인 예이다.

준강도는 절도가 '재물의 탈환을 항거하거나', '체포를 면탈하거나', '죄적을 인멸할 목적'으로 폭행 또는 협박을 가한 때에 강도의 예에 의해 처벌하는 것을 말한다. 통상적인 강도가 피해자를 상대로 폭행이나 협박을 한 뒤에 재물을 빼앗는 구조인 데 반해, 준강도는 재물을 빼앗거나 빼앗으려는 단계에 있는 절도범이 피해자가 재물을 되찾으려고 하거나 피해자나 수사기관으로부터 체포당할 위협에 처했을 때 피해자나 수사기관 등을 폭행, 협박하는 구조이다. 결국 통상적인 강도와는 폭행·협박 행위와 재물을 빼앗는 것의 시간적 순서에 차이가 있을 뿐이라고 할 수 있다. 그런 의미에서, 준강도죄를 '사후강도'라고도 한다. 물건을 훔치는 데 성공한 소매치기범이 피해자가 뒤쫓아오자 그를 마구 때리는 경우가 준강도죄의 전형적인 사례 중 하나이다.

준사기는 '미성년자의 지려천박' 또는 '사람의 심신장애'를 이용하여 재물의 교부를 받거나 재산상의 이익을 취득한 자를 사기죄에 준해 처벌하는 범죄를 말한다. 사기죄 성립을 위해 본질적인 요소가 '기망행위', 즉 상대방을 속여 재산상 이익 등을 얻는 것인데, 준사기죄는 이미 상대방의 지적, 심적 상태가 특별한 기망행위가 없어도 될 정도에 이른 경우 상대방의 그와 같은 상태를 이용하여 재물을 교부받거나 재산상 이익을 취득하는 것을 사기죄와 동등하게 평가한다는 것이다. 법조문에 나와 있는 '지려천박'이란 용어는 많이 낯설게 느껴질 수 있다. 지려천박은 '세상 물정에 어둡고 사려가 깊지 못하여 재산 거래에 있어서 지적 판단능력이 현저히 낮은 경우'를 의미한다고 한다.

수사실무를 꽤 오랫동안 한 사람들도 준사기죄를 한 번도 다뤄보지 못한 경우가 많을 정도로 실무에서 자주 발생하는 범죄는 아니다. 개인적으로는 검찰수사관으로 근무하면서, 딱 한 번 준사기죄 사건을 다뤄본 적이 있다. 한 출판사 사장이 정신지체가 있는 목사와 출판계약을 체결하고 원고 일부와 출판을 위한 비용 1,000만 원 상당을 받은 뒤 출판을 해주지 않아 재산상 이익을 취했다는 혐의였다. 대질조사를 통해 목사의 심신상태와 피의자가 계약불이행을 하게 된 경위 등을 확인한 뒤, 해당 사건에서는 목사의 지적 판단능력이 현저히 낮다고 보기 어렵고, 계약 불이행에도 정당한 이유가 있다고 판단하여 피의자가 증거불충분으로 인한 '혐의없음' 처분을 받았던 기억이 난다. 준사기죄의 좀 더 전형적인 사례를 들자면, 부모님 소유의 고가 물품을 갖고 있는 어린 미성년자에게 아주 헐값으로 해당 물품을 매수하는 경우를 들 수 있다.

일반인들에게 다소 생소할 수 있는 앞에 '준'이 붙은 범죄에 대해서 알아보았다. 하지만, 수사기관 입장에서는 '준'자가 붙는 범죄가 통상의 범죄와 다른 것은 전혀 없다고 해도 과언이 아니다. 피해자 입장에서도 해당 범죄로 피해를 입은 것은 명백한 사실로, 사건에서 적용되는 범죄가 강도, 강간, 사기이든 준강도, 준강간, 준사기이든 큰 의미는 없을 것이다. 다만, 우리 형법에는 이런 범죄도 있고, 어떤 경우에 이런 범죄로 처벌받을 수 있는지 소개하는 차원에서 '준'이 들어간 범죄들에 대해서 살펴보았다.

'방해'가 들어간 범죄들

우리 형법에는 '방해'라는 말이 들어간 범죄들도 있다. 앞서 본 '준'과는 달리 '방해'는 주로 어떤 단어의 뒤에 붙어서 범죄를 구성한다. 공무집행방해, 업무방해, 경매·입찰방해 이런 식이다.

먼저, 공무집행방해는 두 가지 유형이 있다. '폭행·협박으로' 공무원의 공무집행을 방해하는 것(형법 제136조 제1항)과 '위계로써' 공무원의 공무집행을 방해하는 것(형법 제137조)이 그것이다. 안타깝게도 일상다반사로 발생하는 범죄가 폭행 또는 협박에 의한 공무집행방해죄이다. 또, 이 범죄 중 상당수는 술에 취한 사람에 의해 일어난다. 흔히 볼 수 있는 범죄유형이 주취상태에 있는 사람이 길에 널브러져 있거나 다른 사람과 다투고 있을 때 신고를 받고 온 경찰관에게 도리어 폭행이나 협박을 하여 공무집행을 방해하는 것이다. 정확한 통계는 확인해보지 않았지만, 변호사로 근무하면서 느끼기에는 최근 이 공무집행방해죄의 발생 빈도가 크게 줄어든 것 같다. 코로나19로 인해 저녁모임 제한 등 각종 제약이 늘어나면서, 음주의 기회도 많이 줄었기 때문이라 생각된다.

술기운에 또는 흥분상태에서 경찰공무원에게 다소 거칠게 대응하는 것은 어느 정도 이해가 가지만, 정당한 공무를 집행하는 공무원의 업무를 폭행이나 협박으로 방해하는 것은 정의의 관점에서 용납될 수 없다. 법원에서도 폭행, 협박으로 공무집행을 방해하는 죄를 저지른 경우 엄중하게 처벌하고 있는 추세이다. 본 죄는 공무를 수행하는 공무원 개인의 보호를 넘어서 국가기능을 보호하는 데 목적이 있는 국가적 법익에 관한 것이기 때문이다. 한편 '위계'에 의한 공무집행방해죄도 법정형은 앞서 본 폭행이나 협박에 의한 공무집행방해와 같다. 범행을 저지르는 방법에서 차이가 있을 뿐이다. '위계'란 '다른 사람의 부지 또는 착오를 이용하는 일체의 행위'를 뜻한다. 운전면허시험에 대리 응시한 경우, 국가 주관의 공식적인 시험에서 부정행위를 한 경우 등이 이 죄가 적용되는 대표적인 예에 속한다. 현행범으로 체포된 뒤 신종 코로나 바이러스에 감염되었다는 거짓말을 하고 풀려난 사람 역시 이 죄의 적용을 받아 처벌받기도 했다.

다음은 업무방해죄이다. '허위사실을 유포'하거나 '위계' 또는 '위력'으로 사람의 업무를 방해한 자를 처벌한다. (형법 제314조) '허위사실 유포'는 주로 경쟁관계에 있는 당사자 중 일방이 경쟁에서 우위를 점하기 위해 다른 한쪽의 가치나 경쟁력 등에 대해 객관적 사실과 다른 내용을 유포하는 경우에 문제가 된다. 허위사실은 주요 부분이 객관적 사실과 다른 것을 의미하고 단순한 의견이나 가치판단을 표시하는 것은 제외된다는 것이 판례의 태도이다. '위계'는 앞의 공무집행방해죄에서 본 내용과 같으며, 채용비리나 대리시험 등 부정한 방법에 의한 시험 응시 등이 위계에 의한 업무방해죄의 대표적인 예에 해당한다. 얼마 전 우리 사회를 떠들썩하게 했던 모 여고의 쌍둥이 자매 시험지 유출사건에서도 관련자들에게 이 죄가 적용되었다. '위력'으로 업무를 방해하는 것은 음식점에서 행패를 부리면서 손님을 밖으로 내쫓는 방법으로 영업손실을 초래하는 행위를 대표적인 예로 들 수 있다.

다음은 경매·입찰방해죄이다. 이 범죄는 일반인들에게 다소 생소할 수 있는데, 실무상 비중도 낮은 편이다. 형법은 '위계 또는 위력, 기타 방법으로 경매 또는 입찰의 공정을 해한 자를 2년 이하의 징역 또는 700만 원 이하의 벌금에 처한다.'라고 규정하고 있다. (제315조) 위계나 위력의 뜻은 앞서 본 공무집행방해죄나 업무방해죄에서의 그것과 비슷하다. 그리고 본 죄에서 보호하려고 하는 경매나 입찰은 국가, 공공단체가 주관하는 것뿐만 아니라 일반 사인이 행하는 것도 포함된다고 본다. 이 죄가 적용되는 대표적인 예는 경매나 입찰에 참가하는 사람들끼리 '담합'을 해서 특정한 사람이 경락 또는 낙찰받게 하는 것이다.

개인적으로는 경매과정에서 법원에 허위의 공사대금채권으로 유치권 신고를 함으로써 경매방해 혐의가 있는 피의자를 수사한 경험이 있다. 또, 한국전력공사의 배전공사 협력회사 낙찰과정에서 허위의 전기공사 실적이 포함된 '전기공사실적 확인원'을 제출하여 낙찰을 받아 입찰방해 혐의로 입건된 피의자를 수사해본 적도 있다. 경매·입찰방해죄 사건들을 수사하면서 이 죄의 법정형 상한이 징역 2년으로 생각보다 낮아서 놀랐던 기억이 있다. 개인적인 생각으로는 경매·입찰방해나 앞서 본 공무집행방해 및 업무방해와 비교했을 때 행위의 불법성이나 보호법익에 있어서 큰 차이가 있어 보이지는 않는다. 그러나, 어쨌든 입법자의 결단은 동 범죄가 공무집행방해나 업무방해보다는 행위의 불법성이 낮다고 판단한 것으로 보인다.

우리 형법에서 '방해'가 들어가 있는 세 개의 범죄에 대해서 알아보았다. 이 세 개의 범죄가 빈번하게 발생하는 편이고, 수사실무나 변호사 실무에서 자주 접하기 때문에 소개를 해본 것이다. 우리 형법에는 이외에도 선거방해(제128조), 장례식 등의 방해(제158조), 변사체검시방해(제163조), 진화방해(제169조), 방수방해(제180조), 수리방해(제184조) 등을 규정해놓고 있다. 하지만, 이런 범죄들은 거의 발생하지 않는다고 해도 과장이 아닌 것 같다. 14여 년의 검찰수사관, 변호사 경력을 통틀어서 한 번도 다뤄보지 못한 범죄들이다.

검찰스토리 8

카를로스를
미소 짓게 한 대화는?

조사했던 외국인 피의자 중에 특수절도 혐의로 구속 송치된 2명의 남미 국적자(콜롬비아, 베네수엘라)들이 있었다. 참고로, 우리나라에서 발생하는 외국인 범죄 중에서 콜롬비아를 비롯한 남미 국적자에 의한 범죄 비율은 0.2퍼센트 정도에 불과하다. 이들의 혐의는 각자 국가에서 한국으로 입국한 다음날 서울 종로구 일대에서 귀금속을 훔쳤다는 것이었고, 입국 3일 만에 검거되어 경찰서 조사를 거쳐 구속영장이 발부되고, 검찰에 송치된 상황이었다. 피의자들은 절도범행 자체에 대해서는 자백하였고, CCTV 등 이들의 혐의를 뒷받침하는 객관적 증거도 충분했다. 문제는 이들이 범행에 이르게 된 경위가 석연치 않았을 뿐만 아니라, 공모 여부도 확인되지 않았다. 무엇보다 같은 항공편을 이용해 입국한 사실이 확인되고, 범행 현장에 같이 있는 장면이 목격되었음에도 불구하고 이들은 서로를 모르는 사람이라고 주장했다.

그래서, 범행 경위나 공모 여부를 밝히는 데 주력했다. 피의자 한 명은 스페인어권에서 가장 흔한 이름 중 하나인 '카를로스'였고, 다른 한 명은 오래전 사건으로 기억은 잘 나지 않지만 흔한 이름은 아니었던 것 같다. 카를로스는 콜롬비아에서 20살까지 지역 축구선수 생활도 했었는데, 발목 부상을 한 번 크게 당하고 난 뒤 직업으로서 축구선수는 포기했다고 한다. 그래도 꾸준한 재활을 통해 몸상태를 어느 정도 끌어올렸고, 초등학생 정도의 아이들은 지도할 수 있다고 생각하고 한국 아이들에게 축구를 가르쳐주려고 한국행 비행기를 탔다는 것이다. 그런데 한국에 들어올 때 갖고 온 돈이 거의 없어서 절도범행을 하게 되었다고 했다. 베네수엘라 피의자 역시 한국에서 일자리를 구할 수 있을 것이라는 희망을 갖고 입국하였다면서 범행 경위에 대해서도 카를로스와 비슷한 진술을 했다. 자국에서는 배관일을 주로 했다고 하였다.

범행 경위에 대한 두 사람의 진술은 모두 믿기 어려운 이야기들이었다. 두 사람은 입을 맞춘 듯 서로 모르는 사이라고 주장하면서, 범행 당시에 우연히 만나게 된 것이고, 같은 남미권 국적에 비슷한 처지이다 보니 서로의 범행을 도운 것이라고 진술했다. 두 사람 모두 한국에서 일자리를 구할 생각이었다고 했는데, 한국에 관광비자를 통해 입국했다면 처음부터 불법취업 목적으로 입국했을 가능성이 높아 보였다. 이러한 점을 집중적으로 질문하면서, 카를로스에게는 다리도 불편한데 어떻게 한국에서 아이들한테 축구를 지도하려고 했냐고 캐물었지만, 이에 대해서 별다른 대꾸를 하지 못했다. 그냥 아무튼 한국에서 일자리를 구할 수 있을지 알아보러 왔다고 우겼다. 전반적인 진술과 사정을 종합해보았을 때, 이 두 사람은 원래 서로 아는 사이이고, 콜롬비아에서부터 한국에서 특수절도할 범행계획을 세우고 함께 입국해서 함께 범행을 하다 발각된 것이 자연스러운 스토리 같아 보였다. 아마 이 둘은 처음부터, 한국에서 범행하다가 검거되고 재판까지 받을 경우까지 대비해서 범죄의 우연성이나 단독범행 등에 대한 진술을 구상해놨던 것 같다. 하지만 이들의 말을 입증할 만한 증거나 자료는 하나도 없었다. 반면 범죄 혐의를 입증할 객관적인 증거는 명백히 존재하였기 때문에 특수절도로 기소하는 데 어려움은 없었다.

내 기초적인 조사가 끝나고 검사님이 추가조사를 위해 피의자 신문조서를 검토하고 있을 때, 통역을 통해 카를로스에게 아는 한국인 축구선수가 있는지 물어보았다. 그랬더니 맨체스터 유나이티드에서 뛰고 있는(당시는 2009년이었음) 박지성을 안다면서 아주 훌륭한 선수라고 생각한다고 했다. 나도 이에 대한 화답(?)으로 콜롬비아 출신의 축구영웅 사자머리로 유명한 '카를로스 발데라마'를 안다고 이야기하면서, 인터넷 검색으로 뜬 발데라마의 사진을 보여주기 위해 컴퓨터 모니터를 돌려 카를로스 쪽으로 향하게 했다. 순간, 카를로스의 얼굴에 옅은 미소가 보이더니 고개를 끄덕끄덕했다. 비록 지구 반대편 나라에서 범죄자로 조사받고 있는 상황이었지만, 자기 나라의 축구영웅, 자기 취미인 축구에 대해서 알아주는 먼 나라 수사관이 있으니 긴장이 조금 풀리고 기분도 좋아진 것 같았다. 이 틈을 타 카를로스에게 처음부터 공범과 범행을 계획하고 한국에 온 것이 아닌지 넌지시 물어봤다. 카를로스는 다시 정색하더니 공범은 원래 아는 사이가 아니고 범행하다가 우연히 만난 것이라고 기존 입장을 고수했다.

실수로 범죄를 저지른 사람들

　범죄는 고의범만을 처벌하는 것을 원칙으로 한다. 부주의나 실수로 저지르는 범죄, 즉 과실범은 법에 범죄로 규정되어 있는 경우 이외에는 처벌하지 않는 것이 원칙이다. 형법에서도 '정상의 주의를 태만함으로 인하여 죄의 성립요수인 사실을 인식하지 못한 행위는 법률에 특별한 규정이 있는 경우에 한하여 처벌한다.'라고 규정하고 있다. (제14조) 따라서, 실수로 누군가를 때렸다든가, 또 부주의로 다른 사람의 물건을 손상시켰다면 이론상으로는 과실폭행이나 과실손괴가 되겠지만, 형법상으로는 '과실폭행죄'나 '과실손괴죄' 같은 범죄는 규정되어 있지 않기 때문에 형사처벌을 받지 않는다. 다만, 도로교통법에서는 운전자가 과실로 다른 사람의 재물을 손괴한 경우 처벌하고 있는 등 특별법에는 과실재물손괴를 처벌하는 규정을 두고 있기도 하다. 일반적으로 과실폭행이나 과실손괴와 같은 행위가 죄형법정주의의 원칙으로 인해 형사처벌은 받지 않더라도, 고의든 과실이든 다른 사람의 신체의 완전성이나 재산의 효용을 침해한 사실은 명백하므로 손해배상 등 민사상 책임을 추궁당할 수는 있다.

대부분의 과실범은 고의범에 비해 그 불법성이 현저히 낮으므로, 과실범의 법정형 역시 범죄자의 행위로 인한 결과의 중함에도 불구하고 상당히 낮은 것이 일반적이다. 예를 들어, 고의로 사람을 죽이는 살인죄의 경우 법정형이 사형, 무기징역 또는 5년 이상의 징역으로 규정되어 있지만, 과실로 사람을 사망에 이르게 한 경우에는 2년 이하의 금고 또는 700만 원 이하의 벌금으로 법정형에 큰 차이가 있다. 마찬가지로, 고의로 불을 낸 방화죄의 경우에는 불을 놓은 대상에 따라 무기 또는 3년 이상의 징역, 2년 이상의 징역, 1년 이상 10년 이하의 징역 등 비교적 중하게 처벌받게 되지만, 과실로 불을 낸 경우에는 그 대상과 관계없이 1,500만 원 이하의 벌금형으로만 다스릴 수 있다.

그러나, 실수로 저지른 범죄라고 하여 무조건 면죄부가 주어지거나 관대한 처분을 받는 것은 아니다. 해당 사건에서 결과가 중하거나 행위의 비난가능성이 큰 경우에는 중형을 피할 수 없게 된다. 물론 죄형법정주의의 원칙의 한 내용인 '법률주의'로 인해 아무리 결과가 중하고 비난가능성이 크다고 하여 법정형을 넘는 형을 선고할 수는 없지만, 해당 범죄의 법정형 상한 등 중형이 선고될 수도 있다. 1994년에 발생한 비극적 사건인 성수대교 붕괴 시에 부실공사, 부실감리 및 감독소홀을 한 자 등에게 업무상과실치사상, 업무상과실일반교통방해, 업무상과실자동차추락죄 등을 적용해 중하게 처벌한 것이 대표적인 예이다.

한편, 검사실에 배당되는 사건 중 상당 부분을 차지하는 범죄 중 하나가 과실범죄인 '교통사고처리특례법'상 (업무상) 과실치상죄이다. 물론 이러한 유형의 범죄 대부분은 경찰수사로 마무리되고, 사건의 검찰

송치 후 검찰에서 추가수사를 하는 경우는 많지 않다. 대개 검사가 기록검토와 수사지휘를 통해 검찰에서 보완수사가 필요 없을 정도로 수사가 마무리된 상태에서 사건을 송치받기 때문이다.

차량의 운전자가 차량운행 중 과실로 교통사고를 일으켜서 사람을 다치거나 죽게 한 경우에는 5년 이하의 금고 또는 2천만 원 이하의 벌금으로 처벌을 받을 수 있다. 그런데, 이때에도 피해자가 가해 운전자에 대한 처벌을 원하지 않는 의사표시를 하거나 가해자가 종합책임보험 등에 가입되어 있다면(단, 이때도 교통사고 피해자에게 생명의 위험이 발생하거나 불구가 되거나 불치 또는 난치의 질병이 생긴 경우는 제외된다) 가해자를 처벌할 수 없다. 다만, 흔히 12대 중과실 사항으로 알려진 신호위반, 중앙선 침범, 금지된 앞지르기 등의 행위로 발생한 인명 교통사고는 피해자의 처벌의사, 가해자의 종합책임보험 가입 여부와 무관하게 처벌이 가능하다. 행위자에 대한 처벌의 필요성이 피해자의 의사 등 여타 법익보다 우월하다고 판단한 입법자의 의지가 반영된 법조항의 적용을 받기 때문이다.

또, 우리 형법에는 과실에 관한 죄를 처벌하는 흥미로운 규정이 있다. 바로 장물취득죄인데, 장물취득죄도 기본적으로 해당 물건이 장물인지 알고 취득하는 고의범을 처벌하는 것을 원칙으로 한다. 우선, 장물(贓物)은 강도, 절도, 사기 등 재산범죄로 인해 얻은 물건을 의미한다. B가 훔쳐온 오토바이를 A가 그 물건이 B의 범죄행위로 인한 것임을 알고서도 매수하는 경우 A는 장물취득죄로 처벌받음은 물론이다. 그런데, 만약 A가 그 오토바이가 B가 훔쳐온 물건이라는 것을 알지 못하였는데, 여러 가지 정황으로 보아 알 수도 있는 상황이었다고 가정해 보자. 실무로 들어가면, 이때 알 수도 있는 상황이라는 것은 결국 그 오토바이가 훔친 물건이라는 것을 막연하게나마 인식하면서(미필적 인식, 미필적 고의) 취득하였다고 하여 A에게 장물취득죄를 적용할 가능성도 있다. 실무상의 적용에 대한 고려 없이 순수하게 법리적으로만 따지면, 위 사안에서와 같이 조금 주의를 기울였다면 장물임을 알 수 있었다는 정도만으로는 A를 처벌할 수 없다. 일반인에게 어쩌다 일어나는 거래에서 그 거래 대상이 장물인지, 아닌지를 판단하고 심사해야 할 주의의무까지는 없다는 것이 입법자의 결단이기 때문이다.

그래서, 우리 형법에는 '과실장물취득죄'라는 범죄는 규정되어 있지 않다. B로부터 오토바이를 산 A는 주변 사람들로부터 핀잔을 들을 수 있겠지만, 형사처벌까지는 받지 않을 것이다. 하지만, A가 전문적으로 중고 오토바이를 취급하는 중고매매 상인이라면 이야기가 달라진다. 우리 형법에서는 업무상 과실장물취득죄를 규정하고 있는데, '업무상 과실로 인하여 장물취득 등 죄를 범한 자는 1년 이하의 금고 또는 500만 원 이하의 벌금에 처한다.'라는 규정이 그것이다. (제364조) 중고품 매매상, 골동품상, 전당포 주인 등과 같이 영업상 장물을 취급하기 쉬운 업무자에게는 그 업무를 처리함에 있어서 일반 사람들에게 요구되는 것보다 높은 주의의무를 요구하기 때문에, 이와 같은 업무상 과실장물취득죄를 법에 규정하여 처벌하고 있는 것이다. 보통 사람의 주의의무와 전문가, 속된 말로 '꾼'의 주의의무는 다를 수밖에 없다는 인식이 반영된 결과물인 것이다.

아동학대,
정서적 학대의 기준은?

잊을 만하면 언론에서 보도되는 사건 중의 하나가 바로 어린이집 아동학대 사건이다. 대개 사건명은 아동학대가 발생한 어린이집이 있는 지역 이름을 따서 붙여진다. '인천 어린이집 아동학대 사건' 이런 식으로 말이다. 이런 유형의 사건들이 하도 많이 발생하다 보니, 어린이집 아동학대 사건 앞에 붙은 지역 이름을 나열하면 거의 전국지도에 가까운 형국이 되는 실정이다. 어린이집에서 어린이집 교사에 의해 발생한 아동학대 행위에 적용될 수 있는 법이 「아동학대 범죄의 처벌 등에 관한 특례법」이다. 이 법에서는 '보호자'에 의한 '아동학대 범죄'에 대한 처벌 및 그 절차와 피해 아동에 대한 보호절차 등을 다루고 있다. 여기서 보호자는 친권자와 법률이나 계약에 의해 아동의 보호, 양육, 교육을 담당하는 자를 의미한다. 전자는 부모나 조부모 등이 대표적인 예이고, 후자는 어린이집, 유치원 교사, 보호시설 직원 등이 해당한다. 아동학대는 '아동의 건강 또는 복지를 해치거나 정상적 발달을 저해할 수 있는 신체적, 정신적, 성적 폭력이나 가혹행위를 하는 것, 그리고 아동을 유기하거나 방임하는 것'을 의미한다.

이 법은 2014년 1월에 제정되었는데, 제정 배경은 의외로 어린이집 교사에 의한 아동학대가 아니었다. 2013년 11월에 있었던 울산 계모 아동학대 사망사건, 일명『서현이양 학대치사 사건』을 계기로 해서 이 법이 제정되었다. 피해 아동의 친부와 사실혼 관계에 있었던 여성이 무려 4년 동안 상습적으로 아동에게 상해 및 화상을 입히는 등 잔혹한 행위를 서슴지 않다가 결국 아동을 사망하게 한 사건이다. 피해 아동은 학대가 시작된 시점에 만 4세, 사망하였을 때 만 8세에 불과했다. 당시 범행의 잔혹성, 비윤리성 때문에 사람들의 공분을 자아내고 아동학대에 대한 사회적 경각심을 촉발시킨 사건이었다. 법이 만들어진 경위가 어떠하든, 어린이집이나 유치원에서 발생하는 아동학대 사건에는 「아동학대 범죄의 처벌 등에 관한 특례법」이 적용된다.

그런데 종종 언론에서 보도되어 많은 사람의 분노를 자아내는 사건들은 대부분 폭력이나 가혹행위 장면이 CCTV에 담겨 있어 증거도 명백하고, 이에 따라 특정 행동을 아동학대에 해당한다고 인정하기 쉬운 경우가 많다. 그러나 실무에서는 해당 행위가 아동학대인지를 판단하기가 쉽지 않은 사안들도 많다. 실무경험상 아동학대 판단이 쉽지 않은 이유로는 다음과 같은 점을 들 수 있다. 우선, 학대로 의심되는 장면이 녹화되어 있는 CCTV 영상이 없는 경우가 많다. 그동안 어린이집 등의 CCTV 설치 의무화에 대한 긴 논쟁이 있었고, 결국 영유아보육법상 어린이집은 의무적으로 CCTV를 설치해야 한다. 하지만, 여러 가지 이유로 CCTV 영상을 확인하지 못할 수 있다. 보관기간이 도과되었을 수도 있고, 학대 의심행위가 CCTV 사각지대에서 이뤄졌거나 문제되는 부분이 누군가에 의해 삭제되는 등 이유는 다양하다. 또 CCTV 설치가 의무가 아닌 유치원 등 다른 보육시설에는 CCTV 자체가 아예 없을 수도 있다. 그런데, 다행히 해당 영상이 있고, 그 영상 속 보육교사 등의 행위를 본다고 하더라도 그 행동이 실제로 아동학대에 해당하는지 여부를 판단하는 것은 결코 쉬운 작업이 아니다.

먼저, 같은 행위라 하더라도 보는 관점에 따라 판단이 달라질 수 있다. 어린이집에서 발생하는 아동학대 사건을 예로 들면, 아동의 부모는 자신의 자녀 중심으로 생각하기 때문에 아동에게 조금이라도 거친 행동을 하는 것이 확인되면 불쾌해하면서 학대라고 단정하는 경향이 있다. 반면, 어린이집 교사는 다수의 아동을 보육해야 하는 상황에서 불가피한 행동이라고 항변하거나 정당한 훈육이었다고 주장할 수 있다. 이에 대한 판단은 정말 쉽지 않다. 어린이집에서 잠자고 있는 아동을 담요채 끌어서 이동시키는 과정에서 어린이집 내부에 있는 신발장에 아동의 머리 부분이 부딪힌 경우, 이를 아동학대라고 볼 수 있을까? 자신의 말에 집중하지 않는 아동의 고개를 손으로 잡아 자신 쪽으로 돌렸다면 이는 어떻게 평가할 수 있을까? 그나마 신체적 학대는 물리적 접촉도 없는 정서적 학대나 방임보다는 판단이 더 쉬울지도 모르겠다.

한때 언론에서도 크게 보도되었던 도깨비 전화 앱을 예로 들어보겠다. 도깨비 전화 앱은 아이들이 시끄럽게 떠들거나, 잠을 안 잘 때, 거짓말을 할 때 등 어른의 관점에서 말을 듣지 않으면 도깨비, 괴물, 저승사자 등이 나타나 걸걸하거나 음산한 목소리로 조용히 하라고 하거나, 잠을 자야 한다고 하거나, 거짓말을 하면 혼난다는 내용 등으로 아이들을 협박하는 앱이다. 어린이집 교사가 훈육 목적에서 이런 앱을 불가

피하게 사용하였다고 주장하면 어떻게 될까? 또 다른 예로, 아동이 컨디션이 좋지 않아 울고 있는데 어린이집 교사 두 명이 슬쩍 쳐다보기만 할 뿐 약 1분간 그 아동에게 아무런 조치를 하지 않는다면? 만약 그 시간이 1분이 아니고 10분이라면?

각각 신체적 학대, 정서적 학대, 방임에 대한 사례인데 모두 실제로 있었던 사건들이고, 우리 자녀들에게도 충분히 일어날 수 있는 일들이다. 부모와 같은 아동의 보호자는 각 사례에서 신체적 학대, 정서적 학대, 방임에 해당한다고 강력하게 주장할 것이고, 어린이집 교사는 또 제 나름대로의 사정을 들어 변명할 가능성이 높다. 사회통념에 입각하여 규범적으로 판단을 내려야 하는 검사나 법관으로서는 난관에 봉착하게 된다. 앞선 사례들에 대한 수사기관이나 법원의 판단을 이야기하는 것은 큰 의미가 없을 것 같다. 구체적 사실관계가 조금씩 다르고 행위가 일어나는 맥락도 고려해야 하기 때문에 '이것은 아동학대이고, 저것은 아동학대가 아니다.'라고 단정 짓는 것은 위험할 수 있다.

예를 들어, 낮잠을 자고 있는 아동을 담요채 끌어서 이동시키다가 신발장에 아동의 머리 부분이 부딪친 경우, 그런 일이 어쩌다 한 번 있었고, 충격 강도가 세지 않다고 하더라도 그 장면을 본 아동의 부모 입장에서는 당연히 기분이 나쁠 것이다. 하지만, 이를 아동학대로 단정하기에는 무리가 있다. 물론, 다른 아동은 안아서 이동시키는데 유독 한 아동만 질질 끌듯이 이동시켜서 머리를 신발장에 충돌하게 했다면, 이는 학대를 충분히 의심할 만하다. 또 충격의 세기, 반복 여부, 담요를 끄는 것 외에 어린이집 교사의 다른 행동 등을 종합적으로 고려해서 학대인지를 판단해야 할 것이다.

또, 도깨비 앱도 마찬가지이다. 이 사건에서 이 앱을 아이들에게 사용하여 정서적 학대를 저지른 혐의로 수사를 받고 아동복지법 위반으로 기소되어 재판을 받던 어린이집 교사는 결국 항소심에서 무죄판결을 받았다. 그런데, 도깨비 등이 나오는 영상을 아이에게 틀어주어 아이에게 공포심을 갖게 한 것이 정서적 학대가 아니라고 판단한 것이 아니다. 해당 사건에서 피고인인 어린이집 교사가 그러한 행위를 한 것인지 여부가 입증되지 않았기 때문에 무죄판결을 받은 것이다. 결국 법원도 도깨비 앱으로 아동을 위협하는 것은 정서적 학대에 해당할 수 있다고 본 것이지만, 구체적인 사실관계와 맥락에 따라 아동학대 여부에 대한 결론은 충분히 달라질 수 있다.

아동학대 여부를 판단하기 어려운 또 한 가지 이유는, 학대의 개념이 시대에 따라 가변적이기 때문이다. 한 사람의 같은 행위도 관점에 따라서 과거와 현재, 그리고 미래에 각각 다르게 평가될 수 있다. 취학 전 보육 또는 교육이라는 측면에서, 현재의 유치원이나 어린이집에 비견할 만한 것으로 과거의 '서당'이 있었다. 서당에서는 버릇없이 굴거나 아이들끼리 서로 싸우거나 학업이 부진한 경우에, 훈장이 회초리를 들어 아이의 종아리를 때렸다. 매는 한 대에 그칠 때도 있지만 수대 또는 10대 이상일 수도 있었다. 그리고 예전에 자녀가 서당에 가면 부모는 훈장에게 회초리를 만들어서 바치곤 했다. 훈장님 말 잘 듣지 않으면 이걸로 좀 때려달라고. 그런데 요즘에 그런 일이 일어난다고 가정했을 때, "그게 무슨 놈의 아동학대냐?"라고 하며 우리 애를 바르게 자랄 수 있도록 선생님께서 아주 잘하는 행동이라고 말할 수 있는 부모가 얼마나 될까?

실제 검찰에서 다뤘던 사건 중에, 서당 훈장님의 종아리 매질처럼 태권도 학원에서 아이에게 훈육을 한다는 명목으로 회초리로 아이의 엉덩이를 7~8회 정도 때려 멍이 들게 한 선생님은 아이 부모님에 의해 아동학대로 고소당했고, 결국 훈육의 정도를 넘어선 것으로 판단되어 처벌까지 받았다. 20~30년 전이었다면 부모가 그 정도의 매질 가지고는 선생님을 고소하지 않거나, 설령 고소를 통해 사건화가 된다고 해도 수사기관이나 법원에서 형사처벌할 가치가 있는 사안이라고 판단하지 않았을 가능성이 높다.

아동의 보호자가 친권자인 경우도 마찬가지이다. 어렸을 때 할머니가 자주 들려주시던 옛날이야기 '호랑이와 곶감' 이야기를 예로 들어보겠다. 이 전래동화에서는 태어난 지 얼마 되지도 않은 아이의 울음을 그치게 하려고 아이의 어머니가 "뚝, 울음을 그치지 않으면 호랑이에게 던져버린다. 먹이로 준다."라는 말을 서슴지 않는다. 지금 관점에서 보면, 전래동화 속 어머니의 말은 이야기 속 아이에게 공포심을 일으키는 정서적 학대로 볼 수도 있고, 그 옛날이야기를 반복적으로 손주에게 들려주는 것 또한 아이의 정서발달에 악영향을 줄 수 있는 행동이다. 너무 옛날 고리짝 이야기 같아 와닿지 않는다고 생각할 것 같아, 담당했던 사건 중 하나를 예로 들어 설명해보도록 하겠다.

늦둥이 아들을 둔 50대 후반의 남성 피의자가 있었다. 학대로 의심되는 행동이 시작될 무렵 아이의 나이는 9살이었고, 피의자가 수사를 받을 때는 11살이었다. 피의자 본인이 알코올 의존증 환자였고 아내도 비슷했다.

피의자의 아동학대 혐의는 여러 가지가 있었는데, 신체적 학대, 정서적 학대, 방임 세 가지였다. 신체적 학대에 대하여는 피의자가 부인을 하였고, 혐의를 입증할 만한 증거도 없었다. 방임 부분은 피의자가 10일, 20일씩 집에 들어오지 않은 채 아이를 방치하고 양육의무를 다하지 않았다는 내용이었는데, 사안에서는 이 부분에 대해서는 정당한 이유가 있었다. 문제가 되었던 부분은, 아들이 보는 앞에서 부부싸움을 하면서 아내에게 심한 욕설을 하고, 부부싸움 후에는 아들에게 엄마에 대해 험담한 행동, 그리고 수시로 "내 말을 듣지 않을 거면 네 엄마랑 같이 나가 살아라. 네가 원하면 내보내 주겠다."라는 등의 말을 한 것이 정서적 학대에 해당하는지 여부였다. 피의자는 사실관계 자체에 대해서는 인정을 했다. 그러면서도, 자신의 행동이 아동에 대한 정서적 학대, 아동학대가 될 수 있다는 것에는 동의할 수 없다고 했다.

　부부싸움 중 아이 엄마에게 욕설한 것은 사실이지만 아이에게 직접적으로 한 것도 아니고, 싸움 후 아이에게 엄마 험담을 한 것은 아이가 엄마의 상태에 대해서 올바른 판단을 할 수 있도록 정보제공 차원에서 그런 것이며, "엄마랑 나가 살아라."라고 한 것도 아이의 판단을 존중하겠다는 뜻에서 말한 것이란다. 조사받는 태도가 불량하지 않았고, 비꼬듯이 이야기를 하는 것도 아니었다. 피의자는 진심으로 자신의 행동이 아동학대가 아니라는 확신을 갖고 있는 듯 보였다. 실제로, 조사받는 도중 아이 앞에서 부부싸움을 하면서 욕설을 한 행동에 대해서는 누구나 살아가면서 겪을 수 있는 일 아니냐는 식으로 대수롭지 않다는 듯이 말하기도 했다. 자신이 성장해온 시대의 문화와 관점에서 자신의 행동을 판단하고 있는 것처럼 보였다. 지금이 피의자가 유년기를 보내고 있었을 40~50년 전이었다면 수사기관도 피의자의 주장대로 피의자의 행동이 정서적 학대, 아동학대에 해당하지 않는다고 판단하였을 가능성이 높다. 특히, 신체적 학대만을 아동학대로 보는 전형적인 한국적 사고에 매몰되어 그 누구도 피의자의 행동을 문제 삼지 않았을지도 모른다. 그러나, 시간이 흐르면서 아동의 주체성, 아동의 권리, 아동 보호 등에 대한 국민의 인식과 가치관도 변했고, 이전에는 없었던 법률도 생겨났다. 현대의 관점에서 피의자의 행동은 아들의 정상적인 심리, 정서 발달을 해치는 것으로 평가되기에 충분하다. 이 사건에서도 검사님과 나의 최종 결론은 피의자의 행동이 정서적 학대에 해당한다는 것이었다.

이 장의 제목이 『아동학대, 정서적 학대의 기준은?』인데, 글 내용에는 아동학대, 특히 정서적 학대 여부를 판단하기 어려운 이유에 대해서만 잔뜩 써놓은 것 같아 계면쩍은 생각도 든다. 그만큼 수사실무에서 아동학대 여부를 판단하기 위해서는 고려해야 할 점이 많다는 방증이기도 하다. 아동학대가 일반적인 학대와 근본적으로 다른 점은 학대의 대상이 신체뿐만 아니라 정신적, 정서적으로 미성숙한 아동이라는 데에 있다. 실무에서 아동학대 사건을 처리하는 것은 결코 쉽지 않은 작업이겠지만, 결국에는 해당 아동이 문제되는 행위로 인하여 정상적인 신체발달이나 정서발달을 저해 받는 것은 아닌지에 대한, 즉 '아동의 행복과 복지'의 관점이 가장 중요한 판단 기준이 되어야 할 것이다.

검찰스토리 9

참고인 여비 때문에 생긴 일

참고인 여비 제도라는 것이 있다. 참고인은 우리가 흔히 증인이라고 부르는 사람으로 이해하면 된다. 법원에서는 증인이라고 하는데, 수사기관에서는 이들을 참고인이라고 부르는 것이다. 참고인 중 대표적인 사람은 목격자인데, 어떤 사실을 보고 듣는 등 사건을 직·간접적으로 경험한 사람을 뜻한다. 검사실에서 근무하다 보면 간혹 이런 참고인에게 아쉬운 소리를 할 때가 있다. 사건의 주요 쟁점에 대해서 잘 알고 있거나 사건의 유일한 목격자 같은 참고인의 진술이 사건해결을 위해 꼭 필요한데, 이들이 이런저런 이유를 대며 출석하지 않겠다고 할 때이다. 이런 경우 검찰수사관으로서 할 수 있는 일은 많지 않다. 정의감이나 시민의식에 호소하는 일이 전부라고 해도 과장된 말이 아니다.

이때, 참고인에게 조심스럽게 참고인 여비 이야기를 꺼낸다. '조심스럽게'라고 표현한 이유는 참고인 여비로 책정되어 있는 금액이 통상 4~6만 원 정도로 비교적 소액이기 때문이다. 출석 여부를 놓고 한창 밀당을 하고 있는 상황인데, 소액의 여비를 챙겨주겠다는 식으로 이야기를 꺼낼 땐 '누구를 거지로 아나?' 하는 오해를 하지는 않을까 하는 두려움이 있다. 그럼에도 불구하고 일단 매우 정중하고 조심스럽게 참고인 여비 이야기를 꺼내본다. 그런데 의외로 참고인 여비 이야기를 하면 마지못해 출석하겠다고 약속하는 참고인들이 꽤 있다. 참고인이 말하는 뉘앙스나 전화선 너머로 느껴지는 분위기로 봐서, 얼마 되지도 않는 참고인 여비를 주겠다는 말 때문에 검찰청 출석을 수락했을 것 같지는 않다. 개인적인 생각으로는, 참고인은 출석으로 인한 번거로움, 피의자나 고소인과의 관계 등의 이유로 출석을 하지 않으려는 마음과 정의감, 시민의식 등의 발로로 출석하려는 마음 사이에서 갈등하고 있던 중에 검찰수사관이 소액이지만 참고인 여비라도 드리겠으니 제발 검찰에 출석해달라고 사정까지 하면, '검찰수사관이 돈 몇 만 원 이야기까지 하면서 나를 설득하려고 하는구나. 정말 애쓴다. 그래 나가서 한 번 도와주자.'라는 심정으로 출석 쪽으로 결정을 내리는 것이 아닐까 하는 추측을 해본다.

아무튼 참고인 여비 이야기까지 하면서 참고인을 설득하여 출석하게 한 경우가 몇 번 있었는데, 그중 기억에 남는 에피소드에 대해서 이야기해보고자 한다. 업무상 횡령사건을 수사 중이었는데, 범행을 부인하는 피의자의 혐의를 입증할 결정적 내용을 진술할 만한 사람이 세 명이나 있었다. 그러나 참고인이 세 명이다 보니 책임감이 분산되어서인지 몰라도, 세 명 모두 검찰에 출석해서 진술하는 것에 대해 거부의사를 밝혔다. 모두 검찰에 출석해서 진술하는 것이 피의자와의 관계를 악화시킬 수 있다는 점을 염려했고, 특히 세 명 중 한 명은 객관적으로도 출석이 어려운 상황임이 틀림없었다. 또 한 명은 자신이 참고인으로서 진술해야 하는 사건 시점이 자신의 자녀가 사망했던 시기라, 검찰에 출석하여 그때의 애통한 기억을 소환하고 싶지 않다고 했다. 아무리 사건처리가 중하다 해도, 그런 사람을 참고인으로 부를 수는 없었다.

　이로 인해 난감해하던 중 기록을 좀 더 상세히 검토해보니, 처음 기록을 볼 때에는 크게 신경 쓰지 않았던 참고인 한 명이 눈에 들어왔다. 해당 참고인의 진술만 확보될 수 있다면, 앞서 말한 세 명의 진술이 굳이 필요 없을 정도로 피의자의 혐의 입증에 필요한 핵심적인 내용을 알고 있는 것으로 판단되었다. 그러나 그 참고인 역시 검찰청으로 부르는 일은 쉽지 않았다. 검찰에 출석하면 생업에 지장이 있다는 것과 굳이 남의 일에 개입하고 싶지 않다는 이유였다. 그러한 답변은 어느 정도 예상된 것이기 때문에 수차례 전화기를 붙잡고 그와 장시간 통화를 했다. 그도 정말 짜증이 났을 것이다. 전화통화로 한참을 '오니, 마니' 그런 이야기를 하다가 할 수 없이 '참고인 여비' 카드를 꺼냈다. 앞서 이야기했듯이 정말, 정말 조심스럽게 여비에 대해서 말을 했다. 그러자 그 참고인이 깊은 한숨을 한 번 내쉬더니, "알겠습니다. 장소하고 시간 말해주세요. 여비는 꼭 챙겨주시고요. 여비 때문은 아니고 수사관님이 그렇게까지 말씀을 하시니 정성 때문에라도 한 번 가서 도와드리겠습니다."라고 했다.

　검사실에서 참고인 조사를 마치고 검사님과 나는 참고인에게 몇 번을 감사하다고 이야기했다. 참고인이 귀가하기 전, 여비는 정말 적은 액수지만 그것이라도 꼭 챙겨드리겠다고 하면서 그에게 여비 신청서를 건네주었다. 그 후 나는 참고인 여비 신청서를 총무과 재무계에 제출하였고, 이후 인사이동이 있어 다른 검찰청으로 가게 되었다. 새로운 검찰청 검사실에서 일하고 있는데 방 실무관이 아까 참고인 여비 지급 때문에 전화가 왔었다면서 전화한 사람의 이름을 말했다. 그 이름을 듣고 깜짝 놀란 것이 대략 두 달 전쯤에 어렵게 조사했던 참고인의 이름이었기 때문이다. 몇 달 전에 약속했던 참고인 여비가 지급이 안 되었으니 확인해달라고, 내가 인사이동으로 간 검찰청과 부서까지 찾아 연락을 취한 것이다. 급히 전에 근무하던 청 재무계에 전화하여 확인해보았다. 일반적인 것은 아닌데 그 무렵에 한 번에 몰아서 서류 결재가 되기 때문에 지급이 늦어진 것이니 곧 지급될 거라고 해명을 했다. 금액이 문제가 아니라, 수사관이 약속을 지키지 않은 것에 대해 참고인이 얼마나 실망했을까 하는 생각에 잠깐이나마 마음이 불편했던 순간이었다.

사람들과 관계를 맺는 여러 방식 중에 현재는 SNS를 통한 관계설정 및 소통이 압도적으로 대세이다. 먼 미래에는 현재 상상조차 할 수 없는 방법으로 소통을 할 수도 있겠지만, 현재는 SNS 이외에 다른 것을 생각하기 어려울 정도이다. 따라서, SNS를 이용하지 말라고 할 수는 없다. 현재 상태에서 SNS를 이용하지 말라는 것은 자연인으로 돌아가라는 말과 동급의 의미이기 때문이다. 그러나, 과유불급(過猶不及)이란 말도 있듯이 지나친 SNS 활동은 자제할 필요가 있다.

| 제3부 |

범죄피해자 이야기

분노하는 범죄피해자들

검사실에서 근무하다 보면 많은 범죄피해자를 접하게 된다. 피해자가 없거나 사회적 법익, 국가적 법익과 관련된 범죄는 피의자에 초점을 맞춰서 수사하면 충분하다. 반면 폭행, 강간, 사기, 횡령 등 개인적 법익을 침해한 범죄의 경우에는 가해자에 대한 처벌만큼이나 피해자의 권익 보호와 지원 등에 대한 노력을 다하여야 한다. 또, 그렇게 해야 하는 것이 국가기관의 책무이고 검사, 검찰수사관, 경찰 같은 수사기관 종사자의 임무이다. 그러나 안타깝게도 현실은 이런 이상과는 동떨어져 있다. 오랫동안 범죄피해자는 형사사법 절차에서 소외되어 있었고 홀대를 받아왔다. 오히려 나쁜 짓을 저지르고 남에게 피해를 입힌 사람들이 더 주목받았고, 피해자보다는 가해자들의 권리와 절차 보장을 위한 법과 제도들이 계속해서 발전을 거듭해왔다. 그래서 형사소송법을 '피고인 인권 신장의 역사'라고 부르기까지 한다. 반면, 범죄피해자는 형사사법 절차에서 오랫동안 '잊혀진 존재(Forgotten Being)'였다고 표현하기도 한다.

과거에는 사회적 이슈가 되는 형사사건에 피해자의 이름을 붙여 작명하는 관행이 있었는데, 이것만 봐도 우리 사회가 얼마나 범죄피해자를 홀대하고 그 인권에 무관심하였는지를 잘 알 수 있다. 『부천서 성고문 사건』, 『안산 여아 성폭행 사건』, 『서울대 신교수 성희롱 사건』 등의 경우와 같이 우리는 피해자의 이름은 너무나 잘 알고 있지만 가해자의 이름에 대해서는 잘 모르거나 사건이 발생한 지 한참 뒤에야 알게 되는 경우가 많다. 심지어 피해자의 이름은 실명으로 내보내면서도 가해자는 김모 군, 최모 씨와 같이 익명으로 처리하는 보도 관행도 있었다. 그만큼 사회 전체가 피해자의 명예나 인격권 보호에는 소홀했던 것이다.

국가 차원에서도 이와 같은 범죄피해자에 대한 홀대와 무관심에 대한 비판과 자성으로 2000년대 이후부터는 범죄피해자 보호를 위한 노력을 기울여왔다. 그 노력의 결실로 2005년 「범죄피해자보호법」이 제정되어 시행되고 있고, 범죄피해자지원센터의 설립, 각종 범죄예방 및 피해자 지원을 위한 제도 명문화, 이에 대한 홍보책자의 발간 등 과거에 비해 범죄피해자의 지원과 보호는 괄목상대(刮目相對)한 수준으로 나아졌다. 그럼에도 불구하고, 범죄피해자들은 여전히 다양한 이유로 울분과 원망으로 가득 차 있는 경우가 많다. 검사실에서 근무하면서 경험한 범죄피해자들의 생생한 목소리에 대해서 이야기해보고자 한다.

첫째, '금전배상'에 대한 불만이다.

많은 사람들이 형사고소만 하면 고소당한 사람이 처벌도 받고 가해자로부터 피해보상도 받을 수 있다고 생각한다. 고소가 아닌 인지사건의 피해자들도 마찬가지이다. 그래서, 검사의 사건처분 후 사건이 재판으로 넘어갔다는 소리를 하면 돈은 언제, 어떻게 받을 수 있는지 문의하는 경우가 많다. 이에 대해, 수사기관은 돈 받아주는 기관이 아니며, 민사와 형사는 다르다고 한참 설명해도 형사사법 시스템이 익숙하지 않은 일반인들 입장에서는 충분한 설명이 되지 못하는 경우가 많은 것 같다.

오히려, 형사고소만 하면 상대방에 대한 처벌은 물론 금전배상까지 받을 수 있을 것으로 기대했었는데, 그 기대가 좌절되는 느낌에 왠지 모르게 억울한 감정까지 생기게 된다. 이와 같은 억울한 감정이 쌓이다 보면, 검찰이 제공하는 서비스에 대해 만족하지 못하게 되고 수사기관, 나아가서는 국가기관에 대한 불신마저 싹트게 되는 것이다. 그나마 검찰은 2000년대 중반에 '형사조정'이라는 제도를 도입하여 활발히 운용하면서 형사절차에서도 금전배상 등 민사적인 도움을 받을 수 있게 되어, 금전배상에 대한 피해자들의 불만은 어느 정도 해결될 수 있을 것으로 기대된다.

둘째, '절차지연'에 대한 불만이다.

마찬가지로 많은 사람들이 형사고소를 하면 절차가 신속하게 진행되어 빠른 시일 내에 고소에 대한 결과물을 받을 수 있을 것으로 기대한다. 고소장 접수 후 한 달 이내면 어떤 형태로든 결론이 나는 것으로 생각하는 사람들도 상당수 봤다. 그러나, 고소인들이 바라는 바람직한 결과(상대방 처벌이나 피해 회복)는 차치하더라도, 고소에 대한 처분이 결정되기까지 고소장 접수를 기준으로 석 달이 아니라 반년, 심지어 1년이 넘게 걸리는 경우도 종종 있다. 수사가 지연되는 이유는 다양하다. 피고소인이 출석을 거부하는 등 수사에 비협조적이거나 혐의를 부인하면서 자료를 잔뜩 제출하여 그 자료에 대한 분석에 시간이 오래 걸려서일 수도 있다. 고소인이 고소취지를 명확하게 하지 못해 고소내용을 보충하느라 시간이 오래 걸릴 수도 있고, 고소인과 피고소인의 주장이 서로 달라 참고인조사 등 추가조사가 필요해서일 수도 있다. 또는 혐의 유무 판단에 필요한 심리생리검사, DNA 검사, 디지털 포렌식 등의 결과가 나오는 데 시간이 걸려서일 수도 있고, 수사 중 담당 검사 또는 담당 수사관의 교체 등 수사 외적인 요인에 의해서도 수사가 지연될 수도 있다.

지연의 이유가 무엇이든 간에 고소인 입장에서 기약 없는 기다림은 피고소인의 범행으로 인한 피해와는 또 다른 2차 가해처럼 느껴지기도 한다. 이처럼 기약 없는 기다림이 길어지다 보면, 수사관이 피고소인과 결탁하거나 피고소인이 전관(前官) 출신 변호사를 선임해서 실체를 은폐하고 있다는 식의 음모론이 솔솔 피어나기도 한다. 수사가 지연되어서 고소인에게 기다림의 고통을 주는 문제의 일부는 수사인력 증원이라는 비교적 단선적인 방법으로도 어느 정도는 해결될 수 있을 것으로 보인다. 그러나, 절차지연에 대한 '불만'이라는 주관적 측면에 초점을 둘 때, 수사나 재판 단계에서 범죄피해자에게 진행 상황에 대한 상세한 안내와 통지가 뒤따른다면 범죄피해자들의 막연한 불안감과 초조함의 상당 부분은 해소될 것으로 기대된다.

셋째, '절차참여'에 대한 불만이다.
범죄피해자는 수사단계나 재판단계를 불문하고 자신의 목소리를 낼 기회가 별로 없다. 고소사건이든, 인지사건이든 경찰수사 초기에 피해 진술만 한 번 하고 난 뒤 그 후 상대방에 대한 형사재판이 종결될 때까지 단 한 번의 절차참여 기회도 갖지 못하는 경우가 허다하다. 고소인(피해자) 입장에서는 본인도 해당 사건의 엄연한 당사자인데, 절차가 종결될 때까지 특별한 발언 기회도 없이 절차에서 소외되는 듯한 느낌을 종종 받기 때문에 사법절차에 대한 불신과 불만이 누적되어 갈 수밖에 없는 구조이다.

그런데, 형사사건에서 피해자(고소인)와 가해자(피고소인)는 민사소송에서의 원고, 피고와 같이 대립하는 당사자 관계가 아니다. 형사재판 단계에서는 공익의 대변자인 검사가 피고인(가해자)과 대립하는 당사자의 지위에서 주로 피고인에 대한 처벌을 구하는 역할을 한다. 수사단계에서도 피해자는 수사기관의 도움을 받아 피해 회복을 비롯한 권리 보호를 받을 수 있지만, 법적으로나 제도적으로 민사소송에서의 원고와 같은 절차참여권 등의 보장은 아직 미흡한 실정이다. 여기서 일반인들의 생각과 실무 사이의 괴리가 발생하게 되고 수사기관, 법원에 대한 불만이 싹트게 되는 것이다. 앞에서 살펴본 『절차지연』에 대한 불만과 같이, 모종의 음모론을 제기하기도 한다.

이와 같은 불만을 조금이나마 해소하고 수사기관 또는 국가기관에 대한 신뢰를 회복하기 위해서는 피해자의 절차참여권을 법령에 명문으로 규정하여 제도화하는 작업이 필요할 것으로 보인다. 과거에 비해 나아졌다고는 하나, 여전히 많은 범죄피해자들이 수사과정, 재판에서 홀대받고 있다는 소리를 낸다는 것은 현재의 법과 제도에 미흡한 점이 많음을 방증하는 것이라고 할 수 있다.

이밖에도 검사의 가해자에게 부과한 벌금 액수가 너무 작은 것이 불만인 피해자도 있고, 자신도 엄연한 피해자인데 수사과정에서 자신에게도 일정 책임이 있는 양 몰아갔다고 하면서 2차 가해라고 주장하는 피해자도 있고, 가해자로부터 배상도 받고 절차참여도 보장받았지만 가해자로부터 사과 한마디 못 받았다면서 가해자가 진심으로 반성하는 것이 맞는지 의문이라고 따지는 피해자도 있다. 이처럼 범죄피해자들의 불만의 유형은 헤아리기 어려울 만큼 다양하다.

누구나 공감할 수 있듯이, 범죄피해자는 보호받고 지원받아야 한다. 예산과 인력 부족이라는 현실적 한계를 이야기하기에 앞서, 범죄로 인해 고통받는 사람들의 상처를 어루만져 주기 위해 국가 차원에서 노력해야 한다. 그것이 국가기관에 대한 불신이라는, 금액으로 평가불가능한 사회적 비용을 줄이는 지름길이 아닐까 한다.

다양한 범죄피해자들

　많은 국내외 학자들이 예전부터 범죄피해자의 분류를 시도해왔다. 벤자민 멘델존이라는 학자는 피해자의 책임 정도에 따라 '완전히 아무 잘못이 없는 피해자'에서부터 '피해자 자신만이 유죄인 피해자'로 범죄피해자를 분류하였다. 엘렌베르거(Elenberger)라는 학자는 성격상의 특성을 기준으로 하여 피해자가 되기 쉬운 특성인 잠재적 피해자성과 그렇지 않은 일반적 피해자성을 구분하기도 했다. 우리나라 1세대 범죄학자인 이윤호 교수님은 피해자를 '비행적 피해자', '유인 피해자', '조심성 없는 피해자', '보호받을 가치가 없는 피해자' 등으로 분류하기도 했다. 개인적으로도 범죄피해자를 분류하는 작업을 해보았다. 범죄학자는 아니지만, 실무에서 접한 많은 사례들을 취합한 후 상식적인 기준으로 분류를 해보았다. 범죄피해자 분류에 관한 새로운 기준이나 논의는 아니고, 앞서 본 벤자민 멘델존의 피해자 책임 정도에 따른 피해자 유형과 비슷하다고 할 수 있다. 각 유형과 각 유형별 사례를 살펴보도록 하겠다.

　먼저, 피해자에게 책임이 전무(全無)하다고 할 수 있는 유형의 피해자가 있다. 피해자가 하필 그 시간에 현장에 있었던 것 외에는 피해자를 전혀 탓할 수 없을 정도로 범죄 발생에 있어 피해자에게 아무런 책임이 없는 경우이다. '묻지 마 범죄'나 물리적으로 대항할 힘이 미약한 어린아이나 노인을 대상으로 무차별적인 폭력을 휘두르는 경우가 대표적인 예이다. 그뿐만이 아니다. 앞서 '실수로 범죄를 저지른 자들'에서 본 바와 같이, 과실범죄 역시 엄연히 범죄이기 때문에 성수대교 붕괴사고 피해자처럼 귀책사유라고는 눈곱만큼도 찾아볼 수 없는 피해자들도 이 유형의 피해자에 속한다고 할 수 있다.

　다음으로 피해자에게 '일정 부분' 범죄 발생에 책임이 있는 범죄피해자 유형이 있다. 일정 부분 책임이라고 표현하면 다소 모호하게 느껴질 수도 있는데, 부주의, 안일함, 욕심 등이 범죄 발생이나 범죄피해 확대에 기여한 것을 의미한다. 높은 이자를 기대하고 돈을 빌려주었다가 사기 피해자가 된 사람, 기획부동산이나 불법 다단계 유사수신 등 각종 투자사기 사건 피해자, 도발 정도까지는 아니어도 싸움 발생에 일정 원인을 제공한 폭행 피해자 등을 예로 들 수 있을 것이다.

　다음으로 가해자를 도발한 피해자와 같이 범죄 발생에 '상당 부분' 책임이 있는 피해자도 있다. 먼저 싸움을 걸었다가 폭행사건의 피해자가 된 경우가 대표적인 예이다. 심지어는 가해자보다 책임이 더 큰 피해자도 생각할 수 있는데, 정당방위에 의하여 상해나 사망에 이른 사람이 그 예에 해당할 수 있다. 물론, 정당방위가 인정되는 경우에는 범죄가 성립하지 않으므로 상해나 사망에 이른 사람을 엄밀한 의미에서 범죄피해자로 보긴 어렵다.

　마지막으로 피해자 자신만이 유죄인 피해자로 가해자가 피해자 본인인 경우를 들 수 있다. 얼핏 자상(自傷)이나 자살을 떠올릴 수도 있지만, 자기 몸을 해치는 것은 병역법 등 특별한 경우를 제외하고는 범죄가 아니다. 적절한 예로는 실화죄를 저지른 자가 그 불에 데이는 등 피해를 입은 경우이다.

　이렇게 검찰수사관이나 변호사로 근무했던 실무경험을 바탕으로 나름대로의 범죄피해자 분류를 해보았는데, 단순한 호기심이나 흥미 차원에서 이와 같은 분류를 한 것은 아니다. 범행에 이르게 된 경위도 양형에서 고려하는 요소이고 법원 판결문에는 양형 판단 시 '특별감경인자'로서 '피해자에게도 범행의 발생 또는 피해의 확대에 상당한 책임이 있는 경우'라는 문구로 기재된다. 따라서, 피해자가 범죄 발생이나 피해 확대에 일정 부분 책임이 있다면 이에 대한 수사도 어느 정도는 필요하다. 검찰수사관은 이를 위해 피의자, 피해자를 비롯한 사건관계인 등 조사를 통해 사실관계를 정확하게 확정하고 양형의 자료를 수집하는 것이고, 피의자나 피고인의 변호사는 감형을 위해 양형자료로 피해자에게 일정 책임이 있음을 변론하기도 한다.

　물론 어디까지나 위법한 행동을 한 자, 그리고 비난받아야 하는 자는 원칙적으로 가해자이다. 피해자 책임론을 지나치게 확대해석하면, '노출이 심한 옷을 입고 다니니 성폭력 범죄의 피해자가 되는 것이다.'라는 식의 가해자 중심적인 폭력적 사고로 빠질 위험이 있다. 다만, 가해자의 혐의 유무나 양형에 대한 판단, 또는 충실한 변론을 위해 정의와 형평의 관점에서 피해자 책임의 정도를 확인하는 작업은 반드시 거쳐야 할 것으로 보인다.

검찰스토리 10

사람들에게 돈 주겠다고 하소연한 이유

 검사실에 근무하다 보면 간혹 사건관계인들에게 아쉬운 소리를 할 수밖에 없는 때가 있다. 사건의 주요 쟁점에 대해서 잘 알고 있거나 유일한 목격자 같은 참고인의 진술이 사건해결을 위해 꼭 필요한데, 이들이 이런저런 이유를 대며 출석하지 않겠다고 할 때이다. 앞서 『참고인 여비 때문에 생긴 일』에서 본 내용을 떠올리면 된다. 그런데 그런 케이스도 아닌데 통사정을 하면서 힘겹게 사람들을 검찰청으로 부른 적이 있었다.

 '기소중지 재외국민 특별자수기간'이라는 것이 있다. 사기죄 등의 혐의를 받고 해외에 도피하여 기소중지되어 있는 재외국민이 일정 기간(특별자수기간) 동안 재외공관을 통해 재기신청(자수)하면 수사 절차상의 편의를 제공해주는 제도를 말한다. 각국의 대한민국 재외공관은 재기신청인으로부터 신청서를 접수하면 이를 외교부와 법무부를 경유하여 검찰청에 전달한다. 1997년 IMF 구제금융 시기를 전후하여 저지른 부정수표단속법위반, 근로기준법위반, 사기죄, 횡령죄, 배임죄 등과 같은 범죄로 입건되었다가 해외 도피하여 기소중지 상태인 재외국민들에게 일종의 자수할 기회를 주는 것이다.

우리 시대 아픔의 상징이었던 IMF 외환위기 시절의 특수성을 고려하여, 피해변제의 기회 제공 또는 간이조사 같은 절차를 거쳐 기소중지 해제, 여권 갱신 등의 조치를 통해 기소중지자의 대한민국으로의 입국 및 사업이나 인간관계 등을 보장해주자는 취지이다.

2015년이 저물어갈 무렵, 몇몇 재외국민 특별사건 재기신청 사건이 검찰청 사건과를 통해 내가 근무하고 있던 검사실로 배당되었고, 그중 내가 처리했던 사건에 관한 이야기이다. 재기신청인은 미국에 있었고, 한국에 있는 형이 동생의 재기신청과 관련된 업무를 대리하고 있었다. 형 이야기는 동생이 젊었을 때부터 철강사업을 하다가 IMF 무렵에 자금 사정이 나빠져 거래처 사람들에게 발행해주었던 당좌수표를 예금 부족으로 부도나게 하였는데, 그와 거의 동시에 미국으로 출국한 뒤 돌아오지 않았다는 것이다.

지금은 동생이 미국에서 어느 정도 기반을 잡았고, 과거 일을 반성하면서 1997년 무렵 자신이 손해를 끼쳤던 피해자들에게 피해도 변제하고 사죄하기를 원해 재기신청을 생각하게 되었다고 했다. 재기신청을 하게 된 동기가 과거 일에 대한 반성이나 피해자에 대한 사죄보다는 동생 본인의 자유로운 한국 입국과 사업 확장을 위한 것이 아니냐고 물어봤다. 재기신청인의 형은 "수사관님이나 검찰에 계신 분들은 충분히 그렇게 생각하실 수도 있다고 생각합니다. 하지만, 말씀드리고 싶은 것은 동생은 한국에 저 이외에 가족도 없고, 한국에서 사업을 하지 않아도 되지만 어떻게든 과거에 자기가 저지른 행동에 대해서는 본인이 책임을 져야 한다고 생각하고 있습니다. 기회를 마련해주십시오."라며 다시 한 번 간곡히 부탁하는 것이었다.

재기신청을 하게 된 경위나 신청인의 진의가 어쨌든, 재기신청건의 처리를 위해서는 피해자들과 연락이 닿는 것이 필수적인 과정이었다. 그래서 20년이 지나서 종이 색깔마저 누렇게 변해버린 기록들을 뒤적거려 피해자의 연락처로 기재되어 있는 전화번호로 연락을 시도해보았다. 피해자는 재기신청인과 거래관계에 있다가 철강 대금으로 나중에 부도처리된 당좌수표를 받은 사람들이었다. 피해자는 4명이었고, 피해액은 각 500만 원씩 총 2,000만 원에 이르렀다. 어느 정도 예상했던 일이기도 했지만, 모두 결번이거나 변경된 번호로 연락을 할 수 없었다. 결국 피해자들의 가족관계증명서를 발급받고 증명서상에 나와 있는 가족들의 통신가입 조회까지 하여 가까스로 피해자나 피해자의 가족과 연락을 취할 수 있었다.

가해자에 대한 분노를 삭이지 못하고 있을 줄 알았는데, 의외로 피해자들은 재기신청인으로부터 대금결제 수단으로 당좌수표를 받고 부도가 났던 일을 기억하지 못했다. 20년 가까이 된 오래전 일인 탓으로 보였다. 피해자나 그 가족들은 또 다른 피해가 생기지는 않을까 하는 마음에 경계하는 눈치가 역력했다. 게다가 한창 검찰을 사칭한 보이스피싱 범죄가 기승을 부릴 때라 내가 상세히 설명했음에도 불구하고 당좌수표 운운하면서 돈을 편취해 가는 신종범죄로 생각했는지 이야기를 끝까지 들으려 하지 않고 전화를 끊어버리는 사람들도 있었다. 나는 돈을 인출하거나 계좌이체할 것을 요구하는 것도 아니고 돈을 주겠다는 것으로 보이스피싱을 하겠냐고 반문하며 피해자들에게 푸념을 했다. 내 신분과 이름, 그리고 검사실 전화번호 등을 다 밝히고 검찰청 대표번호로 전화하여 진짜 검찰청에서 연락한 것임을 수차례 확인시켜 준 뒤에야 가까스로 검찰청으로 오겠다는 약속을 받았다.

　피해자 4명, 그리고 그들의 가족까지 총 9명이 같은 시각에 검사실로 방문하였다. 이들은 검찰청사와 검사실까지 들어온 다음에야 비로소 경계를 풀고 안심하는 듯했다. 먼저, 기소중지 재외국민 특별자수기간 제도의 취지와 당사자들을 부르게 된 이유를 설명하고 재기신청인의 형을 소개해줬다. 그리고 대기실에 가서 서로 이야기를 나눠보고 다시 오라고 했다. 약 30분 지나서 피해자들 일행과 재기신청인의 형이 검사실로 들어와서 피해자 일인당 500만 원씩 총 2,000만 원에 모두 합의하고 즉시 그 금액을 수수했다고 이야기했다. 사실 피해가 발생한 후 20년이 가까이 지난 시점이니 화폐가치나 이자를 고려해서 수표 액면가보다 훨씬 많은 금액을 요청할 법도 했지만, 전혀 생각하지도 못한 돈을 받게 된 피해자들이 어느 정도는 양보한 측면이 있었다. 검사실로 오기 전까지 그렇게 경계하고 주저하던 사람들이 막상 검찰청을 방문하여 까마득히 잊고 있었던 채권을 예상치 못하게 회수하게 되자, 일종의 횡재처럼 여겨졌는지 나와 검사님에게 연신 고맙다는 말을 했다. 그들을 탓할 일도, 내가 딱히 고맙다는 이야기를 들을 일도 아니었다. 그저 수사기관을 사칭해서 금융범죄 사기를 치는 보이스피싱 일당이 원망스럽게 느껴지는 순간이었다.

　결국 합의가 성사되어 재기신청인의 사건은 기소중지 상태가 해제되고 새로운 사건번호가 부여되는 재기절차를 거치게 되었다. 이후 검사님이 부정수표단속법 규정에 따라 '공소권없음'이나 '기소유예' 처분을 하였다. 위 사건을 배당하는 업무를 담당하는 사건과 직원은, 기소중지 재외국민 특별자수 사건에서 피해자 가족관계증명서까지 발급받아서 연락을 취하는 등 업무를 이렇게 적극적으로 하는 사람과 검사실은 처음 봤다며 놀라워했다. 그런데 처음에 피해자와 연락이 닿지 않았을 때 더 이상 알아보지 않고 중단할 일은 결코 아니었다. 그런 식으로 일을 처리했다면 피해자의 피해 회복(비록 피해자의 머릿속에는 잊힌 사건이었을지라도)과 재기신청인의 법적 지위 안정화는 영원히 요원했을 것이기 때문이다.

범죄피해자가 되지 않는 법

　범죄피해자가 되면 범죄의 경중을 떠나서 상당한 불편함과 고통을 겪게 된다. 그렇다면, 이런 불편하고 귀찮은 존재인 범죄의 피해자가 되지 않는 방법이 있을까? 이에 대해서 많은 범죄학, 사회학 교수와 같은 학자들, 그리고 검찰, 경찰 등 수사기관 실무자들이 오랫동안 고민하고 연구해왔다. 다소 아쉬운 점은 기존의 범죄피해 예방과 관련된 이야기들이 사회구조적 논의이거나 거대 담론에 치우쳐 있었다는 것이다. CPTED(Crime Prevention Through Environmental Design : 환경설계를 통한 범죄예방)나 사회적 불평등 제거를 통한 갈등예방론이 그런 논의의 대표적인 예들이다. 범죄학, 피해자학 서적이나 관련 논문들을 읽어봐도 범죄피해 예방과 관련해서 개인의 이야기를 하는 내용을 찾는 것은 쉽지 않았다. 다시 말해, 개인이 일상생활에서 구체적으로 어떻게 범죄피해를 예방하고 줄일 수 있는지에 대한 논의는 부족했던 것으로 보인다. 그런 의미에서 최근 『대한민국에서 범죄피해자가 되지 않는 법』(배상훈 교수), 『범죄는 나를 피해가지 않는다』(오윤성 교수), 『친밀한 성범죄자』(안병헌 보호관찰관)와 같은 부류의 책들이 출판되어서 독자들에게 범죄피해자가 되지 않거나 피해를 줄일 수 있는 구체적인 방법에 대해서 설명해주려고 하는 시도는 긍정적인 현상인 것 같다.

또 한편으로는, 실무상 자주 발생하고 사회 문제로까지 여겨지는 특정 영역들, 예를 들면 보이스피싱 범죄, 성폭력 범죄, 온라인 거래사기 범죄에 대한 예방법이나 대처법 등에 관한 매뉴얼을 수사기관이나 공공기관에서 제작하여 배포하는 움직임 역시 범죄(피해) 예방 및 이를 통한 사회적 효용의 증가라는 측면에서 긍정적으로 보인다. 이하에서는, 내가 검찰수사관이나 변호사로 근무하면서 접했던 사건이나 법조인이 되기 위해서 공부하면서 고민했던 사례들을 통해 나름대로 터득한 범죄예방이나 범죄피해를 줄일 수 있는 방법에 대해서 이야기해보도록 하겠다.

범죄피해자가 될 만한 환경 만들지 않기

범죄피해를 당하지 않는 가장 좋은 방법은 범죄자, 가해자를 만나지 않는 것이다. 앞서 『사랑이라는 이름의 폭력, 이별범죄』에서도 잠깐 언급을 했지만 애초에 폭력적 성향이 있는 사람을 만나지 않는 것이 이별범죄를 당하지 않는 최선의 방법이다. 마찬가지로 내 돈 떼어먹고 도망갈 사기꾼이나 내 돈을 맡겼났더니 들고 나를 횡령꾼들을 처음부터 만나지 않으면 범죄피해를 입을 일은 전혀 발생하지 않을 것임은 너무나 당연한 이야기이다. 하지만, 이는 원천적으로 불가능하다. 누구든 무인도에 살지 않는 이상 살아가면서 어떠한 형태로든 인간관계, 거래관계를 맺지 않을 수 없기 때문이다.

그런데, 폭력범죄, 강력범죄에 국한해서 이야기를 하자면, 피해자가 될 수 있는 환경이나 주변을 통제하는 방법 등으로 범죄피해를 줄이는 것은 어느 정도 가능할 것으로 보인다. 너무 늦은 시간까지 술을 마시지 않는다든가, 귀가 시 인적이 드문 곳 등을 피하여 동선을 구성하는 것이 그 예이다. 뻔하디 뻔한 소리라는 비난이 나올 법도 하다. 그러나 많은 범죄학자나 실무가들은 이 뻔하디 뻔한 소리를 계속 강조하고 있다. 차량을 운전하다가 발생하는 교통사고를 피하거나 줄이기 위해서는 운전을 아예 하지 않거나 운전할 일을 줄이면 된다. 항상은 아니더라도 운전은 필요에 의해 어쩔 수 없이 하는 면이 있지만, 범죄 표적이 되기 쉬운 환경을 스스로 통제하는 것은 얼마든지 가능한 일이다.

뿐만 아니라, 이와 같은 이야기들은 비교적 역사가 짧은 범죄라고 할 수 있는 사이버 범죄, SNS 이용 범죄에도 그대로 적용될 수 있다. 후술할 『SNS는 적정하게 사용하기』에서 다시 이야기하겠지만, SNS 계정을 여러 개 갖고 있거나 SNS 활동을 많이 하는 사람이 SNS 계정 해킹, 사생활 침해, 사이버 명예훼손 등 범죄의 표적이 될 가능성이 높다는 것도 쉽게 예측할 수 있다. 얼핏 보면 지극히 당연한 이야기를 하는 것 같지만, 범죄예방은 그 지극히 상식적인 것에서부터 시작하는 것이다. 범죄피해학 이론 중에 '생활양식 - 노출 이론'이라는 것이 있는데, 잠재적 범죄자가 많이 포함된 집단과 접촉하는 사람들이나 우범지대에서 활동하는 사람들의 피해율이 높다는 내용이다. 이번 테마에서 이야기하고 있는 범죄피해자가 될 만한 환경을 만들지 않는 것 역시 이러한 이론에 입각해서 설명이 가능하다.

참고 양보하기

　폭행, 상해 또는 강력사건들 중 많은 사건에서 순간을 참고 양보하지 못해 범죄피해자가 되는 장면을 목격하게 된다.『화가 풀리면 인생도 풀린다 : 화』를 저술한 베트남 출신의 틱낫한 스님은 저서에서 "한 사람씩 화를 참으면 전쟁도 막을 수 있다."라고 했다. 개인에게도 순간만 견디면 봉변을 피할 수 있는 기회가 얼마든지 있을 수 있다.

　간단한 예를 들어보도록 하겠다. 지하철 플랫폼에서 지하철을 타려다가 객실에서 내리는 사람과 어깨가 살짝 부딪혔다. 과실을 따지자면 상대와 내가 7 : 3일 수도 있고, 5 : 5 또는 3 : 7일 수도 있다. 이럴 때 많은 사람이 짜증은 나지만 대부분은 그냥 넘어간다. 그냥 아무 일이 없었다는 듯이 무시하며 지나갈 수도 있고, 인상 한 번 쓰고 넘길 수 있다. 더 좋은 상황 대처법은 그냥 "아이코, 미안합니다." 하고 가볍게 고개 한 번 숙이고 지나가는 것이다. 그러면 상대방도 어지간해서는 당신에게 시비를 걸거나 싸움을 하려고 하지 않는다. 굳이 잘잘못을 따지고 누구한테 과실이 더 있는지 가리려고 하다 보면 언쟁이 생기고, 그러다가 성격이 지랄 같은 사람을 만나기라도 하면 폭행이나 상해의 피해자가 되기 십상인 것이다. 혹자는 내가 먼저 "미안하다."라고 하고 지나가는 것을 두고 비겁한 사람이라고 할 수도 있지만, 범죄피해자가 되어서 겪을 불편함과 고통을 떠올린다면 그 누구도 이에 대해서 쉽게 뭐라고 하지 못할 것이다.

다른 예로, 최근 하루가 멀다 하고 기사화될 만큼 빈번하게 발생하고 종종 범죄로 비화되기까지 하는 아파트 층간소음 사례를 들어보도록 하겠다. 아파트에서 층간소음으로 인한 분쟁이나 갈등은 자주 발생하지만, 이것이 바로 범죄로 직결되는 경우는 드물고 대부분 반복된 다툼과 분쟁으로 쌓인 앙금이 심적 고름상태로 응축되었다가 결국 범죄의 모습으로 터지고 마는 양상을 띤다. 우리 집 아이들이 쿵쿵 뛰어다니고 시끄럽게 한다는 이유로 아래층에 사는 사람이 항의하기 위해서 우리 집을 방문했다고 치자. 그리고, 그런 경우가 전에도 몇 번 있었다고 가정하겠다. 그 사람은 이미 잔뜩 성이 나 있거나 흥분한 상태일 가능성이 높다. 그에게 변명이나 맞대응을 하려고 하는 것은 그야말로 벌집을 건드리는 것처럼 위험한 짓이다. 물론 그 사람이 소음에 유난히 민감한 사람일 수도 있고, 소음을 일으킨 것에 대한 미안함을 상쇄시키고도 남을 정도로 상대방의 태도가 극히 불량할 수도 있다.

하지만, 앞서 지하철 플랫폼에서의 예와 마찬가지로 이 경우에도 잘잘못을 따지는 것은 큰 의미가 없을 수 있다. 이미 독기를 품고 달려드는 사람은 피하는 것이 상책이다. 정중하게 사과하고 재발방지를 약속한다면 폭행이나 강력범죄의 피해자가 될 가능성은 낮아진다. 옛말에 '참을 인(忍) 셋이면 살인도 면할 수 있다.'라고 하였는데, 정말 맞는 말이다. 살인범이 되는 것도 피할 수 있고, 살인 피해자가 되는 것도 피할 수 있다. 검찰에서 근무하면서 순간의 화를 참지 못하고 양보 없이 자신만의 입장을 고수하다가 봉변을 당하고 눈물로 호소하는 사례를 접하고 안타까웠던 적이 한두 번이 아니다.

"참자. 잠시 참고 웃자. 잠시 못 참고 울지 말자."

과도한 욕심 내지 않기

"이거 진짜 수익성 끝내주는 아이템인데, 무조건 대박나게 되어 있어. 너한테만 알려주는 것이야." 이런 식의 이야기를 하는 사람들이 있다. 그런데, 진짜 수익성이 좋은 대박 아이템이라면 본인이 빚을 내서라도 돈을 마련하여 본인 명의로 투자하지, 굳이 남에게까지 알려주면서 대박의 기쁨을 공유할 이유가 없다. '너한테만 알려주는 것'이라는 말은 사실 다수의 사람에게 이야기하고 있을 가능성이 높다. 그런데도 '나한테만 알려주는 이야기'라는 달콤한 유혹에 빠져 지갑을 열고 있는 것이다. 음마투전(飮馬投錢)이라는 말이 있다. 말에게 물을 마시게 할 때 먼저 돈을 물속에 던져 물값을 낸다는 뜻으로 '세상에 공짜는 없다.'라는 세상 이치를 표현하는 말이다. 개인적으로 세상을 아주 오래 살지는 않았지만, 투자한 노력에 상응해서 결실을 얻는다는 평범한 진리에는 절실히 공감하고 있다. 인간의 힘으로 어쩔 수 없는 약간의 득실은 있을지언정 대개는 적정한 투자 대비 수익에서 왔다 갔다 하기 마련인데, 공짜나 다름없는 대박을 바란다는 것은 그 자체로 엄청난 위험을 안고 있는 것이다.

고수익, 고리를 챙겨준다는 말에 혹해서 사업에 투자하거나 돈을 빌려준 뒤에 수익이나 이자는커녕 원금도 전혀 돌려받지 못하는 경우가 허다하다. 검찰에서 근무하다 보면 일상적으로 보게 되는 투자사기, 차용사기 유형이다. 투자사기는 부동산 투자, 주식투자, 태양광사업 등 각종 사업투자 등 다양한 종류가 있지만 결국 고수익을 보장하고 피해자로부터 투자금을 받는 구조라는 점에서 그 분별은 큰 의미가 없다. 이와 같은 '고'자가 붙는 투자, 차용의 경우에서 '고'수익, '고'리는 결국 '고'위험과 같은 말이라고 봐도 무방하다. 고수익, 고리 보장을 약속하며 돈을 받아가는 것이 모두 사기와 같은 범죄는 아니겠지만, 그 위험 또한 본인이 감수해야 한다는 점에서 투자나 차용 후 피해를 입을 가능성이 높다는 것이다.

정말 어쩌다가 투자를 권하는 사람이 말했던 대로 대박이 터질 수도 있다. 그런데, 이는 더 큰 범행을 위한 미끼일 가능성이 높다. 많은 사례에서 이런 행복감에 빠져 있는 피해자들을 적극 이용해서 피해자의 지갑에서 더 많은 돈을 털어가는 것을 봐왔다. 설령, 미끼가 아니어도 그 한 번 대박 터진 것이 돈을 투자한 사람과 투자받은 사람의 운을 다 쓴 것일 가능성이 높다. 한 번의 대박으로 인해 느꼈던 행복감을 잊지 못해 계속 무리하게 투자하는 것은 종국에는 파멸로 치달을 수도 있음을 명심해야 한다. 현대의 자본주의 세상을 살아가면서 물욕(物慾)이라는 것을 안 가질 수는 없겠지만, 적당히 감당할 수 있는 수준에서 그쳐야 한다는 뜻이다.

끊임없이 의심하기

친한 검사님 한 분이 식사 중 이런 말을 했다. 아들과 대화할 때 가장 자주 하는 말이 "진짜야?"란다. 일하면서 거짓말하는 사람을 하도 많이 보다 보니 상대방의 어떤 말에 진짜냐고 반문부터 하는 것이 습관이 되었다는 뜻이다. 실제로 수사기관에 종사하는 사람들이 자주 쓰는 말 중 하나가 "사실입니까?"이다. 상대방의 말을 곧이곧대로 듣지 않고 의심부터 하는 일종의 직업병인 것이다. 조금 피곤한 습관으로 보이기도 하지만, 보통 사람들이 범죄피해자, 특히 재산범죄의 피해자가 되지 않기 위해서는 좀 가져도 될 만한 습관인 것 같기도 하다.

누구나 살아가면서 다양한 사람들과 각종의 이해관계로 얽히게 된다. 그것은 금전거래, 물품거래 관계일 수도 있고, 남에게 물건이나 사무 처리를 맡기는 위탁관계일 수도 있다. 좀 더 세밀한 구성요건은 따져봐야 하겠지만, 하자(瑕疵)가 있는 거래관계나 위탁관계는 사기죄, 횡령죄, 배임죄 등을 구성할 수 있다. 그래서 이런 거래나 위탁관계에 있어 상대방의 언행에 의심나는 점이 있다면, 당연히 이에 대해 물어보거나 확인을 해야 한다. 이때 상대방이 짜증을 내거나 조롱하는 듯한 반응을 보인다면 상대방을 더욱 의심의 눈초리로 바라보고 철저히 확인해야 한다. 누군가를 처음 만나서 그 사람과 친분을 쌓아가려고 할 때 계속 이것저것 물어보고 따져보는 행동은 원만한 인간관계를 형성하는 데 장애가 될 수 있다. 하지만 거래관계에 있어서는 상대방에 대한 불신을 전제로 물어보고 따져보는 것이 여러분의 '재산 지킴이'가 될 수 있는 것이다.

물론 의심나는 점에 대해 상대방에게 질문을 던졌을 때 그 사람이 침착하게 그럴듯한 답변을 한다고 해서 그 사람이 당신에게 거짓말을 하지 않는다고 단정할 수 없고 사기, 횡령 등의 범행으로부터 안심해도 된다는 것은 아니다. 상대방의 언변이 특출나게 뛰어나서 나도 모르게 말에 현혹되어 속아 넘어갈 수도 있고, 보통 사람이 생각할 수 없는 교묘한 방법으로 범행을 저지르는 것일 수도 있기 때문이다. 그러나 비교적 자신 있게 말할 수 있는 것은, 당신의 질문에 짜증스럽게 반응하거나 '내가 알아서 다 할 텐데 뭐 그리 깐깐하게 구냐?'라는 식의 태도를 보이는 사람은 당신을 상대로 범행을 저지르고 있거나 꾸미고 있는 중

일 확률이 높다.

　다시 말하지만, 당신이 의심할 때 만면에 웃음을 띠며 자신이 사기, 횡령 등과 같은 범죄를 저지르고 있는 것이 아니라고 설명하거나 자료 등 이런저런 것들을 확인시켜 주는 사람조차도 당신을 상대로 범죄를 저지를 수 있다. 그런데, 그런 태도도 아니고 당신 앞에서 짜증을 내며 당신을 면박을 준다? 아주 높은 확률로 당신을 상대로 범죄를 꾸미고 있는 것이다. 이때는 그 사람과의 인간관계가 서먹해지는 것을 감수하고라도 거래관계를 중단해야 한다.

의심되면 즉각 멈추기

　재산범죄에서 최초 피해가 아닌 추가 피해를 막을 수 있는 방법이다. 앞서 본 것처럼, 금전거래를 포함한 거래관계를 맺을 때는 끊임없이 의심을 하여야 하고 풀리지 않는 의혹이 있는 관계는 아예 처음부터 맺지 않는 것이 상책이다. 그럼에도 불구하고, 판단착오로 사기성이 있는 거래관계를 맺을 수 있다. 이때, 뒤늦게라도 해당 거래가 정상이 아니라고 느껴지거나 범죄의 냄새가 난다면 즉각 거래를 중단하고 법적인 수단을 찾아보는 것이 현명한 결정일 경우가 많다. 안타깝게도 처음부터 그런 현명한 결정을 하는 것이 쉽지는 않다. 뒤늦게라도 깨달을 사람이라면 처음부터 그런 문제 있는 거래를 하지 않았을 가능성이 높다.

　좀 더 현실적인 문제로는, 뒤늦게나마 자신이 맺고 있는 거래관계의 문제점을 인식하였다 하더라도 여러 이유로 거래를 중단하기는 쉽지 않다는 것이다. 자신의 선택이 잘못되었다는 것을 인정하기 싫어서 자기 최면을 걸고 계속해서 돈을 빌려주거나 투자할 수도 있다. 또는, 상대방이 추가적으로 돈을 주지 않으면 기존의 돈 역시 회수하지 못할 것이라는 식으로 협박하거나 기존의 돈까지 같이 갚겠다는 등의 회유를 해서 계속 돈을 내줄 수도 있다. 이런 식으로 1,000만 원 손해로 그칠 수 있는 것을 5,000만 원, 1억 원 손해를 보고 나서야 뒤늦게 문제의 심각성을 깨닫고 고소와 같은 법적 수단을 취하거나 변호사를 찾게 되는 경우가 많다. 자신의 실패를 인정하기 싫어서 또는 상대방에 대한 믿음을 계속 유지하고 싶은 관성적인 생각 때문에 '울며 겨자 먹기' 심정으로 계속 돈을 꼬라박게 되는 상황은 충분히 이해할 수 있다. 그러나, 의심이 되면 냉철한 판단과 굳은 심지로 상대방에게 거래관계의 중단을 고하고 형사고소를 비롯한 법적인 조치를 취하든지, 아니면 최소한 추가적인 출혈을 더 이상 하지 말아야 한다. 그래야 더 큰 피해를 막을 수 있다.

서면작성을 생활화하기

수사실무나 변호사 실무를 하다 보면, 거래관계를 비롯한 각종의 법률관계, 사실관계를 형성할 때 각종 서류를 챙기지 못해 나중에 낭패를 보는 경우를 수없이 접하게 된다. 영수증, 계약서, 차용증, 사실확인서 등등. 종종 피해자들은 "내가 돈 건네준 것은 엄연한 사실인데요.", "우리가 이런저런 조건으로 계약한 것은 누구나 다 아는데요.", "그때 ○○○씨가 그 점에 대해서 이의 제기하지 않기로 분명히 약속했어요."와 같은 말을 한다. 이때, "그에 대한 것을 입증할 증거나 자료가 있나요?"라고 물으면, "딱히 그런 것은 없지만 틀림없는 사실입니다. 내가 왜 거짓말을 하나요?"라고 반문하곤 한다.

형사재판이든 민사재판이든 증거재판주의가 원칙이다. 재판의 전제가 되는 사실 인정은 증거에 의해서만 한다는 것이 증거재판주의이다. 그런데, 그 증거라는 것은 당사자뿐만 아니라 제삼자에게도 증거능력이 있고 믿을 만하다고 받아들여질 만한 것이어야 한다. 내가 분명히 어떤 일을 했고, 주변에서 그 내용을 듣거나 봐서 다 알고 있으니, 수사기관이나 법원도 당연히 그러한 사실을 받아들여야 한다고 백날 우겨봐야, 그러한 사실을 입증할 증거가 없으면 그러한 사실은 '없는 것'으로 취급될 뿐이다.

검찰수사관으로 근무 중 다뤘던 사건 중에 고소인과 피의자가 동업관계로 인테리어업체를 운영한 것인지가 문제가 된 경우가 있었다. 피의자가 자신이 사장으로 있는 인테리어업체 계좌로 들어오는 돈을 자신이 별도로 운영하는 주방용품업체 계좌에 입금과 출금을 반복했다고 하여 업무상 횡령죄로 고소당한 사건이었다. 고소인은 피의자와 동업으로 이 인테리어업체를 운영한 것이기 때문에 피의자가 이와 같은 행동을 한 것은 공동소유의 금전을 마음대로 써버린 횡령죄라고 주장했다. 반면, 피의자는 자신이 고소인을 인테리어 공사를 주로 담당하는 사람으로 고용한 것이기 때문에 동업관계일 수 없고, 인테리어업체 계좌로 들어온 돈을 자신이 운영하는 주방용품업체 계좌로 입금과 출금을 반복한 것이 아무 문제가 되지 않는다는 취지의 주장을 했다.

동업관계인지 고용관계인지만 확정 지을 수 있다면, 피의자의 혐의유무를 밝히는 것은 어렵지 않았다. 문제는 동업계약서든, 근로계약서든 어떤 형태의 계약서도 작성되지 않았다는 것이다. 결국, 당사자들이 제출한 자료분석, 참고인 진술청취, 관계기관 문의 등을 통해 고소인과 피의자가 인테리어업체를 운영한 것은 동업관계로 보기 어렵다고 판단하였고, 검사님은 업무상 횡령 혐의에 대해 '혐의없음(증거 불충분)' 처분을 하였다. 혹자는 의문을 제기할지도 모른다. 해당 사안에서는 고소인이 서면을 작성하지 않아서 무혐의 처분을 받은 것이 아니라, 실제로 피의자와 동업관계가 아닌 고용관계였기 때문에 업무상 횡령죄가 성립된 것이 아니었냐고. 그것도 타당한 지적이다. 하지만, 해당 사안에서는 피의자의 행태 중에서도 의심스러운 정황이 몇 있었다. 고소인은 동업관계가 확실한데 계약서가 없다고 이를 무혐의로 판단하는 것은 너무 억울하다고 계속 주장했다. 고소인과 피의자가 (동업) 계약서를 작성해놨더라면 결론은 달라질 수 있었다.

엄밀히 말하면, 서면을 생활화하는 것은 범죄피해를 피하거나 줄이는 방법이라기보다는 차후에 어떤 분쟁이 있을 때 그 분쟁에서 쉽게 지지 않는 방안이라고 하는 것이 더 정확할 수 있겠다. 하늘도 알고 땅도 알고 다 아는데, 수사기관과 법원이 자신의 말을 믿어주지 않는다며 원망과 울분으로 가득 차서 한탄하는 일이 없도록 거래관계, 법률관계를 맺을 때 서면작성을 생활화할 필요가 있다. 또, '서면작성 생활화'라고 표현했지만, 증거자료를 남기는 방법이라면 반드시 서면에 국한되는 것은 아니다. 중요하다고 생각되는 것들은 메모하고 사진을 찍어두고 녹음을 하는 등 훗날에 있을지도 모를 분쟁에 철저하게 대비하는 습관을 들이면 되는 것이다. 요즘에는 특히 휴대전화의 녹음이나 촬영 기능이 워낙 발달해서 휴대전화 하나만 잘 활용하면 전통적인 의미에서의 서면작성은 충분히 대체하고도 남을 것으로 보인다.

명의를 함부로 빌려주지 않기

　명의를 빌려주는 것은 자신의 모든 것을 빌려주는 것과 다름없다는 말이 있다. 그만큼 다른 사람에게 명의를 빌려주는 것은 위험하다는 뜻이다. 흔히 명의를 빌려줄 수 있는 대상이 되는 것 중 대표적인 것들은 차량, 휴대전화, 통장 등이다. 이렇게 남에게 명의를 빌려준 차량 등은 대포차량, 대포폰, 대포통장이라는 용어로 쓰이기도 한다. '대포'의 사전적 의미는 '허풍이나 거짓말을 뜻하는 말'인데, 차량 등의 단어 앞에 '대포'라는 단어가 붙으면 '등록된 명의자와 실제 사용자가 다른 경우'를 뜻한다. 명의를 빌려주면 명의를 빌려간 사람이 그 차량 등을 이용해 나쁜 짓을 할 수도 있고, 본인이 의도하지 않더라도 범죄에 연루될 수 있다는 것은 그 누구라도 충분히 예상할 수 있는 일에 속한다. 그럼에도 불구하고 많은 사람들이 급하게 돈이 필요해지거나 명의대여를 요청하는 사람과의 친분 등 다양한 이유로 자신의 명의를 빌려주고, 이후 계속 불안감과 찝찝한 기분을 안고 살게 된다. 그러다 언젠가는 '왜 슬픈 예감은 틀리지 않나.'라는 클리셰를 실감하게 경찰로부터 연락을 받게 되는 경우가 허다하다.

　차량, 휴대전화, 금융계좌 등의 명의를 빌려주는 경우에는 사기나 문서위조 등 범죄의 공범으로 수사를 받을 가능성도 있다. 수사기관 입장에서는, 외적으로 드러난 사람이 차량 등의 명의인이기 때문에 이들에게 1차적인 범죄 혐의를 두고 수사를 진행할 수밖에 없다. 피의자는 수사를 받으면서 실업주나 차량 등 명의를 빌려 실제로 범죄를 저지른 사람 등에 대해 언급하며 면피를 주장해야 하겠지만, 이 과정이 생각만큼 쉬운 일은 아니다. 수사기관은 명의대여자와 명의차용인의 공모 가능성을 염두에 두고 강하게 추궁하기 마련이기 때문이다. 이때, "나는 공범이 아니라, 피해자예요!"라고 항변해봤자 받아들여지지 않을 가능성이 높다. 뿐만 아니라, 명의를 빌려주는 행위 자체가 범죄로 규정되어 있는 경우가 많다. 「자동차관리법」, 「전자금융거래법」(카드, 통장, 보안카드 등 접근매체 양도행위), 「전기통신사업법」(휴대전화나 유심칩을 타인에게 사용하게 할 목적으로 양도 또는 판매하는 행위) 등이 대표적인 예이다.

앞서 명의를 빌려준 뒤 마음 한편에 찝찝함 등을 안고 살다가 어김없이 경찰의 연락을 받게 되는 것을 '클리셰'라고 표현하였는데, 사실 진부함을 뜻하는 '클리셰'를 논하기 전에, 명의를 빌려준 사람이 불편한 마음을 안고 살아간다는 것 자체가 남한테 함부로 명의를 빌려주어서는 안 된다는 지극히 상식적인 이야기와 맞닿아 있다는 생각이 든다. 법은 상식에 기반하기 때문이다. 아무리 돈이 급하게 필요하거나 친지나 지인의 부탁이 있더라도, 다른 사람에게 내 전부일 수도 있는 명의를 빌려주는 일은 하지 않기를 적극 권한다.

SNS(Social Network Service)는 적정하게 사용하기

인터넷을 하다 보면, 잉글랜드 프리미어리그 축구팀 맨체스터 유나이티드의 감독이었던 알렉스 퍼거슨경이 했다는 "트위터는 인생의 낭비이다."라는 말이 인용되는 것을 종종 접하게 된다. 퍼거슨경이 실제 저 말을 했는지, 다른 말을 한 것이 과장, 와전되어서 퍼진 것은 아닌지 등에 대한 논란은 있지만, SNS의 과도한 사용을 경계하라는 경구(警句)로서는 더할 나위 없이 좋은 표현인 것 같다는 생각이 든다. SNS는 개인에 관한 매우 많은 정보를 담고 있다. 본인이 의도적으로 공개해놓은 사진이나 인적사항은 물론이고, 일반 유저들도 쉽게 특정인의 SNS를 사이버 공간상에서의 행적까지 추적할 수 있다. 말 그대로 TMI(Too Much Information)이다.

재소자들이 외부에 부탁하여 카카오톡이나 페이스북 등에 게재된 일반인의 사진을 교도소 안으로 반입한 뒤 자신의 성적 욕망을 충족시킨다는 기사를 본 적이 있다. 여기서 말하는 외부는 재소자의 지인들일 수도 있지만 심부름센터나 대행업체 같은 회사까지 포함된다고 한다. 또, 음란사진이 아니기 때문에 교도소 반입 시 제재를 받지 않는다는 특징이 있다.

더 심한 경우에는 해킹 수준으로 본인의 SNS에 대한 정보가 유출되어, 다른 사람이 본인 행세를 하거나 본인에 대한 비방이나 모략으로 한 사람의 인생을 파멸시키기도 한다. 굳이 이와 같은 극단적인 예까지 갈 것도 없이 온 국민이 즐겨 쓰는 카카오톡만 봐도, 개인의 사생활이 과도하게 노출되고 있음을 알 수 있다. 특정 번호를 휴대전화에 입력만 해도 상대방의 동의 여부에 관계없이 상대방의 카카오톡 배경사진이나 프로필 등이 자동으로 뜬다. 카카오톡 배경이나 프로필 사진 등은 앞서 말한 것과 같이 성적 욕망의 대상이 될 수도 있고, 합성 등 희화화의 대상이 될 수도 있다. 심지어 사진 속 정보를 집중 공략하여 거주지, 직장, 동선, 취미 등 당사자의 세세한 정보까지 알아내, 이를 다른 범죄 수단으로 악용할 수도 있는 것이다.

사람들과 관계를 맺는 여러 방식 중에 현재는 SNS를 통한 관계설정 및 소통이 압도적으로 대세이다. 먼 미래에는 현재 상상조차 할 수 없는 방법으로 소통을 할 수도 있겠지만, 현재는 SNS 이외에 다른 것을 생각하기 어려울 정도이다. 따라서, SNS를 이용하지 말라고 할 수는 없다. 현재 상태에서 SNS를 이용하지 말라는 것은 자연인으로 돌아가라는 말과 동급의 의미이기 때문이다. 그러나, 과유불급(過猶不及)이란 말도 있듯이 지나친 SNS 활동은 자제할 필요가 있다. 앞서 『범죄피해자가 될 만한 환경 만들지 않기』에서도 언급하였듯이, 매력적인 범죄의 표적이 될 수 있는 과도한 SNS 활동은 피하는 것이 좋지 않을까 한다.

검찰에서도 조정을 해요?
- 형사조정 이야기

많은 사람들이 검찰청은 죄 있는 사람을 벌(罰)주는 기관으로만 인식을 한다. 물론 실제로 검찰 본연의 임무는 나쁜 짓을 한 사람을 벌주는 것이 맞다. 그런데, 또 한편으로는 검찰은 피해자의 피해 회복에도 노력을 기울이는 기관이다. 특히 피해자가 있는 범죄사건에서 가해자에 대한 '기소 아니면 불기소'와 같은 일도양단(一刀兩斷)식의 처리는 논리적, 법리적으로는 아무 하자가 없을지 몰라도 실질적인 분쟁해결이나 피해자의 피해 회복에는 도움이 되지 않는 경우가 많다. 그래서 전통적인 '모 아니면 도'(기소 아니면 불기소)식의 처리가 아니라 검사에게 좀 더 유연한 사건처리 방식을 부여한 것이 바로 형사조정제도이다. 조정위원들과 사건관계인이 한자리에 모여 서로 대화와 중재를 통해 합리적 해결책을 모색하고 자율적 합의에 이르도록 하는 제도인데, 범죄피해자학이나 형사정책학에서는 이 제도를 종래의 '응보형 사법 모델'에 대비되는 '회복적 사법 모델'의 한 유형으로 파악하고 있다.

실제로 어떻게 운용하느냐에 따라 성패가 달라질 수 있겠지만, 이 제도 자체는 검사, 피의자, 피해자 입장에서 모두 매력적인 면이 있다.

먼저 검사는 사건처리에 있어 부담이 줄어든다. 분쟁에서 고소인에게 금전적인 피해가 있거나 피의자의 행동에 문제가 있기는 하지만 형사소추할 정도에는 이르지 않는 경우, 검사 입장에서는 불기소 처분을 할 때 마음이 편하지가 않다. 하지만, 형사조정제도의 활용을 통해 당사자 간 합의가 되고, 피해자의 피해 회복이 되면 한결 가벼운 마음으로 사건처리할 수 있게 된다. 또, 피의자의 혐의가 인정되어 기소를 하더라도 피해가 일부라도 변상된 경우에는 구형을 약하게 하거나 벌금을 감경하여 책정하는 등 합의사실을 양형에 반영할 수 있다. 피의자는 피해자에게 피해를 변상해주고 선처받을 수 있는 기회가 생기게 된다. 지나치게 변상과 합의를 강조하다 보면 '돈으로 죗값을 치른다.'라는 인식이 만연하게 되고, 형사사법 정의가 훼손될 우려가 있다는 비판도 있지만, 범죄 후의 정황은 우리 형법에서도 규정하고 있는 양형 참작사유이다. 피해자는 피해 회복이 될 수 있어 좋다. 피해 회복이라고 하면 보통 금전적인 배상을 떠올리지만, 이에 국한된 것만은 아니다. 피해자의 상처 회복을 위해 피의자의 진심 어린 사과 또는 분쟁의 재발 방지에 대한 확실한 보장 등이 금전배상보다 더 필요할 때도 있기 때문이다.

검찰에서 운용하는 형사조정 절차는 통상 다음과 같은 과정으로 진행된다. 먼저, 검사가 자기 방에 배당된 사건기록을 검토하다가 형사조정 절차로 처리하는 것이 적합하다고 판단하는 사건을 발견하면 검찰수사관에게 사건 당사자의 형사조정 의사를 확인해줄 것을 요청하면서 기록을 건네준다. 검찰수사관은 사건 당사자들에게 전화하여 형사조정제도의 취지에 대해서 설명하고 의사를 확인한다. 이때 검찰수사관의 역량이나 의지에 따라 형사조정 의뢰 건수나 의뢰 성공률을 어느 정도 높일 수 있기도 하지만, 대부분의 수사관들은 무리해서까지 형사조정 '의뢰'를 성사시키려고 하지 않는다. 자칫하면 사건관계인들에게 합의를 종용하는 것으로 비칠 수 있고, 또 그런 식으로 의뢰를 성사시켜 봤자 형사조정실에 가서 합의나 조정으로 종결되지 않을 가능성이 높기 때문이다.

피의자와 피해자가 모두 사건이 형사조정 절차로 진행된다는 것에 동의 내지 희망한다는 의사를 피력하면 검사는 사건기록에 검찰수사관 명의의 '형사조정의사 확인서'와 검사 명의의 '형사조정 회부서'를 첨부하여 형사조정 결과 회신 시까지 '시한부 기소중지'를 한다는 취지의 결정문을 쓰고 기소중지 처분을 한다. 사건기록은 검찰청 사건과 소속 형사조정실로 송부되고, 형사조정 절차가 진행된 뒤 그 결과물과 함께 사건기록이 다시 검사실로 오기까지 사건은 일시적으로 중지되어 있는 것이다. 당사자 의사 확인 등을 통해 사건을 형사조정 절차로 의뢰하는 것이 검찰수사관의 주된 업무는 아니다. 뿐만 아니라, 일단 특정 사건을 형사조정 절차로 보낸 뒤에는 해당 사건의 해결은 거의 전적으로 형사조정위원의 역량에 달려 있기 때문에, 검찰수사관이 관여하는 바는 거의 없다. 그럼에도 불구하고, 내가 의뢰했던 사건에서 형사조정이 성립된 것을 확인하면, 여러 사람의 시간과 노력이 소모되지 않고도 실질적인 피해 회복이 이루어졌다는 것에 대해 뿌듯함을 느끼기도 했다.

그러나, 한 번은 형사조정을 의뢰하는 과정에서 정말 당황스럽고 가슴 아픈 일을 경험하기도 했다. 검사의 요청에 따라 강제추행 사건 피해 여성에게 형사조정 의사를 확인하기 위하여 전화했더니 수화기 너머로 한 남성의 목소리가 들려왔다. 누구인지 물어보고 피해 여성을 바꿔달라고 했더니, 자신이 그 여성의 남편이라고 하더니 갑자기 흐느끼며 "제 아내가 죽었어요, 어제."라고 하는 것이었다. 그 상황에서 사망시점, 사망원인 등을 자세히 물어볼 수는 없었다. 나는 즉시 검사에게 상황을 보고하였고, 며칠 뒤 검찰청 사건과에서 그 여성에 대한 관내 변사보고가 올라와 공식적으로 사망사실이 확인된 뒤 강제추행 사건은 종결되었다. 사건이 종결될 때까지 계속 망인 남편의 구슬픈 목소리가 귓가를 맴도는 듯해 가슴이 먹먹했다.

검찰스토리 11

엉뚱한 이유로
감동받은 피의자

　아파트 이웃들을 때리고 아파트 단지 내 물품을 부수고 거기에 불까지 지르는 등 여러 가지 혐의로 수사를 받고 구속된 20대 중반의 피의자가 있었다. 피의자는 과거에도 비슷한 행위를 수차례 반복했지만 막상 구속까지 된 것은 이번이 처음이었다. 이 구속사건에서도 피해 자체는 크지 않았지만 반복적으로 주변 사람들에게 시비를 걸고, 아파트 단지 내에서 소란을 피우는 등 위험한 행위를 서슴지 않아 범죄가 중대하고 재범의 위험성도 충분히 있었다. 게다가 피의자는 홀어머니와 함께 살고 있었는데 경제적, 심리적으로 의지하던 어머니가 얼마 전에 사망하여 더욱 불안정한 심리상태에 놓여 있었다. 결국 영장전담판사가 이러한 점들을 고려하여 피의자가 도망할 염려가 충분히 있다고 판단한 것으로 보였다. 이 구속사건은 내가 아닌 검사실 다른 선임 계장님에게 배당이 되었다.

본인에게 배당된 사건은 아니었지만, 피의자가 검사실로 오기 전에는 피의자가 어떤 진술을 할지 궁금하기도 했고, 혹시 주변 사람들에게 한 것처럼 검사실에서도 난동을 피우는 것은 아닐까 걱정이 되기도 해서 관심을 갖게 되었다. 마침 다른 조사 일정이 없을 때라 호기심 반 경계심 반으로 나와 마주 보고 앉은 선임 계장님이 피의자를 조사하는 모습을 관찰하고 있었다. 그런데, 막상 조사가 시작되니 피의자에게 특별한 모습은 보이지 않았다. 오히려 계장의 질문에 다소 소극적인 자세로 힘없이 대답하기도 하였고, 그 외에는 여느 구속 피의자와 비슷하게 담담히 조사를 받고 있었다. 그래서 그 조사에 흥미를 잃어가면서 '내가 갖고 있는 사건기록이나 봐야겠다.'라고 생각하는 순간 피의자를 조사하던 계장님이 목소리를 조금 높여 말을 하기 시작하였다.

　"동네 사람들이 ○○○씨 힘내라고 탄원서까지 써서 제출했는데, 이렇게 계속 주변 사람들 괴롭혀서 되겠어요? 앞으로는 그러지 말아야지."

　이 말을 듣자 여태 소극적인 태도와 답변으로 일관하던 피의자가 적극적인 반응을 보였다.

　"진짜요? 탄원서를요?"

　"그럼, 여기 한 번 보세요. 이게 다 동네 사람들이 써준 탄원서라니까."

　계장님은 기록에 편철된 탄원서를 빠르게 넘겼다. 피의자는 "아~" 하고 탄식을 하더니 고개를 떨궜다. 자신은 아파트 단지 사람들에게 피해만 주었는데 그 사람들이 자신을 위해 선처를 바란다는 내용의 탄원서까지 써주었다고 하니 감동받은 눈치였다. 피의자의 그런 모습을 보면서 '그래도 주변 사람들 행동을 의식하고 탄원서 이야기에 감동까지 받는 것을 보니 아주 막장은 아니구나.'라고 생각하는 순간, 우연히 검사님의 모습을 보게 되었다. 검사님은 자신의 책상에 앉아 컴퓨터 모니터 뒤편에서 고개를 푹 숙이고 터져 나오는 웃음을 간신히 억누르고 있었다. 평소 웃음이 많은 분도 아닌데 얼굴까지 시뻘게져서 웃음 터지는 것을 필사적으로 막으려고 하는 모습이 눈에 띄게 보였다. 결국 검사님의 추가 질문 및 조사까지 다 마치고 피의자를 보낸 뒤에 검사님이 선임 계장님에게 물었다.

"계장님, 아까 피의자한테 왜 그러셨어요? 장난친 거죠?"

"네? 그게 무슨 말입니까? 장난이라니요?"

"탄원서요, 왜 동네 사람들이 선처 바란다고 탄원서 썼다고 했어요?"

"마을 사람들이 ○○○이 얼마 전에 어머니 돌아가신 일까지 겪고 해서 불쌍하니 선처해달라고 탄원서 써서 제출한 것 아니었어요?"

알고 보니 동네 사람들은 '피의자가 최근 어머니가 돌아가신 뒤에 더더욱 심리적으로 불안정한 상태를 보이면서 전보다도 더 위험하고 과격한 행동들을 일삼고 있으니 큰 사달이 나기 전에 구속을 시키고 엄벌에 처해달라.'라는 내용의 탄원서를 취합하여 제출한 것이었다. 계장님은 비슷한 종류의 사건에서 제출되는 탄원서가 일반적으로 선처해달라는 내용이니 이 사건의 탄원서도 비슷한 것으로 생각하고 탄원서 앞부분(피의자가 최근 어머니가 돌아가신 뒤에 더더욱 심리적으로 불안정한 상태를 보이고 있습니다)만 보고 뒤의 내용은 제대로 읽어보지 않은 것이었다. 엉뚱한 경위에서 비롯된 착각이지만, 피의자가 자신을 생각해 주는 사람들이 주변에 많이 있다고 믿고 앞으로는 주변 사람들에게 폐 끼치지 않고 건실하게 살았으면 좋겠다는 생각이 들었다.

그런데, 몇 년 뒤 이 구속사건과 비슷한 행위와 죄명으로 다시 구속된 피의자가 조사를 받았다는 이야기를 들었다. 수사기관에서 근무하면서 자주 느꼈던 것이지만, 사람은 역시 쉽게 변하지 않는 것 같다. 또, 변호사로 일하면서도 한 사람의 반복되는 범행으로 여러 번 변론을 맡게 되는 경우도 많다 보니 이 '성품 불변의 법칙'이 더 진리처럼 느껴지기도 한다. 재미있는 사실은 그 몇 년 뒤 다른 사건에서 피의자가 검사 앞에서 조사를 받으면서 검사의 머리를 손가락질하더니 다시 손을 자신의 머리카락 부분에 대고 손을 앞뒤로 흔드는 제스처를 취해 머리숱이 없는 검사를 놀렸다고 한다. 본인도 그다지 머리숱이 많지는 않았던 것으로 기억하는데. 어찌 되었거나 피의자로부터 예상치 못한 놀림을 당한 검사는 피의자를 나무라지도 못하고 그렇다고 같이 웃을 수도 없어서 그냥 아무 말도 하지 않고 조사를 계속하였다고 한다. 정말 여러모로 엉뚱한 사람인 것 같다.

범죄피해자의 몇 가지 권리들

　타인의 범죄행위로 인하여 생명·신체에 대한 피해를 받은 국민은 법률이 정하는 바에 의하여 국가로부터 구조를 받을 수 있다. 그럴싸하게 들리는 이 말은 먼 나라의 규정이 아니라 대한민국 헌법 제30조에 규정되어 있는 내용이다. 이렇게 헌법은 범죄피해자를 지원하기 위해 더없이 좋은 조문을 규정해놓았는데, 정작 법률은 오랫동안 헌법을 뒷받침하지 못하고 범죄피해자를 보호하는 역할을 등한시한 채 오랜 시간을 흘려보냈다. 그나마 1987년 제정된 「범죄피해자구조법」도 범죄피해자에 대한 구조보다는 가해자에 대한 수사·재판·교정 등의 과정에서 인권 개선 부분에 치중하는 경향이 있었다. 그로부터 약 20년이 지난 2005년에 「범죄피해자보호법」이 제정되어 범죄피해자의 구조, 복지증진에 노력을 기울이고 있다. 이하에서는 범죄피해자가 국가로부터 받을 수 있는 몇 가지 지원에 대해 알아보기로 하겠다.

범죄피해자 직접 지원

「범죄피해자보호기금법」 제3조에서 '정부는 범죄피해자 보호·지원에 필요한 자금을 확보·공급하기 위하여 범죄피해자보호기금을 설치'하도록 하고 있다. 이 기금은 몇 년 전 부산 여중생 집단폭행 사건의 피해자에게 외상과 심리치료비로 집행하는 등 범죄피해자의 사정이 여의치 않은 경우 요긴하게 사용되고 있다. 이것도 2015년 전까지는 이 법의 적용 요건이 까다로워 긴급을 요하는 범죄피해자의 경우에는 민간단체에서 지원하였는데, 2015년 법 개정으로 전치 5주 이상의 피해자에 대해서는 검찰에서 직접 치료비를 지원할 수 있게 되었다. 치료비에는 직접 치료비와 심리치료비를 모두 포함하며 장례비나 긴급생계비, 일정한 주거이전비까지 지원하고 있다.

다만 한 가지 오해가 있을 수 있는 부분이 있다. 범죄피해자 보호·지원은 타인의 범죄행위로 인하여 피해를 입은 경우 혜택을 볼 수 있는 제도이기 때문에 보이스피싱이나 사기범죄의 경우에도 타인으로 인해 발생한 피해이고, 재산적 피해 회복이 필요한 범죄유형으로 볼 수 있어 일견 지원이 가능한 것처럼 보인다. 그러나 위와 같은 유형의 재산범죄는 이 법의 지원 대상에서 제외된다. 마찬가지로 민사상 다툼이 있는 범죄피해자 역시 범죄피해자보호법이 적용되는 피해의 대상에 포함되지 않는다.

스마일센터

법무부는 2010년 1월 서울동부 스마일센터를 개소하였는데, 스마일센터는 (강력)범죄피해자와 그 가족들에게 신체적·정신적 안정을 제공하고 피해자들의 안정적인 사회 복귀를 돕기 위하여 국가가 일시적 보호시설을 개설하고, 상담 및 치료 프로그램을 마련하도록 한 시설이다. 현재 스마일센터의 운영 방향은 피해자의 신체를 일시적으로 보호하는 기능보다는 피해자의 상담과 치료에 더 비중을 두고 있으며, 범죄피해 통합 트라우마 치유기관으로서의 역할을 수행하고 있다. 스마일센터는 전국적으로 확대되고 있는 중이며, 2021년 기준 서울 동부, 서울 서부, 대전, 대구, 부산, 인천, 광주, 춘천, 전주, 수원, 의정부, 청주, 울산, 창원, 제주, 목포까지 총 16개소를 운영하고 있다.

스마일 공익신탁

범죄피해자보호기금이 나름대로의 역할을 하고 있지만 국가 재정의 한계로 인해 지원을 받지 못하거나, 지원을 받았다고 하더라도 추가 지원이 필요한 경우가 있다. 스마일 공익신탁은 이와 같이 범죄피해자 보호 대상에서 제외되는 자들을 구제하기 위해 설립되었으며, 2016년 4월 법무부 직원들이 모은 3천만 원의 기탁금이 그 시초가 되었다. 이후 검찰청, 범죄피해자지원센터 및 일반 국민 등 각계각층의 지속적인 참여로 현재까지 운영되고 있는데, 2021년 6월까지 104명에게 4억 8천여 만 원의 생계비와 학자금을 지원하였다. 스마일 공익신탁이 지원한 피해자의 예로는 의붓아버지로부터 성폭력 피해를 입은 청소년과 그로 인한 자책감으로 정신과 치료를 받는 어머니, 친오빠로부터 성폭력 피해를 입었지만 오빠의 편을 드는 어머니로부터 독립해 홀로 몸과 마음의 상처를 감당하는 피해자, 외삼촌으로부터 성폭력 피해를 입고 수치심으로 생을 마감한 피해자로 인하여 정신적 고통을 겪고 있는 가정 등이 있다.

이러한 제도가 운영되고는 있지만, 일반 시민들에게 홍보가 잘 되지 않아 많은 사람이 이용하고 있지 못한 것이 현재의 실정이다. 훌륭한 제도가 시민에게 유용하게 활용되기 위해서는, 우선 수사기관 종사자들도 범죄피해자에 대한 지원 제도에 대해 상세히 숙지해야 한다. 그리고 수사 도중 만나게 되는 범죄피해자들에 대한 지원이 절실하다고 사료되면, 즉시 이러한 제도를 안내하고 최대한의 혜택을 볼 수 있도록 조력하는 자세가 필요하다.

검찰스토리 12

봉투 주던 고소인

100만 원 상당의 공사대금을 못 받았다고 공사를 도급 준 업자를 사기죄로 고소한 사람이 있었다. 사건기록을 검토해보니 피의자의 사정이 이해되는 부분도 있었고, 수사 및 범죄경력 조회결과도 피의자가 특별히 악하게 살아온 것 같다는 인상을 주지는 않았다. 피의자와 고소인을 모두 불러 대질조사를 하면서 양자의 입장을 확인했다. 피의자는 다소 무리하게 사업을 진행하면서 자금 압박을 받게 되었고, 그 과정에서 고소인을 비롯한 몇 명의 공사업자에게 공사대금 채무를 지고 이를 갚지 못한 것은 사실이라고 털어놨다. 하지만 처음부터 고소인을 속여서 공사대금을 편취하려고 했던 것은 아니었고, 투자한 자금이 회수되는 대로 즉시 고소인에게 변제할 생각이라고 했다. 사실 이런 식의 주장과 진술은 차용금 사기나 각종 대금편취 사기사건에서 피의자들의 전형적인 진술 패턴 또는 변명 취지이기는 하다. 고소인도 피의자가 딱히 악의적인 사기꾼이라고 생각은 안 하지만 직원 데리고 일을 하는데 반년 가까이 돈을 못 받고 있으니 형사고소를 하게 된 것이라고 했다. 연체이자 같은 것은 필요 없고 약속한 공사대금 100만 원만 주면 바로 고소를 취소할 생각이라는 말도 덧붙였다.

　피의자의 진술과 기록에 드러난 관련 증거를 종합해보니, 이 사안은 민사적인 분쟁의 성격이 강해 보였다. 하지만, 또 한편으로는 피의자가 무리하게 사업을 확장하였기 때문에 애초의 변제능력에 의심이 가는 사정이 있었다. 또 그 과정에서 피의자가 여러 사람에게 빚을 졌는데 다른 채무에 대해서는 일부 변제하거나 담보까지 제공하면서도 유독 고소인의 공사대금에 대해서는 갚으려는 최소한의 액션도 취하지 않는 듯한 모습도 있어 사기죄가 성립하지 않는다고 단정하기도 어려운 상황이었다. 미심쩍은 부분을 들어 피의자를 조금 더 추궁하였다. 고소인에 대한 공사대금 채무가 소액이라 그런 태도를 취하는 것은 아닌지, "우는 아이 젖 더 준다."라는 속담처럼 다른 채권자들이 더 적극적으로 대응하니 그 사람들에게만 변제하거나 담보설정과 같은 적극적인 태도를 취하고 고소인은 방치한 것이 아닌지를 집중적으로 물어보았다. 검사님도 조사를 하면서 피의자의 사업확장 및 변제계획에 대한 안일한 태도를 지적하였다. 결국 피의자는 "어떻게든 1주일 내 고소인의 돈을 갚고 합의하겠다."라고 하였다. 조사 내내 피의자에 대한 불신을 보이던 고소인도 피의자가 검사와 검찰수사관 앞에서 약속하니 안심이 되었는지 집에 돌아가 피의자의 연락을 기다리겠다고 하였다. 대질조사한 바로 다음날 아침에 고소인으로부터 전화가 왔다. 고소인의 들뜬 목소리가 수화기 너머로 들려왔다.
　"계장님, 방금 전에 공사비 입금받았습니다. 정말 감사합니다."

"아, 그래요? 잘 되었네요. 그럼 어제 이야기한 대로 고소취하장 제출해주세요. 메모 가능한가요? 팩스 번호 알려드릴게요."

"아이고, 계장님, 제가 직접 찾아뵈어야지요. 검사님하고 계장님한테 너무 감사해서 어떻게든 보답을 하는 게 도리죠."

"무슨 보답이요? 고소취하장은 팩스로 보내도 되니까 굳이 찾아오시지 않아도 됩니다."

"아닙니다, 이따 오후에 찾아뵙고 인사드리겠습니다."

그리고, 진짜로 고소인이 얼마 지나지 않아 검사실을 방문하였다. 나에게 직접 고소취소장을 제출하면서 감사하다는 말을 반복했다. 그러더니 내 책상 위로 슬쩍 흰색 봉투 두 개를 올려놓은 것이었다. 본능적으로, 피의자로부터 못 받을 것이라고 반 포기한 돈을 받았으니 결과적으로 돈을 받을 수 있게 해준 사람에게 주는 사례비 명목으로 돈 봉투를 건넨 것임을 알 수 있었다. 대충 다 알면서도 이게 뭐냐고 물어보자, 고소인은 멋쩍게 웃으면서 "별거 아닙니다. 두 분 덕분에 떼인 돈을 받게 되었는데 당연히 이렇게라도 감사 표시를 해야지요."라고 하면서 황급히 검사실을 빠져나갔다. 나는 복도로 나가 고소인을 쫓아가서 불러 세워놓고 말했다. "이러시면 안 됩니다. 이렇게 하는 것 자체가 또 하나의 범죄가 될 수 있습니다. 앞으로 절대로 이러지 마세요."라고 하면서 돈 봉투 두 장을 돌려주었다. 고소인은 잠시 멍하니 서 있더니 다시 후다닥 복도 끝으로 달려가 시야 밖으로 사라졌다. 잠시 뒤 검사실로 들어온 검사님에게 앞서 일어난 상황에 대해 이야기했더니, 검사님이 껄껄 웃으면서 보인 반응이 이러했다.

"그 양반, 계산 하나는 확실한 사람이네요."

검찰스토리 13

검사장 오찬 행사장에서 생긴 일

서울의 한 검찰청에서 근무할 때 검사장님과 오찬 행사가 있었던 자리에서 겪었던 일이다. 오찬 전에 총무과로부터 받은 행사 좌석 배치표를 보니, 나는 차장 검사님 앞에, 그리고 친한 고참 수사관이 검사장님 앞자리에 앉는 것으로 되어 있었다. 대부분의 사람들이 그런 자리에서 기관장과 가까운 자리에 앉는 것을 좋아하지는 않는다. 평범함을 추구하는 나도 예외는 아니어서, 더 멀리 떨어진 좌석에 배치되지 않은 것이 아쉽기는 했지만 검사장님 바로 앞자리에 앉지 않는 사실만으로도 안도했다. 그런데, 그날은 수사관과 실무관이 탄 차량이 오찬 행사장에 늦게 도착했고 검사장, 차장검사, 사무국장 등 간부들은 행사장에 먼저 도착하여 착석한 상태였다. 나는 사전에 보았던 행사 좌석 배치표에서의 대략의 위치를 생각하고 차장검사님으로 보이는 사람의 앞자리에 가서 앉았다. 그런데 오찬 행사가 시작된 직후 돌아가는 상황을 보니, 내 앞에 앉은 사람이 바로 검사장님이 아니던가! 검사장님이 직원들 프로필이 적혀 있는 종이를 보면서 질문을 하기 시작했는데, 첫 대상은 바로 앞자리에 앉은 나였다.

"오호~ 조 계장은 취미가 축구경기 관람이라고 되어 있네요. 축구 경기를 직접 보러 가요?"

"네, 그렇습니다."

"어떤 경기를 보러 가나? 국가대표 경기?"

"K리그에 응원하는 팀이 있어서 주로 K리그 경기를 보러 가는데, 전에는 손흥민 선수를 보기 위해 독일에도 갔었습니다."

"오, 외국까지? 정말 축구를 좋아하나 보네."

일반적으로 인기가 없는 것으로 알려진 K리그 경기를 직관(경기장에서 직접 관람)한다고 하고, 손흥민을 보기 위해 외국까지 갔다고 하니, 호기심이 발동했는지 다른 간부들도 축구에 관한 질문을 하기 시작했다.

"호날도하고 메시 중에서 누가 뛰어난 것 같아요?"

"축구팬들 사이에서는 '시라소니 대 김두한'처럼 케케묵은 논쟁이기는 한데요. 전 굳이 누가 뛰어나다고 말을 하고 싶지는 않습니다. 그런데, 이런 것은 있습니다. 다른 나라에서는 '호날도 대 메시' 하면 메시가 더 뛰어나다고 대답하는 비율이 압도적으로 높은데, 우리나라만 유독 호날도와 메시가 호각세입니다."(참고로 호날도가 2019년 8월 상암에서 노쇼(No Show)를 하기 전의 일임)

"오, 그건 왜죠?"

"일반인들은 플레이가 자기 눈에 많이 노출된 선수들을 좀 더 높이 평가하는 경향이 있는데, 호날도가 과거 맨체스터 유나이티드에서 박지성과 같이 뛰었기 때문에 한국팬들 사이에서는 호날도의 플레이가 노출이 많이 되었고, 또 단지 박지성과 팀 동료였다는 이유만으로 후한 평가를 받는 것 같습니다."

"아, 그렇구먼, 재미있네."

이런 식의 대화가 한참 이어졌다. 그날은 마침 오찬 장소가 청사에서 차로 이동해도 15분 이상 걸리는 곳에 위치해 있었기 때문에, 이동시간을 고려해 12시 45분 정도에 행사가 종료되었다. 그래서 40분 정도로 짧게 진행된 오찬 행사 중 무려 15~20분가량이 간부들과 내가 주로 축구 관련 주제로 문답하는 데 소요되었으니 다른 참석자들(수사관, 실무관 총 12명)에게는 말할 기회가 아주 적게 돌아갈 수밖에 없었던 것이다. 하지만 이를 두고 불평하거나 나를 나무랄 사람은 없었다. 오히려 오찬 행사가 끝나고 몇 사람은 혼자 고생했다고 격려해주었다.

특히 원래 검사장님 앞자리에 앉기로 되어 있던 고참 수사관은 본인을 위해 조 계장이 일부러 검사장님 앞에 앉은 줄 알았다며 무척 고마워했다. 사실은 검사장님 얼굴을 몰랐다고 했더니, "이유가 어찌 되었든 편하게 밥 먹을 수 있게 해줘서 고맙다."라며 밥을 사겠다고 했고, 이후 실제 밥을 얻어먹었다. 약간의 어리숙함으로 인해 발생한 해프닝이기는 하지만, 취미에 대해 실컷 이야기하고 나의 희생(?)으로 다른 사람들이 편하게 식사할 수 있도록 돕고, 덤으로 밥까지 얻어먹었으니 이야말로 일석삼조(一石三鳥) 아닌가 하는 생각도 들었다. 이후 이 에피소드를 몇몇 사람에게 이야기했더니, 어떤 사람은 "그래도 어떻게 검사장 얼굴을 모를 수 있어? 그건 좀 심하다. 검사장님한테 신경 좀 써!"라며 핀잔을 주었고, 또 어떤 사람은 "검사장님 얼굴을 굳이 알 필요는 없죠. 그게 무슨 문제가 되나요?"라며 내 편을 들어주기도 했다.

검찰스토리 14

검찰 당직실 풍경

검찰청에도 여느 공공기관처럼 당직근무가 있다. 평일 숙직, 주말 일직, 주말 숙직 이렇게 세 종류가 있다. 검찰청 당직이 다른 공공기관과 다른 점은, 검찰청 당직실은 24시간 돌아가는 검찰청 역할을 한다는 것이다. 검찰업무 특성상 즉각적인 처리가 요구되는 경우도 많고, 잠시라도 공백이 있어서는 안 되는 업무도 많기 때문에 일과시간 이후 또는 휴일에도 필수적으로 업무를 보는 일정 인원이 청사 내에 있어야 한다. 예를 들어, 벌금을 납부하지 못해 수배된 사람이 검거되어 당직실로 온 경우에 이에 대한 처리를 해야 한다. 벌금을 낼 여력이 되면 납부하게 한 뒤 석방을 시키고 벌금수배를 해제한다.

만약 벌금을 납부하지 못하면 구치소로 보내져서 그 사람의 판결문(약식명령문)에 기재되어 있는 구금 일수만큼 구치소에서 살다 나와야 한다. 또, 수사기관에서 출석불응으로 체포영장을 받아 기소중지 처분된 사건의 피의자가 검거되어 온 경우에는 48시간 이내에 석방 또는 구속영장 청구 여부를 결정하여야 되기 때문에, 피의자에 대한 조사 및 수사가 요구된다. 그밖에도 영장업무, 변사업무와 각종 민원응대를 해야 한다. 물론 이중 민원응대와 접수업무 외에 모든 업무에 대한 최종적인 판단과 결정은 당직 검사의 몫이다. 하지만 실무적인 일은 주로 6~9급 검찰수사관들이 당직실에서 수행하는 구조이다.

서울중앙지검에서 당직근무를 설 때 겪었던 일이다. 서울중앙지검은 청의 규모가 다른 청과 비교가 불가능할 정도로 압도적으로 크기 때문에 당직 인원도 많다. 당시 나의 역할 중 하나는 검거된 벌금 수배자 중 당일 벌금을 내기 어려운 사람들을 경기도 의왕에 있는 서울구치소로 인계하는 것이었다. 그날은 벌금수배로 잡혀온 사람이 8명쯤 되었는데 다들 얌전했다. 그런데 그중 한 명이 유독 고래고래 떠들며 소란을 피웠다. 좀 더 가까이 가서 들으니 "판사 새끼들은 목이 두 개야? 내가 확~ 다 모가지를 따버릴 거야. 이 씨X놈의 새X들!" 이런 말을 하고 있었다. 검찰에서 판사를 찾는 것이나 상스러운 말을 아무렇지도 않게 내뱉는 것이나, 딱 봐도 술에 잔뜩 취해 주정 부리는 것임을 알 수 있었다. 벌금수배로 잡혀온 사람이 벌금을 납부하지 못하면 벌금액을 일수로 환산한 기간만큼 노역장 유치로 구치소 등에서 있다가 나가야 한다. 예를 들어, 100만 원 벌금형을 선고받은 자라고 하면 통상 1일에 10만 원으로 계산을 하니 10일을 구치소에 있어야 한다. 아무튼 서울구치소로 가는 호송용 차를 탄 뒤에도 그 벌금 수배자의 소란과 주정은 계속되었다.

처음에는 청원경찰과 내가 몇 번 소리를 질러 제지를 하려고 했으나 막무가내였다. 다른 벌금 미납자들도 괜히 주취자와 말을 섞고 싶지 않았는지 아무도 그 자에게 뭐라 하지 않았다. 서울구치소로 가는 약 40분 내내 소란은 이어졌다. 그런데 목적지인 서울구치소에 거의 다다를 때쯤 그 벌금 미납자가 갑자기 잠잠해졌다. 서울구치소에 도착하기 약 1분 전 그가 조용하고 공손한 목소리로 내게 말을 했다. "저, 계장님 죄송한데 담배 한 대만 피게 해주실 수 있을까요?" 그 사람도 풍부한 구치소 생활 경험을 통해 서울구치소에 들어가는 순간부터는 지금과 같이 행동하면 자신에게 험난한 시련이 닥칠 것이라는 점을 잘 알고 있는 것으로 보였다. 그래서 비록 며칠간의 구금생활이지만 자유로운 사회와 잠시 이별을 해야 하는 순간에 직면하게 되니 니코틴의 힘을 빌려서라도 시름을 잊고 싶어 하는 듯했다.

그 사람의 언행이 갑자기 변하는 것을 보며 사람이 참 비굴하다고 느꼈지만 한편으로는 나약한 인간의 전형(典形)적인 모습을 보는 듯해 짠하게 여겨지기도 했다. 호송차량이 구치소 앞에 도착하자, 그가 재빨리 내 앞으로 다가와 간절한 눈빛으로 쳐다보며 다시 한 번 흡연 허락을 구했다. 그때는 나도 흡연을 할 때라 마침 담배를 소지하고 있었나. 한 대 건네줬더니 무척 고마워하며 담배를 빨기 시작했다. 한겨울이라 추워서 그랬는지, 앞에서 노려보고 있는 교도관의 시선이 부담이 되었는지 몸을 잔뜩 움츠리고는 두세 모금을 급하게 빨았다. 아니나 다를까 서울구치소 교도관이 그 지명수배자에게 빨리 들어오라며 재촉하는 소리를 했다. 그 소리에 지명수배자는 아쉬워하며 다시 몇 모금을 빛의 속도로 들이키더니 황급히 담뱃불을 끄고 구치소 정문을 통해 들어갔다.

어떤 수사관은 당직 책임자로 근무하는데, 벌금수배로 붙잡혀온 사람이 "갖고 있는 돈을 탈탈 털어도 벌금 30만 원에 약 2천 원 정도가 부족한데 어디 도움받을 데도 없다."라고 했단다. 돈 2천 원 때문에 구치소에 며칠 들어갔다 나와야 하는 상황에 처한 것이다. 딱한 마음에 2천 원을 자기가 줄 테니 벌금을 납부하라고 했더니, 그 사람이 "아이고 감사합니다. 그래도 돈을 그냥 받을 수는 없죠. 제가 양말 장사를 하는데 양말을 몇 켤레 드리겠습니다."라고 하면서 자신의 낡은 가방에서 양말 세 켤레를 꺼내서 줬다고 한다.

사실, 검찰 당직실(현재는 상황실로 운영) 근무는 몇 개의 에피소드나 글로 담기에는 어려운 고충과 애환이 있다. 그럼에도 불구하고, 불과 몇 년 전까지만 해도 당직비는 직급에 관계없이 1만 원만 지급되었다. 청사에 머물러 있는 시간만 최소 9시간에서 최대 15시간, 그리고 이중 절반 이상을 경찰관, 벌금수배자, 민원인 등과 상대하며 실근무를 해도 이에 대한 대가는 하루 1만 원에 불과했던 것이다. 그나마 얼마 전부터 당직비가 다른 정부기관에 준해 현실적인 금액으로 책정된 것은 다행스러운 일이다.

| 에필로그 |

　　검찰수사관으로 근무하였던 13여 년의 시간도, 변호사로 활동했던 1년 남짓한 시간도 모두 지금의 나를 만들어준 소중한 시간들이었던 것 같다. 여전히 변호사라는 호칭이 조금 낯설기도 하며, 아직도 이름 뒤에 변호사 대신 계장이라는 말이 튀어나올 때가 종종 있다. 형사사건에서 내 역할이 무엇이었든, 또 어떤 호칭으로 불렀든 한 사람의 인생이 걸린 사건들을 다루면서 매일같이 각개전투하는 기분으로 치열하게 살아왔다고 자부한다. 앞으로도 이 치열한 여정은 '변론'이라는 형태로 계속될 것이다. 굳이 사회정의나 인권수호와 같은 거창한 말을 떠올리지 않더라도, 내가 맡은 사건 하나하나에 충실하다 보면 행복한 사람들이 조금 더 많아지는 세상이 될 수도 있지 않을까 하는 소박한 생각을 해본다.

　　이 책을 출간할 수 있도록 배려해주신 법무법인 북부의 변호사와 직원분들, 조금 더 예쁜 책이 세상에 나올 수 있도록 노고를 아끼지 않아 주었던 박성균 광주여성가족재단 연구원, 삶의 버팀목인 사랑하는 아내와 아이들, 부모님, 장인어른, 장모님 모두에게 감사드린다. 끝으로 20년 전 들뜬 마음으로 법서(法書)를 처음 열어볼 때 카세트테이프로 들었던 서태지의 'TAKE 5'라는 노래의 가사로 내 심경을 대신한다. 이 노래는 내 삶과 함께하며 지칠 때 나를 위로해주었고, 다시 힘을 낼 수 있는 용기를 불어넣어 주었다.

내겐 좋은 사람이 많다고 생각해~
쉽지 않은 건 같은 자리에 있었어~
맘속 가득한 진실을 느끼고~
더욱 강하게 네 안에서 난 믿음을 찾았어~
난 꿈의 소중함을 알았어~
할 수 있는 마음 변치 않는 모습~
그렇게도 난 큰 빛을 얻었어~
절망할 순 없는 구속받지 않을 삶이라는 것~
행복한 너의 모습~
빛이라는 건 일어서는 것 가까이 있게 한자리에서~
내가 너를 만난 건 행운이었어~
이젠 너를 통해서 내가 살아가고 있어~
맘속 가득한 행복을 느끼고~
항상 새롭게 내가 못다 한 꿈을 이룬다면~
그건 또 다른 나란 걸~
할 수 있는 마음 변치 않는 모습~

그렇게도 난 큰 빛을 얻었어~
절망할 순 없는 구속받지 않을 삶이라는 것~
행복한 너의 모습~
이 넓은 세상을 느끼는 강한 네 모습~
빛이라는 건 일어서는 것 가까이 있게~